Joachim Hack (Hrsg.)

Die Kriege der griechischen Antike

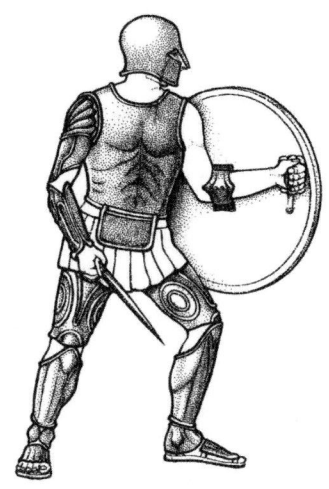

Brandenburgisches Verlagshaus

Impressum

Mathias Lempertz GmbH
Hauptstr. 354
53639 Königswinter
Tel.: 02223 / 900036
Fax: 02223 / 900038

© 2008 Mathias Lempertz GmbH für die Deutsche Fassung

Herausgeber Joachim Hack

Genehmigte Sonderausgabe des Brandenburgischen Verlagshauses

Die Verwertung der Texte und Bilder, auch auszugsweise, ist ohne Zustimmung des Verlages urheberrechtswidrig und strafbar. Dies gilt auch für die Vervielfältigungen, Übersetzungen, Mikroverfilmungen und für die Verarbeitung mit elektronischen Systemen.

Umschlaggestaltung: Grafikbüro Olaf Schumacher, Königswinter

Printed by Europrinting S.p.A., Via Mascagni 12, I-20080 Casarile (MI)

ISBN: 978-3-939908-72-2

Joachim Hack (Hrsg.)

DIE KRIEGE DER GRIECHISCHEN ANTIKE

Brandenburgisches Verlagshaus

SiEGLER

Inhalt

Kartenverzeichnis	9
Ein Jahrtausend griechischer Kriege	10
Bedeutende Griechen im Krieg	13

Einleitung
Das militärische Vermächtnis der Griechen — 17

1 Frühe griechische Kämpfe (1400–750)

Der Palastkrieg als Sackgasse der Evolution: der Zusammenbruch des mykenischen Griechenland	30
Plünderungen und Überfälle in den Dunklen Jahrhunderten Griechenlands	33
Das Schlachtfeld Homers	38

2 Das Aufstreben des Stadtstaates und die Erfindung der westlichen Kriegführung (750–490)

Das Erscheinen des Hopliten	48
Die agrarischen Duelle	63
Das Aufstreben der Militärmacht Athens und Spartas	71

3 Die grossen Kriege (490–362)

Die Verteidigung Griechenlands — 82
Der Peloponnesische Krieg — 105
Eine denkwürdige Armee — 121

4 Die zweite militärische Revolution (362–336)

Philipp von Makedonien und die erneute
Findung des griechischen Kriegswesens — 136
Krieg als Spezialwissenschaft — 154

5 Alexander der Grosse und die Erschaffung des hellenistischen Kriegswesens (335–146)

Der Marsch durch Asien — 166
Der totale Krieg — 175
Die Nachfolger, der Beginn der römischen Herrschaft
und der Zusammenbruch des griechischen Kriegswesens — 191

Schluss
Das hellenische Vermächtnis — 204

Glossar — 208
Weiterführende Literatur — 213
Statistik — 215
Index — 219
Bildnachweis — 224

Kartenverzeichnis

1. Schlachten der Griechen, 700–168 v. Chr. — 25
2. Der Zusammenbruch Mykenes, ca. 1200 v. Chr. — 32
3. Die Kolonisierung des Mittelmeerraumes durch die Griechen, 9.–6. Jahrhundert v. Chr. — 36–37
4. Die Blutbahn des Krieges — 70
5. Die griechischen Staaten und das Persische Reich, ca. 486 v. Chr. — 84–85
6. Invasion des Xerxes, 480 v. Chr. — 86
7. Marathon Phase I — 88–89
8. Marathon Phase II — 90–91
9. Platää Phase I — 100–101
10. Platää Phase II — 102–103
11. Peloponnesischer Krieg, 431–404 v. Chr. — 107
12. Der Aufstieg Makedoniens — 139
13. Die befestigte Stadt Messene — 144–145
14. Reich Alexanders — 170–171
15. Gaugamela Phase I — 172–173
16. Gaugamela Phase II — 174–175
17. Gaugamela Phase III — 176–177
18. Alexanders Nachfolger — 200–201

Für die Griechen waren Krieg und Frieden, Lanze und Stab, Soldat und Gelehrter sich ergänzende Paare und nie Gegensätze. Hier erhält ein Hoplit mit Furcht einflößenden Mustern auf Schild und Schildschürze Rat von einem bejahrten Gelehrten in feierlichem Gewand. Aischylos, Demosthenes und Sokrates waren zu verschiedenen Zeiten ähnlich den beiden Figuren auf diesem attischen rotfigurigen Gefäß gekleidet.

DER KRIEG IN DER GRIECHISCHEN ANTIKE

EIN JAHRTAUSEND GRIECHISCHER KRIEGE

Auf dieser Nachbildung von einer Vase aus dem fünften Jahrhundert verdeutlichen griechische Fußsoldaten verschiedene Methoden des Angriffes, vom Lanzenstoß im Über- oder Unterhandgriff bis zum kurzen Stoß mit dem Kurzschwert. Die Betonung der muskulösen Beine und des ausgeprägten Gleichgewichtssinnes der Krieger durch den Künstler, ist Ausdruck dessen, was im hoplitischen Kampf der Schlüssel zum Überleben gewesen sein muss: Sich trotz allem Stoßen und Schwanken von allen Seiten jederzeit auf den Beinen zu halten, während man sich gegen den Aufprall einer angreifenden Masse wappnete.

1250	ÜBERLIEFERTER ZEITPUNKT DES TROJANISCHEN KRIEGES
1200	ENDE DER MYKENISCHEN ZIVILISATION
1100–800	„DUNKLE JAHRHUNDERTE" IN GRIECHENLAND
725–675	ENTSTEHUNG DER HOMERISCHEN GEDICHTE
730–660	SPARTANISCHE NIEDERLAGE VON MESSENIEN; VERSKLAVUNG DER HELOTEN
750–650	AUFSTIEG DES GRIECHISCHEN STADTSTAATES; AUFTRETEN VON HOPLITEN
700	LELANTINISCHER KRIEG ZWISCHEN CHALKIS UND ERETRIA
669	NIEDERLAGE SPARTAS DURCH ARGOS BEI HYSIAI
560	SCHLACHT DER FESSELN; TEGEIA BESIEGT SPARTA
550	SCHLACHT DER KÄMPFER; SPARTA BESIEGT ARGOS
507	ENTSTEHUNG DER DEMOKRATIE IN ATHEN
499–494	REVOLTEN VON IONIERN GEGEN PERSIEN
494	SPARTA LÖSCHT DIE ARGIVEN BEI SEPEIA AUS
490	ERSTER PERSERKRIEG, SCHLACHT VON MARATHON
480	INVASION DES XERXES, SCHLACHTEN BEI DEN THERMOPYLEN UND BEI SALAMIS
479	ABSCHLUSS DER PERSERKRIEGE, SCHLACHTEN BEI PLATÄÄ UND MYKALE
479–431	DIE GROSSEN FÜNFZIG JAHRE DER SEEHERRSCHAFT ATHENS
471	SPARTA BESIEGT DIE ARKADIER BEI DIPAIA
457	ATHENISCHE NIEDERLAGE BEI TANAGRA, DOCH IM SELBEN JAHR FOLGT EIN SIEG ÜBER DIE BÖOTER BEI OINOPHYTA

447	BÖOTER BESIEGEN ATHENER IN DER ERSTEN SCHLACHT VON KORONEIA
440	ERFOLGREICHE BELAGERUNG DER INSEL SAMOS DURCH ATHEN
431	AUSBRUCH DES PELOPONNESISCHEN KRIEGES
431–425	PELOPONNESISCHE EINFÄLLE NACH ATTIKA
429	TOD DES PERIKLES
425	SPARTANISCHES DEBAKEL BEI PYLOS UND SPHAKTERIA
424	SCHLACHT ZWISCHEN THEBANERN UND ATHENERN BEI DELION
418	SIEG SPARTAS IN DER ERSTEN SCHLACHT VON MANTINEIA
415–413	ATHENISCHE EXPEDITION NACH SIZILIEN
415–404	SPARTANISCHE GARNISON ZU DEKELEIA
405	SEENIEDERLAGE ATHENS BEI AIGOSPOTAMOI
404	ENDE DES PELOPONNESISCHEN KRIEGES UND NIEDERLAGE ATHENS
401–400	MARSCH DES XENOPHON UND DER ZEHNTAUSEND
399	ZUM ERSTEN MAL EINSATZ VON ARTILLERIE AUF SIZILIEN
396–395	SPARTANISCHER KÖNIG AGESILAOS IN KLEINASIEN
395	TOD DES LYSANDER BEI HALIARTOS
394	SPARTANISCHE SIEGE BEI NEMEIA UND KORONEIA
390	VERNICHTUNG DES SPARTANISCHEN REGIMENTS NAHE KORINTH
375	SIEG THEBENS ÜBER SPARTA BEI TEGYRA
371	SPARTANISCHE NIEDERLAGE DURCH EPAMINONDAS BEI LEUKTRA
370	ERSTER EINFALL DES EPAMINONDAS NACH SPARTA, GRÜNDUNG VON MESSENE
362	THEBANISCH-SPARTANISCHER WAFFENSTILLSTAND BEI DER ZWEITEN SCHLACHT VON MANTINEIA
339	SIEG DES TIMOLEON ÜBER DIE KARTHAGER AUF SIZILIEN
338	NIEDERLAGE DER VERBÜNDETEN GRIECHEN BEI CHAIRONEIA DURCH PHILIPP II.
336	TOD PHILIPPS; AUFSTIEG ALEXANDERS
335	THEBEN DURCH ALEXANDER ZERSTÖRT
334–323	FELDZÜGE ALEXANDERS DES GROSSEN IN ASIEN
334	SCHLACHT AM GRANIKOS
333	SCHLACHT VON ISSOS
331	SCHLACHT VON GAUGAMELA
326	SCHLACHT AM HYDASPES
323	TOD ALEXANDERS DES GROSSEN
323–281	KRIEGE DER DIADOCHEN (ALEXANDERS NACHFOLGER)
301	NIEDERLAGE DES ANTIGONOS BEI IPSOS
280–279	EINFALL DES PYRRHUS NACH ITALIEN
217	PTOLEMAIOS SCHLÄGT ANTIOCHOS II. BEI RAPHIA
197	RÖMISCHER SIEG ÜBER DIE MAKEDONIER BEI KYNOSKEPHALAI
189	ENDGÜLTIGER SIEG DER RÖMER ÜBER ANTIOCHOS III. BEI MAGNESIA
168	NIEDERLAGE DER MAKEDONIER DURCH DIE RÖMER BEI PYDNA
146	PLÜNDERUNG VON KORINTH, ENDGÜLTIGE EROBERUNG GRIECHENLANDS DURCH DIE RÖMER

Sophokles

BEDEUTENDE GRIECHEN IM KRIEG

Aischylos

ÄNEAS DER TAKTIKER, ein arkadischer General (367), schrieb die früheste erhalten gebliebene griechische Abhandlung zu militärischen Fragen, ein Werk über Belagerungsmaschinen.

AGESILAOS (445–359) führte als spartanischer König fast vierzig Jahre lang Feldzüge in Asien, Ägypten und auf dem griechischen Festland durch um die spartanische Hegemonie auszudehnen – ein meist vergebliches Unterfangen, da der König kein wirkliches Verständnis für die Rolle der Finanzen, Flotten oder Belagerungsmaschinen in einer neuen Ära des Krieges hatte.

AISCHYLOS (525–456), der große athenische Tragödiendichter, Autor der *Orestie* und etwa neunzig weiterer Tragödien (nur sieben sind erhalten), kämpfte bei Marathon, wo sein Bruder am Strand fiel. Sein Epitaph verzeichnet nur seinen Militärdienst.

ALEXANDER DER GROSSE (356–323) eroberte dank seiner militärischen Begabung das Persische Reich in wenig mehr als einem Jahrzehnt. Doch Alexanders Größenwahn und seine Sucht, wie ein Gott verehrt zu werden, trugen dazu bei, das Vermächtnis des Hellenismus zu pervertieren. Alexander hinterließ auf seinem mörderischen Weg tausende tote oder ver-

Alexander

schleppte Asiaten. Ethische Bewertungen Alexanders aus der Antike und der heutigen Zeit variieren stark und hängen gänzlich davon ab, welchen Wert man militärischen Leistungen und Eroberungen beimisst.

ALKIBIADES (451–404), der begeisterte athenische Politiker und General, stand gelegentlich im Dienste Athens, Spartas oder Persiens. Als Urheber der katastrophalen Sizilienexpedition und Befürworter der spartanischen Besatzung von Dekeleia trug er dazu bei die Macht Athens im fünften Jahrhundert zu ruinieren.

ANTIGONOS (382–301), einer der befähigteren Generäle Alexanders, verbrachte seine späteren Jahre mit dem Versuch Alexanders Reich unter einer einzigen Dynastie zu festigen. Seine Pläne wurden bei Ipsos, als er im Alter von 81 in der Schlacht fiel, gleichermaßen verwirklicht wie zerstört.

ARISTIDES (gest. 467) mit Beinamen „der Gerechte", erwies sich als fähiger athenischer Staatsmann. Aristides hatte in den Schlachten von Marathon, Salamis und Plataä an der Befehlsführung teil und trug dazu bei, die Grundlagen des athenischen Reiches zu legen.

BRASIDAS (gest. 422) war ohne Frage der innovativste Befehlshaber in der Geschichte des spartanischen Staates. Er setzte leicht bewaffnete Soldaten und befreite Heloten ein, um spartanische Basen aufzubauen und Verbündete zu gewinnen und es gelang ihm die Bestrebungen Athens zu zügeln – für eine lange Zeit während des frühen Peloponnesischen Krieges bis zu seinem Tod zu Amphipolis.

CHABRIAS (420–357) kämpfte mehr als drei Jahrzehnte für Athen, mehrfach als Berufsbefehlshaber gegen Persien, Sparta und Böotien. Er verstand sich darauf leicht bewaffnete Soldaten einzusetzen – als mobile Seesoldaten und im Zusammenhang mit Befestigungen.

DEMOSTHENES (gest. 413), ein aktiver athenischer General des Peloponnesischen Krieges; seine Erfolge bei Pylos und Amphilochia wurden durch verheerende Niederlagen in Ätolien, Böotien, Megara sowie Sizilien mehr als zunichte gemacht.

DEMOSTHENES (384–322) widmete als der größte athenische Redner und Kämpfer für die Freiheit Griechenlands sein Leben der Erschaffung eines Bundes griechischer Staaten gegen Philipp von Makedonien. Als seine Pläne sich schließlich bei Chaironeia verwirklichten, wurden die Griechen zerschlagen und Demosthenes eilte nach Hause, um die Verteidigung Athens zu organisieren.

Epaminondas (gest. 362), dem talentierten thebanischen General und Staatsmann gelang die Zerstörung der spartanischen Vorherrschaft und er errang einen vernichtenden Sieg über die spartanische Phalanx bei Leuktra. Die Hegemonie Thebens endete mit seinem Tod bei Mantineia.

Iphikrates (415–353) brachte leicht bewaffnete Peltasten an die vorderste Front griechischer Kriegführung im vierten Jahrhundert. Als athenischer General vernichtete er ein Regiment spartanischer Hopliten bei Korinth und wendete seine militärischen Neuerungen auf verschiedenen Feldzügen im Auftrag Athens an.

Kleon (gest. 422) erscheint in der Geschichtsschreibung des Thukydides als schurkischer Demagoge, doch war er im Feld nicht immer unfähig und errang bei Pylos (425) einen beeindruckenden Sieg über die Spartaner, bevor er in der Schlacht um Amphipolis fiel.

Leonidas (Regierungszeit 490–480) führte als spartanischer König eine verbündete griechische Streitmacht zu den Thermopylen. Er wurde zum Mythos, da er sich standhaft weigerte, den Pass zu verlassen und stattdessen wünschte mit 299 Mann seiner königlichen Garde, immer weiter kämpfend, zu sterben.

Lysander (gest. 395) ein spartanischer Heerführer, der die peloponnesische Flotte bei ihren letzten Siegen über Athen im Peloponnesischen Krieg kommandierte. Sein Versuch die spartanische Hegemonie nach Kleinasien und Böotien auszudehnen wurde durch seinen Tod in der Schlacht bei Haliartos beendet.

Miltiades (550–489) war weitgehend verantwortlich für den griechischen Sieg bei Marathon. Nach dem Scheitern des Ionischen Aufstandes floh er 493 nach Athen, wurde hier leitender Staatsmann. Eine tödliche Infektion durch eine Kriegsverletzung von Paros beendete seine Pläne einer frühen athenischen Expansion zur See in der Ägäis.

Pagondas, im fünften Jahrhundert thebanischer Heerführer bei Delion (424), der mit dem Einsatz von Reservetruppen, einer tiefen Phalanx und Reiterei die Athener besiegte und einen Wendepunkt in der Geschichte der griechischen Schlachtentaktik markierte.

Parmenion (400–330), der begabte Kavalleriekommandeur Alexanders, dessen fähiges Wirken auf dem linken Flügel der makedonischen Schlachtlinie den Sieg in den wichtigen Schlachten gegen die Perser sicherte. Er wurde von Alexander auf Grund unbewiesener Anschuldigungen wegen Verschwörung hingerichtet.

Pausanias (gest. ca. 470), der spartanische Herrscher und Heerführer, der die Griechen bei Plataä kommandierte. Pausanias' hoplitisches Können war für die Sache der Griechen unverzichtbar, doch seine spätere schlechte Leitung des griechischen Bündnisses ließ ihn schließlich in Ungnade fallen und führte zu seinem Tod.

Pelopidas (gest. 364), der thebanische Heerführer (und enge Gefährte des Epaminondas), der bei Leuktra die Heilige Schar führte. Er spielte bei einer Reihe von thebanischen Siegen eine bedeutende Rolle, bis er bei Kynoskaphalai fiel.

Perikles (495–429), der brillante athenische Staatsmann, der

Leonidas

Perikles

fast dreißig Jahre lang das Aufstreben der wirtschaftlichen, militärischen und politischen Macht Athens überwachte. Er starb zu

Philipp II.

Beginn des Peloponnesischen Krieges an der Pest. Das Perikleische Zeitalter war ein Höhepunkt klassischer griechischer Kultur.

PHILIPP II. (382–336), der brillante und rücksichtslose Schöpfer der makedonischen Hegemonie, der Griechenland durch politischen Realismus, taktische Neuerung und gekonnte Strategie eroberte.

PLATON (429–347), der große athenische Philosoph, dessen Verehrung für Sokrates und dessen Verwicklung in die Politik Siziliens sein starkes Interesse an Krieg und Staat bewirkten, das von Taktik und Strategie bis hin zu Kultur und Politik reichte. Gründete 385 die Platonische Akademie.

PTOLEMAIOS I. (367–282), ein Veteran Alexanders im Leutnantsrang, der nach dem Tod des Letzteren Ägypten als seine Reichsprovinz beanspruchte. Er war einer der erfolgreichsten Nachfolger Alexanders und sollte noch die ptolemaische Dynastie in Ägypten begründen und einen Bericht über Alexanders Feldzüge schreiben.

PYRRHOS (319–272), der brillante epirotische Heerführer, dessen Invasion nach Italien zu einem sprichwörtlich kostspieligen taktischen Sieg ohne langfristigen strategischen Erfolg führte. Er starb schmachvoll in Argos, als er auf der Straße von einem Dachziegel getroffen und enthauptet wurde.

Platon

SOKRATES (468–399), der Held der Dialoge Platons und Begründer der westlichen Philosophie, kämpfte heldenhaft bei Poteidaia, Amphipolis und Delion.

SOPHOKLES (496–406), der große athenische Bühnendichter war bei der Eroberung von Samos durch Athen General und wirkte nach der Katastrophe auf Sizilien in der athenischen Überprüfungskommission mit. Seine Karriere als Dramatiker fiel mit dem Höhepunkt des athenischen Imperialismus zusammen.

THEMISTOKLES (524–459), der begabte athenische General und Schöpfer der athenischen Seeherrschaft, zeichnete für den Aufbau einer 200 Schiffe starken athenischen Kriegsflotte und deren hervorragende Führung bei Salamis verantwortlich. Seine späteren Jahre waren gekennzeichnet von politischer Intrige und Verdammung sowohl durch Athen als auch durch Sparta.

THUKYDIDES (460?–395?), der brillante Geschichtsschreiber des Peloponnesischen Krieges, erlebte als athenischer Admiral bei Amphipolis die Schlacht unmittelbar; für sein Versagen dort wurde er von der Versammlung Athens für zwanzig Jahre ins Exil geschickt. Die Geschichtsschreibung des Thukydides spiegelt das genaue Wissen eines Veterans über Strategie und Taktik sowie über das Zusammenspiel zwischen militärischen Operationen und ziviler Kontrolle wider.

XENOPHON (428–354), griechischer Geschichtsschreiber und Antiquar; sein umfassendes Werk schließt Militärgeschichte, Biografien und Militärwissenschaft ein und ist Ausdruck seiner langen und schwierigen Laufbahn als athenischer Exilant, Vertrauter des Sokrates, und enger Gefährte der hohen Militärführung Spartas. Nach der Schlacht bei Kunaxa leitete er den Rückzug der führerlos gewordenen 10 000 griechischen Söldner nach Trapezus.

Sokrates

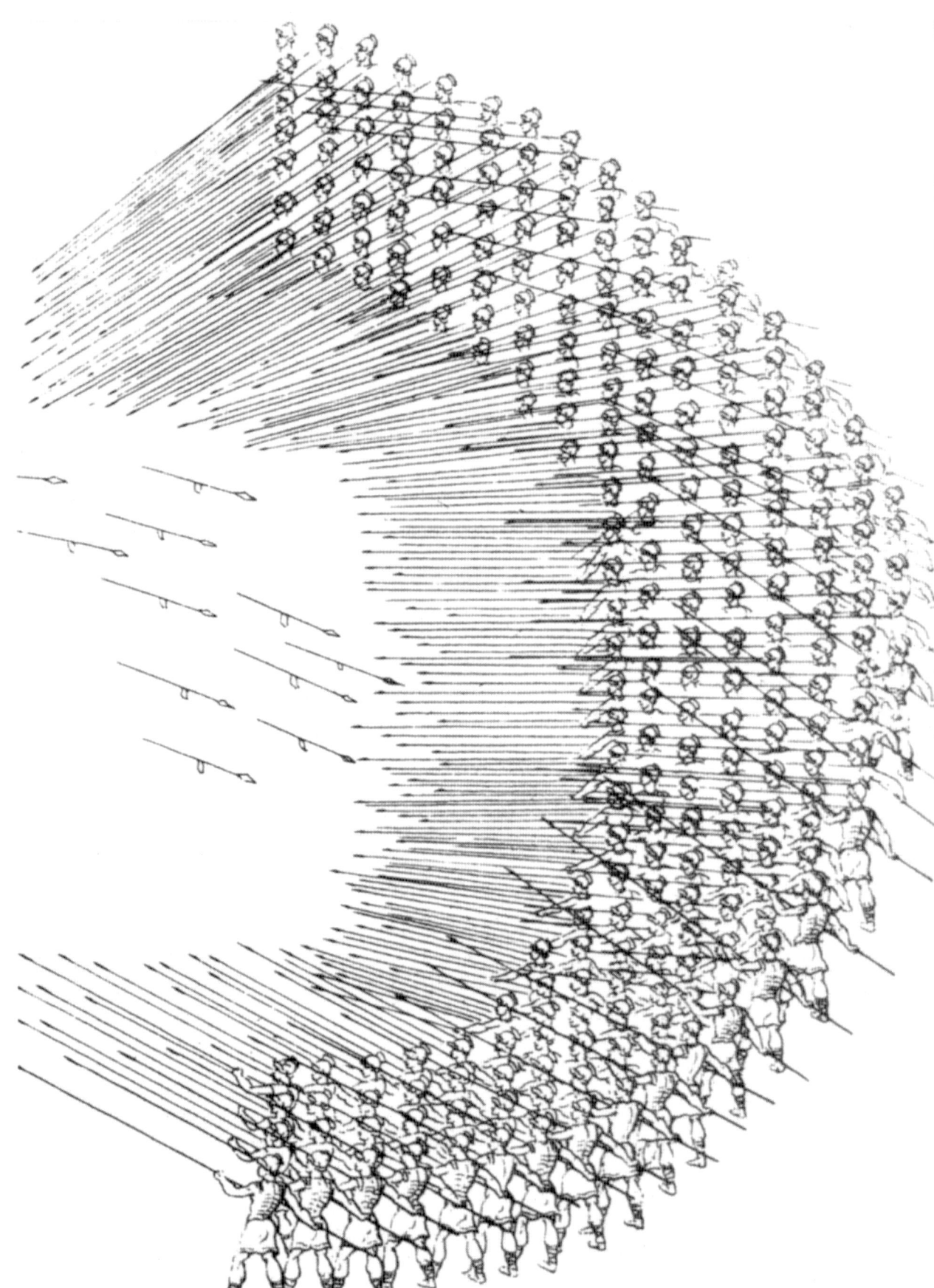

EINLEITUNG

Das militärische Vermächtnis der Griechen

In der Renaissance und danach skizzierten militärische Köpfe und Philosophen oft ausgefeilte Rekonstruktionen der Phalanx der Griechen und stellten Manöver dar, die über die Fähigkeiten der Armeen in der Antike eigentlich hinausgingen. Es ist nicht bekannt, in welchem Maße solche Impressionen auf den Berichten über Kämpfe in der Antike in den Werken griechischer Geschichtsschreiber basierten oder nur spätere Kriegführung mit Piken in Europa widerspiegelten. Es ist jedoch richtig, dass ab dem dreizehnten bis ins siebzehnte Jahrhundert hinein Pikeniere in Deutschland, Spanien, Italien und der Schweiz durch Beispiele der klassischen griechischen Phalanx beeinflusst wurden – einer Formation, die im Westen häufig mit einem Egalitarismus und Elan unter den Mannschaften assoziiert wurde, die man bei Plänklern, Reitern oder Bogenschützen nicht fand. Sowohl in der Antike als auch im Mittelalter konnten Piken defensiv verwendet werden, um Wurfspeere und Pfeile abzuschlagen und Lanzenstöße abzuwehren. In dieser Nachbildung aus dem neunzehnten Jahrhundert bildet eine Phalanx makedonischen Typs einen Halbkreis und senkt die Piken um den Angriff von Kavallerie und Speerwerfern aufzufangen.

Das militärische Vermächtnis der Griechen

„Stets war er natürlich existent zwischen allen griechischen Stadtstaaten", sagte Platon über den Krieg und die meisten Griechen stimmten zu: Der Krieg ist so ziemlich das Wichtigste von allem, was der Mensch betreibt. Der Kampf war es – nicht Philosophie, nicht Literatur, nicht Architektur, nicht Vasenmalerei –, der Tapferkeit, Feigheit, Fähigkeit oder Unfähigkeit, Zivilisation oder Barbarei am besten enthüllte. Für seinen eigenen Nachruf schrieb der Dramendichter Aischylos von seiner eintägigen Erfahrung der Schlacht bei Marathon und erwähnt mit keiner Silbe seine Monumentaltrilogie, die *Orestie*.

Krieg und Landnutzung sind die Bausteine von Aristoteles' *Politik* und Platons *Republik*. Beide Utopien gehen davon aus, dass der Mensch, bevor er theoretisieren, nachdenken, erziehen und diskutieren kann, erst herausfinden muss, wie er essen und kämpfen kann. Der Soldat und der Bauer mögen in unserer eigenen Kultur vergessen oder gar verachtet sein, doch im griechischen Denken hatten Landwirtschaft und Kriegführung eine zentrale Funktion in der Gesellschaft, in der beide Berufe durch eine rationale und egalitäre Bürgerschaft zu kontrollieren waren. Es gibt keine größere griechische Persönlichkeit des fünften Jahrhunderts – intellektuell, literarisch, politisch –, die nicht entweder Landwirtschaft betrieb oder in einem Krieg kämpfte. Sehr oft tat eine solche Persönlichkeit beides.

Krieg auf Gedeih und Verderb – „der Vater von allem, der König über alles", sagt der Philosoph Heraklit – ist der Menschheit zuge-

Griechische Vasenmaler suchten Hopliten zu idealisieren, die auf Gefäßen als schlanke junge Männer, manchmal nackt und mit Schwertern, abgebildet wurden und nicht als schmuddelige, ergraute Lanzenträger mittleren Alters, die sich in der Phalanx gegenseitig anrempelten. Die idealisierte Verzierung von Schild, Beinschienen, Brustpanzer und Helm dieses Hopliten – auf einer rotfigurigen Vase aus dem fünften Jahrhundert – war nur für die Wohlhabenderen in der Phalanx charakteristisch. In Wirklichkeit stellten die Hopliten zusammen, was immer sie an gebrauchten und reparierten Waffen und Rüstzeug geerbt, gekauft, geborgt, gestohlen oder auf dem Schlachtfeld erbeutet hatten. Die scheinbar ungeschützten Oberschenkel wurden oft durch eine Lederschürze bedeckt, die unten an den Schild genäht wurde.

hörig und damit beinahe das zentrale Thema aller griechischen Literatur. Der Trojanische Krieg war nicht allein Thema Homers; der mörderische Achilles, der eigensinnige Ajax und der listige Odysseus, sie alle waren Krieger und bilden den Hintergrund der besten klassischen griechischen Tragödien. Aristophanes' Komödien von *Die Achaner* bis *Lysistrata* machen aus der Sinnlosigkeit des Peloponnesischen Krieges burlesken Unsinn. Die Gedichte und Elegien der Dichter Archilochos, Kallinos, Alkaios und selbst Sappho wären verloren ohne hoplitische Schilde, bronzene Rüstungen, eine Flotte von Schiffen und lydische Kampfwagen. Die meisten griechischen Götter – Zeus, Athena, Poseidon, Artemis, Ares – wurden in Lied und Kunst als Krieger dargestellt, die als übergroße Hopliten Sterbliche auf dem Schlachtfeld töteten oder abschirmten. Nur wenige Kulturen sind so vom Krieg durchdrungen wie die der antiken Stadtstaaten ohne dabei so wenig militarisiert zu sein.

Platons Stiefvater, Perikles' Sohn und Aischylos' Bruder wurden bei Kämpfen verwundet oder starben. Melissos, der samische Philosoph und Schüler von Parmenides, führte seine Flotte gegen Perikles selbst in den Kampf; beide Intellektuelle wussten einiges über die Ruderkunst und das Rammen. Sophokles war irgendwo in der Nähe auf See und gehörte zum gewählten Oberkommando der Athener, die kamen, um die Insel Samos zu versklaven. Griechische Generäle waren häufig angesehene Geschichtsschreiber und Dichter – Thukydides, Xenophon und Tyrtaios fallen einem schnell ein. Der große Mathematiker Archimedes starb bei der Belagerung von Syrakus und in seinen letzten Tagen hatte er Kriegsmaschinen gegen die Römer gebaut.

In beinahe jedem griechischen Tempel sind die Friese und Giebel mit Gottheiten angefüllt, die im hoplitischen Kampfanzug der *polis* abgebildet sind; Vasenmalereien glorifizieren die Mannschaften der Phalanx; Grabstelen stellen die Verblichenen in der Rüstung der Fußtruppen dar. Platon verwendet oft das Paradigma des Krieges um seine Theorien von Tapferkeit und Wissen zu illustrieren und seine Beispiele entnahm er oft den persönlichen Erfahrungen des Sokrates, der in mittleren Jahren in den Schlachten von Amphipolis, Delion und Potideia gekämpft hatte. Es gibt keinen einzigen griechischen Historiker, dessen Hauptthema nicht der Krieg ist. Für Herodot, Thukydides oder Xenophon war es anscheinend undenkbar historische Erzählungen über etwas anderes zu schreiben. Heraklit sagte: „Seelen, die im Krieg getötet werden, sind reiner als jene, die an Krankheiten sterben." Die Dichter Mimnermos, Kallinos und Simonides stimmten dem zu. Für Sokrates, den Begründer der westlichen Philosophie, stand das Töten von Menschen im Krieg nicht im Gegensatz zur Praxis der abstrakten Untersuchung und Dialektik und eine Vorstellung von dauerhaftem Frieden wie die Kants wurde von den Griechen weder ins Auge gefasst noch angestrebt.

Das griechische Vermächtnis ist also mehr als Rationalismus, Empirizismus, Kapitalismus oder Demokratie. Die Griechen schufen eine einzigartige Herangehensweise an den organisierten Kampf, die sich innerhalb eines Jahrhunderts als die tödlichste Art der Kriegführung im Mittelmeerraum erwies und deren Hauptleh-

Krieger trugen Schilde, Helme und Brustpanzer mit Furcht erregenden Bildern um ihren Feinden Furcht einzujagen und böse Geister fern zu halten. Dieser kunstvoll gravierte Brustpanzer mit Gorgonenkopf überstieg die Mittel der meisten Hopliten und wurde mit großer Wahrscheinlichkeit von den Wohlhabenden getragen, vielleicht bei Zeremonien oder Begräbnissen.

Im fünften und vierten Jahrhundert v. Chr. ging die griechische Kriegführung über entscheidende Zusammenstöße der Fußtruppen in den Ebenen hinaus und schloss nun Angriffe auf befestigte Städte ein, wo das gesamte Aufgebot an westlicher Militärkunst – Belagerungsmaschinen, Artillerie, Gegenbefestigungen, Winden und Brechstangen – eingesetzt wurde, um die Zivilbevölkerung zu schützen oder anzugreifen. Während gefangen genommene Hopliten oft nach der Schlacht der Fußtruppen freigekauft oder freigelassen worden waren, wurden nun Tausende männlicher Gefangener abgeschlachtet und die Frauen und Kinder einer gefallenen Stadt routinemäßig versklavt, zum Beispiel bei den schrecklichen Belagerungen von Plataä (431 v. Chr.) oder Theben (335 v. Chr.). In dieser dramatischen Nachbildung von Alexanders Angriff auf Tyros (332 v. Chr.) werden makedonische Angreifer, griechische Söldner und einheimische Zivilisten und Verteidiger in den letzten Augenblicken dieser grausamen Belagerung zusammengeworfen. Das Wissen darum, dass ein unbarmherziges Schicksal die Besiegten erwartete – mehr als 7000 wurden getötet und 20 000 versklavt, als Tyros gefallen war – sorgte dafür, dass das Belagerungshandwerk zu einer blutigen Angelegenheit wurde, bei der Verteidiger aller Altersgruppen und beiderlei Geschlechts auf den Bollwerken um Leben und Freiheit kämpften.

ren seither die militärische Tradition des Westens bestimmen. Da unser Jahrhundert dem Ende zu geht, bewegt sich die Welt in immer höherem Tempo hin zu westlichen politischen Idealen: Kapitalismus des Marktes, Demokratisierung, Individualismus, Privateigentum, freier Handel und flüssige Auslandsinvestitionen sind jetzt als Bestandteile globaler Kultur anerkannt, einer wirtschaftlichen Organisation und politischen Kultur, die mehr oder weniger zu funktionieren scheinen.

Letztlich hängt der Schutz dieser politischen und ökonomischen Agenda von einer einzigartigen Waffenpraxis ab. Nach dem Zweiten Weltkrieg und dem Ende des Kalten Krieges scheint es nunmehr nur noch eine Art des Kampfes zu geben – sie geht zurück auf die Griechen der *polis* und nicht weiter. Zur Jahrtausendwende ist es so, dass fast die gesamte Militärtechnik entweder von westlichen Mächten – Amerika, Europa, Großbritannien oder dem westlich geprägten Osten wie Japan und Korea – gekauft oder nach westlichen Plänen konstruiert und hergestellt wird. Militärische Ausbildung und Doktrin, alles – von der Organisation der Abteilungen, Brigaden und Kompanien bis zu Dienstgraden der Generäle, Oberste und Majore – ist westlich inspiriert.

Westliche Armeen sind frei von religiösem Fanatismus und unterstehen ziviler Kontrolle und Überprüfung. Ihre Soldaten werden wie einst die griechischen Hopliten nicht zum Dienst gepresst, sondern treten den bewaffneten Kräften mit Rechten und Pflichten bei, deren Verletzung vor ein Gericht statt zu einem Erschießungskommando führt. Kurz gesagt bestehen die militärischen Kräfte des Westens aus gut ausgebildeten und disziplinierten Soldaten, die besser ausgerüstet sind und von besseren Generälen geführt werden als derzeit alle anderen in der Welt.

Selbst die bösartigsten anti-westlichen Nationen geben dies zu. Nur indem sie mit der westlichen Rüstung Schritt halten, können sie sich eine Überlebenschance in einer zunehmend unsicheren und nicht kalkulierbaren Welt von Lenkraketen und lasergesteuerten Granaten sichern. Wenn wir zum Ende dieses Jahrtausends immer noch militärische Verschwörungen, Überfälle aus dem Hinterhalt, Gefechte, primitive Bewaffnung und Stippangriffe von Befreiungskämpfern auf unseren Bildschirmen sehen, so ist der Grund dafür Versäumnis, nicht Absicht. Diesen Angriffslustigen fehlen die Technik, Organisation, Ausbildung und Kapital um ihre Gegner in einer grausamen und schnellen Entscheidung mit ausgeklügelten Waffen und einer durchdachten Logistik direkt zu konfrontieren. Tatsächlich hängt auch der gelegentliche Erfolg solcher Aktionen gänzlich von ihrem Zugang zu im Westen entworfenen Waffen wie Granatwerfern, Handraketen und Landminen ab.

Insgesamt gesehen ist die westliche Kriegführung Furcht erweckend – sowohl relativ als auch absolut. Der Vormarsch westlicher Armeen war sowohl rücksichtslos als auch mörderisch und hat schließlich alles zerschlagen, was in mehr als zwei Jahrtausenden organisierten militärischen Widerstand zu leisten versuchte. Länder wie China, Amerika, Indien und die Pazifischen Inseln rühmen sich ebenfalls einer ununterbrochenen militärischen Tradition von langer Dauer. Sie können jedoch keine Praxis von ähnlicher Wirksamkeit und Flexibilität vorweisen oder eine Streitkraft, die so zerstörerisch war wie Alexanders ein Jahrzehnt währender Schlag hin zum Ganges, Cäsars „Befriedung" von Gallien, die sechs Jahre dauernde Verwüstung Europas im Zweiten Weltkrieg oder die Atomisierung von Hiroshima und Nagasaki an einem Tag.

Diese von den Griechen inspirierte westliche Kriegführung ist inzwischen so überaus tödlich, dass sie sich im letzten Jahrzehnt des zwanzigsten Jahrhunderts beinahe selbst aus dem Geschäft gebracht hat: Der Zusammenstoß nationaler

EINLEITUNG

21

Armeen in Europa, der entscheidende Schlagabtausch zwischen Atommächten (das letzte Gespenst westlicher Militärtechnik) können jetzt nicht mehr zu politischer Lösung und Frieden führen, sondern nur zu Barbarei und Auslöschung. Wenn heutzutage Embargo, Sanktionen und politische Gegenbewegung ausreichen, um den Terroristen und den Gewaltverbrecher zu bekämpfen, so auch deshalb, weil die jahrhundertealte westliche Reaktion auf solche Herausforderungen – der brutale und schnelle Einsatz massiver Feuerkraft – keine geeignete Medizin ist, sondern schlimmer ist als die Krankheit und für die streitenden Parteien die Gefahr der eigenen Vernichtung erhöht.

Dieses Eingeständnis der klaren Kampfüberlegenheit des Westens darf nicht als bloßer Eurozentrismus interpretiert werden. Mit der Effektivität des okzidentalen Militärs wurde auch großes Übel bewirkt. Tapfere eingeborene Völker in Nord- und Südamerika und in Afrika wurden brutal dahingeschlachtet. Alexander suchte in Asien keine „Brüderlichkeit". Sein zehnjähriger Eroberungszug wird richtig als ein Jahrzehnt von Blutbad, Vergewaltigung, Plünderung und Brandschatzung gesehen, das nicht Erbauer von Nationen, sondern sich befehdende und größenwahnsinnige Raufbolde zurückließ. Die mehreren zehn Millionen, die im Ersten und Zweiten Weltkrieg umkamen, müssen ebenfalls als logische Folge der grausamen Militärtradition der Griechen betrachtet werden, deren zerstörerische Wirkung sich in den letzten beiden Jahrhunderten einmal mehr gegen sich selbst gekehrt hat, an der Somme, bei Verdun, in der Normandie und in Dresden. In der Tat sind die Organisation, die Effizienz und die systematische Vernichtung von Menschen in den Lagern Deutschlands und Osteuropas vor einem halben Jahrhundert vielleicht am besten als abscheuliche und irrige Anhängsel des westlichen Militarismus selbst zu verstehen. Was die westlichen Waffen so vollendet macht – und so furchtbar auf dem Schlachtfeld – ist eine Reihe von Praktiken, die zu Beginn der westlichen Kultur von den Griechen begründet wurden. Doch wird dieses militärische Vermächtnis, das für die Expansion und das Überleben des späteren Westens so grundlegend war, heute oft vergessen. Bücher über „das Vermächtnis der Griechen" und „die westliche Tradition" behandeln alles von der Wissenschaft bis zur Architektur, erwähnen jedoch selten, wenn überhaupt, die Kriegskunst, obwohl dies die zentrale Erfahrung des antiken Griechenlands war.

Als Antwort auf diese Auslassung werden in den folgenden Kapiteln die Grundlagen – soziale, ökonomische, politische, religiöse, moralische – der griechischen Militärpraxis diskutiert. Sie erklären, weshalb die griechische Kriegführung so unaufhaltsam und so bösartig war, und enthüllen deren Rolle – sowohl die positive als auch die verderbliche – in der Kultur der Antike. Dabei ist beabsichtigt in der antiken Kriegführung die antike Kultur selbst zu sehen und der Frage nachzugehen, warum am Ende unseres Jahrtausends einzig die militärischen Traditionen Griechenlands zu dominieren scheinen und allen, die sich auf deren Vermächtnis berufen, Wohlergehen ebenso wie auch Gefahr bieten.

Aber was charakterisiert den „Krieg nach griechischer Art", eine Art, die den Kern unserer späteren westlichen Militärtradition lieferte? Überlegener Mut ist es nicht. Alle Kulturen bringen tapfere Männer hervor. König Xerxes' Unsterbliche, die König Leonidas und seine Spartaner bei den Thermopylen angriffen, waren mutige Kämpfer. Das waren auch die grimmigen Thraker, die Philipps makedonische Phalangiten so sehr verwirrten. Herodots Geschichtsschreibung ist oft ein Lobgesang auf den Kampfesmut von Nicht-Griechen. Auch der militärische Ethos wurde nicht von den Griechen erfunden. Lange vor der Erschaffung des antiken

Sparta waren nahöstliche und ägyptische Gesellschaften stolz auf Eliteeinheiten von Streitwagenkriegern, deren Beruf es war, für ihre theokratischen Herrscher zu kämpfen, zu töten und tapfer zu sterben. Tatsächlich waren die Griechen, anders als es in Sparta der Fall war, eigentlich nie eine besonders militarisierte Gesellschaft, im Widerspruch zu Max Webers Porträt eines vermeintlich kriegerischen Volkes.

Auch das Konzept großer Armeen verdankt den Griechen nichts. Während der gesamten Geschichte der Stadtstaaten waren die Griechen gewöhnlich den Persern, Ägyptern, Medern, Galliern und so ziemlich allen anderen Kulturen, mit denen sie zusammenprallten, zahlenmäßig unterlegen. Sowohl westeuropäische Stämme als auch östliche zentralisierte Palastkulturen waren beim Mobilisieren riesiger Horden kämpfender Männer weitaus erfolgreicher als die Griechen.

Wie schufen dann die Stadtstaaten ein militärisches Beispiel für die geschickte Niederschlagung solcher Feinde, wenn die Griechen doch weder besonders mutig noch militant waren und noch nicht einmal fähig für die zahlenmäßige Überlegenheit ihrer Kämpfer auf dem Schlachtfeld zu sorgen. Werden Schlachten nicht meist gewonnen, wenn man die höchste Anzahl tapferer Männer ins Feld führt?

Selten, wenn überhaupt. Vielmehr enthält der Krieg nach griechischer Art ein paar Schwerpunkte, die sich aus den größeren kulturellen, politischen und ökonomischen Praktiken der Stadtstaaten in ihrer Gesamtheit ergaben. Die griechische Kriegführung ist nur Ausdruck der griechischen Gesellschaft und daher sind, ebenso wie Philosophie, Demokratie, persönliche Freiheit, Bürgerschaft und Redefreiheit, die man nirgendwo im Mittelmeerraum findet, auch die militärischen Ergänzungen solcher Werte gleichermaßen einzigartig – und beinahe so konkurrenzlos beim Erreichen der Ziele, für die sie vorgesehen sind.

Die militärische Meisterschaft der Griechen kann grob in acht allgemeinen militärischen Verfahrensweisen und Ansichten zusammengefasst werden, die in der hellenischen und in der späteren europäischen Tradition tatsächlich einzigartig sind und die sich als Thema durch das vier Jahrhunderte währende Leben der Stadtstaaten (700 bis 300) ziehen:

1. FORTGESCHRITTENE TECHNIK: die unübertroffene hohe Qualität von Waffen und Rüstung, eine Überlegenheit in Entwurf und Handwerkskunst gegenüber nicht-griechischen Ausrüstungen, mit großer Bandbreite, von Brustpanzer und Schild des Hopliten bis zur makedonischen *sarissa*, von Katapulten bis zu Belagerungsmaschinen auf Rädern – alles neuartige Konstruktionen und Fabrikationen, die ihren Schöpfern Geld und Ruhm einbrachten, selten Exil, Exekution oder Verlust der Freiheit.

2. ÄUSSERSTE DISZIPLIN: die effektive Ausbildung und bereitwillige Akzeptanz der Führung durch die Soldaten, ob nun in den dicht gewirkten Reihen der klassischen Phalanx oder den demokratischen *ad-hoc*-Räten des Söldnertrupps der „Zehntausend", der in Persien stecken blieb. Den Gesetzen guter Schlachtordnung

Der lithobolos *(„Steinschleuder") stellte den Höhepunkt der griechischen Mathematikwissenschaft im Verbund mit praktischer Konstruktion dar. Federn aus Tiersehnen, Seil oder Menschenhaar wurden gedreht und gedehnt um über eine Reihe von Winden und Hebeln gewaltige Antriebskräfte zu erzeugen. Die größten Modelle konnten Steine von fast 90 kg Gewicht heben und kleine Objekte über 270 m weit schleudern.*

lag der Konsens der Heeresversammlung zugrunde, daher war das Befolgen solcher Disziplin einfach eine Umsetzung vorheriger individueller Äußerung und Gruppenübereinkunft.

3. EINFALLSREICHTUM ALS REAKTION: eine intellektuelle Tradition ohne Beschränkung oder Zensur durch Regierung und Religion, die ständige Verbesserung in der direkten Herausforderung suchte. Dieser Marktplatz der Ideen ist die Erklärung dafür, weshalb Griechen unter Druck zuerst herausfanden, wie man Elefanten begegnete und dann, wie sie diese in ihre eigenen Armeen integrieren konnten; weshalb die nahöstliche Praxis des Belagerungshandwerks bei den der Griechen zur Wissenschaft der Vernichtung wurde, nicht nur des bloßen Einnehmens von Städten; weshalb Athen innerhalb eines Jahrzehnts nicht nur eine Flotte aus dem Nichts erschaffen, sondern die persische Armada bei Salamis im Wesentlichen zerstört hat. Kein Grieche verspürte Scham oder Unsicherheit beim Übernehmen, Verändern, Ablehnen – oder Verbessern – militärischer Praktiken, die ursprünglich nicht seine eigenen waren.

4. DIE SCHAFFUNG EINER GROSSEN GEMEINSAMEN AUFMERKSAMKEIT FÜR MILITÄRISCHE ANGELEGENHEITEN: die Bevorzugung von Bürgerwehren und die Bürgerbeteiligung an militärischer Entscheidungsfindung, die, wie Aristoteles es sah, auf dem Schlachtfeld zu einem klaren Vorteil über Söldner führten. Eine Viertelmillion persischer Untertanen und Söldner wurden bei der Schlacht von Plataä versammelt, etwa die Hälfte dieser Zahl an Griechen schrieb sich freiwillig ein und unterstand einzig dem Mehrheitswillen ihrer Versammlungen. Bei Plataä kämpften die Ersteren gut, die Letzteren wie besessen. Das Konzept einer völlig freien Bürgerschaft unter Waffen ist ein gänzlich hellenisches.

5. WAHL DES ENTSCHEIDENDEN GEFECHTS: die bevorzugte Praxis, dem Feind frontal Mann gegen Mann in einer Überraschungsschlacht zu begegnen und den Kampf so schnell und entscheidend wie möglich zu beenden, wobei die Schlacht nur der letzte militärische Ausdruck des mehrheitlichen Willens der Bürgerschaft ist. Die Perser spürten, dass sich bei Marathon ein Zerstörungswahn der Griechen bemächtigt hatte und so war es auch, als die Griechen frontal in die persischen Reihen stürmten, ein Vorgehen, das auf den östlichen Menschen furchtbar gewirkt haben muss, wie die Schlachten von Plataä, Kunaxa, Granikos, Issos und Gaugamela bezeugen.

6. VORHERRSCHAFT DER INFANTERIE: die Auffassung, dass allein Besitzer von Eigentum zu Fuß mit Muskelkraft Kriege gewinnen, nicht Reiter oder gar Männer mit Geschossen. Was schließlich nicht-griechische Armeen zerschlug – und die Reihen anderer hellenischer Armeen zerriss – waren Hopliten und Phalangiten, die als Einzige vorwärts marschierten, den Weg nach vorn frei machten und dann den Grund und Boden, auf dem sie standen, in Besitz nehmen konnten. Bürger, die Eigentumsansprüche auf ihre eigenen Gehöfte haben, auf diesem Boden leben und diesen Besitz an ihre Kinder weitergeben können, wollen zwangsläufig Land gewinnen und behalten – und werden nicht leichtfertig aufgeben.

7. EIN SYSTEMATISCHER EINSATZ VON KAPITAL FÜR DEN KRIEG: die Fähigkeit, Steuern einzutreiben, Tribute aufzuerlegen und Gelder zu borgen, um Män-

EINLEITUNG

1	Lelantine, 700 v. Chr.
2	Hysiai, 669 v. Chr.
3	Marathon, 490 v. Chr.
4	Thermopylen, 480 v. Chr.
5	Salamis, 480 v. Chr.
6	Plataä, 479 v. Chr.
7	Mykale, 479 v. Chr.
8	Oinophyta, 457 v. Chr.
9	Tanagra, 457 v. Chr.
10	Koroneia, 447 v. Chr., 394 v. Chr.
11	Pylos, 425 v. Chr.
12	Delion, 424 v. Chr.
13	Mantineia, 418 v. Chr., 362 v. Chr.
14	Dekeleia, 413 v. Chr.
15	Arginusen, 406 v. Chr.
16	Aigospotami, 404 v. Chr.
17	Haliartos, 395 v. Chr.
18	Nemeia, 394 v. Chr.
19	Korinth, 390 v. Chr.
20	Tegyra, 375 v. Chr.
21	Leuktra, 371 v. Chr.
22	Kynoskephalai, 364 v. Chr.
23	Chaironeia, 338 v. Chr.
24	Granikos, 334 v. Chr.
25	Sellasia, 221 v. Chr.
26	Pydna, 168 v. Chr.

Die meisten größeren hoplitischen Schlachtfelder spiegelten die geografischen und ökonomischen Realitäten des griechischen Festlandes wider, wie diese Beispiele der wichtigeren Gefechte bezeugen. Schauplätze von Fußtruppenkämpfen befanden sich in der Regel in der Nähe dichter besiedelter Regionen mit gutem Ackerland und leichtem Zugang zur Küste und entlang der Nord-Süd-Haupttransitrouten durch Zentralgriechenland – das heißt, direkt nördlich und südlich des Isthmus bei Korinth. Gegenden in Westgriechenland, Achäa, Ätolien, Thessalien, Kreta und Thrakien beteiligten sich nur teilweise an der griechischen Agrar- und Politikrenaissance, die im achten Jahrhundert begann, und daher waren solche Gegenden selten Schauplätze größerer Begegnungen zwischen Hopliten der Bürgerwehren der Stadtstaaten. Mit dem Aufkommen des Seekrieges zu Beginn des fünften Jahrhunderts fanden Gefechte zunehmend entlang der ionischen Küste im westlichen Kleinasien statt, wo das athenische Reich bei den Arginusen seinen größten Sieg und bei Aigos Potamoi seine größte Niederlage zur See im Peloponnesischen Krieg erlebte.

Viele Gelehrte vergessen, dass der Hoplitenschild nicht aus Bronze war, sondern aus Eichenbrettern, die gehärtet und zusammengeleimt wurden, so dass sie eine laminierte konkave Schüssel bildeten. Ein dünner Überzug aus gehämmerter Bronze diente als Schutzplatte um das Holz vor Verwitterung zu schützen und sicherzustellen, dass eine auf Hochglanz polierte Oberfläche die Sonne reflektieren konnte. Ärmere Hopliten konnten sich einen metallenen Überzug nicht leisten und malten einfach die Insignien ihrer Familie oder Nation direkt auf die Holzoberfläche. Die Schlaufe für den rechten Arm (porpax) und der Handgriff (antilabê) wurden an das Holz genietet. Aber der eigentliche Vorzug des Schildes war seine einzigartige Form. Die extrem konkave Formung erlaubte es den oberen gekerbten Rand auf der Schulter abzusetzen, wodurch ein Teil der Last von Arm und Hand weggenommen wurde, und die gewölbte Oberfläche bedeutete, dass die meisten Schläge entweder abprallten oder das Holz spitzwinklig trafen, wodurch sich die Wahrscheinlichkeit verringerte, dass Stöße mit Lanze oder Schwert das Eichenholz durchdringen würden. Die Griechen bezeichneten den Hoplitenschild normalerweise als aspis, seltener als hoplon; deshalb besteht Uneinigkeit über die Etymologie des Wortes „Hoplit". Der Begriff mag eher aus dem Plural „hopla" (Bewaffnung) abgeleitet sein als aus dem Singular „hoplon".

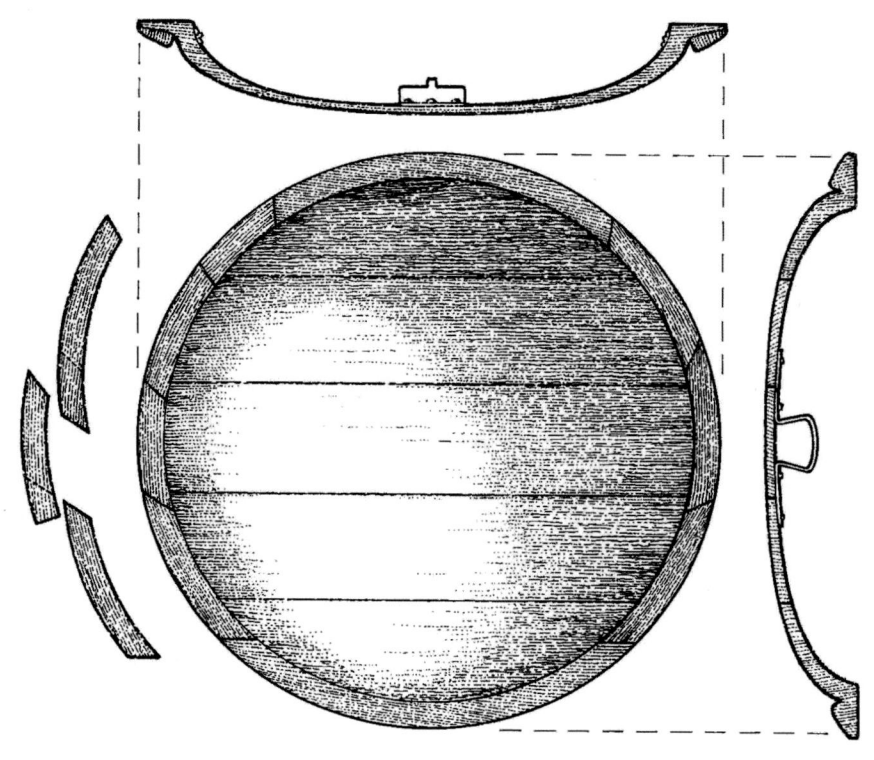

ner und *matériel* für ausgedehnte Zeiträume ins Feld zu führen. Athen kämpfte gut und lange, weil es wusste, wie es das notwendige Geld aufbringen konnte, um Männer bzw. *matériel* anzuheuern, zu kaufen, zu mieten oder zu borgen, lange nachdem es von einer ganzen Menge zahlreicher Feinde hätte besiegt werden müssen. Alexander konnte nach Osten ziehen, weil ein ganzer Stab gerissener Schatzmeister zu besteuern und zu stehlen wusste und dann die großzügige Gabe ummünzte um für ein anspruchsvolles Quartiermeisterkorps zu sorgen – mehr als 1000 Tonnen an Lebensmitteln, Wasser und Futter wurden Alexanders Armee für jeden Tag, den sie marschierte, geliefert.

8. EINE MORALISCHE OPPOSITION ZUM MILITARISMUS: die Allgegenwart von literarischen, religiösen, politischen und künstlerischen Gruppen, die frei die Rechtfertigung und Erklärung von Kriegen verlangte und daher oft den unklugen Einsatz militärischer Kräfte in Frage stellte und gelegentlich zum Stillstand brachte. Der Trojanische Krieg, der Konflikt zwischen Sparta und Athen und Alexanders mörderisches Wüten durch Asien sind Gegenstand einer Literatur, die all dem feindlich gegenüberstand. Dass griechische Kriegsherren den Stoff für künstlerische, literarische und religiöse Kritik lieferten, führte zur Infragestellung von Zielen und Verfahrensweisen – einer anhaltenden Debatte, die ironischerweise den hellenischen Angriff oft verfeinerte und ratifizierte, statt ihn einfach zu behindern.

EINLEITUNG

Die Schilderung der griechischen Art des Krieges sollte kein Lobgesang auf die derzeitige westliche Effizienz im Töten einer großen Anzahl an Menschen sein. Westliche Kriegführung beginnt bei den Griechen der Klassik als ethische Praxis zur Erhaltung der Gesellschaft; doch ihre Bindung an die freie wirtschaftliche und politische Äußerung des Individuums kreiert eine Dynamik, die bei fehlender Vorsicht zur Zerstörung der westlichen Kultur selbst führen kann. Wenn man überhaupt davon sprechen kann, so sollen diese Kapitel dieses doppelte Vermächtnis der Griechen aufzeigen. Die Geschichte der hellenischen Waffen ist gekennzeichnet von dem Widerspruch zwischen der griechischen Begabung ökonomische und politische Tüchtigkeit auf dem Schlachtfeld einzusetzen und der Anstrengung das tödliche Ergebnis in einen Rahmen aus vor allem ethischen, rechtlichen und moralischen Prinzipien einzuspannen – ein Dilemma, das mit den Griechen begann und dessen Lösung wir im Westen noch finden müssen.

Auf einem von der Insel Rhodos stammenden Teller (600) streiten mythische Helden als Hopliten. Hier steht Hektor, während er kämpft, über dem Körper des gefallenen Euphorbus. Infolge des Gewichts der Rüstung und des verworrenen Gedränges in der Phalanx konnte sich ein Schicksal wie das des Euphorbus häufig ereignen.

KAPITEL EINS

Frühe griechische Kämpfe (1400–750)

DAS LÖWENTOR – die Köpfe des Zwillingspaares wachender königlicher Löwinnen fehlten, als bei Ausgrabungen der Eingangsbereich freigelegt wurde – markierte den Hauptzugang zum Palast von Mykenai. Diese so genannten „Kyklopischen Mauern" waren dicker und manchmal sogar höher als Befestigungen in der Klassik; ihr Bau (1350–1300) mag sich über viele Generationen hingezogen haben und ist ein Hinweis auf ein Maß politischer Bevormundung und Einschränkung, das während der Ära des Stadtstaates unmöglich gewesen wäre. Der Türsturz unter den Löwinnen ist 4,5 m lang, fast 2 m dick und in der Mitte über 90 cm hoch; er mag etwa 20 Tonnen gewogen haben. Zwei massive, über 3 m hohe Türen versperrten den Zutritt.

Der Palastkrieg als Sackgasse der Evolution: der Zusammenbruch des mykenischen Griechenland

Die Zitadelle von Mykenai nahm ihren Platz inmitten reichen Ackerlands der nördlichen Argolis ein. Anders als die Akropolis des späteren Stadtstaates war der befestigte mykenische Palast das Verwaltungszentrum und die zentrale Residenz, die die Ernte aus der umliegenden Ebene einholen, lagern und wieder verteilen ließ. Weshalb die Festungen zu Mykenai, Tiryns und Pylos zerstört wurden, ist den Historikern ein Rätsel.

Kultur und Zivilisation gab es auf dem griechischen Festland lange vor der Entstehung der Stadtstaaten (700–300). Die Mykener (1600–1100) sprachen fast dieselbe Sprache wie ihre griechischen Nachfahren. Ihre Götter bewohnten ebenfalls den Olymp und die Erinnerung an ferne mykenische Könige und Feldherren, Zitadellen und Kuppelgräber lieferte den Kern für spätere griechische Mythen und Epen. Viele mykenische Paaststandorte wurden während der Dunklen Jahrhunderte (1100–800) und der Archaischen Periode (700–500) wieder besiedelt und beweisen eine Kontinuität der griechischen Besetzung, die vom zweiten Jahrtausend vor Christus bis zur Annektierung durch Rom ununterbrochen blieb.

Das sind jedoch schon alle Übereinstimmungen. Die Schriftsprache der Mykener, die so genannte Linear-B-Schrift, sowie ihre politische, soziale und ökonomische Organisation und ihre Wertvorstellungen wurden nicht an die Griechen der historischen Periode weitergegeben. Es überrascht nicht, dass die mykenische Kriegspraxis – beinahe von nahöstlicher Tradition – mit der Zerstörung der mykenischen Paläste ebenfalls endete.

Fast bis 1200 unterschied sich vermutlich die mykenische Kriegführung kaum vom Kampf, wie er seit Jahrhunderten im Osten und Süden des Mittelmeerraumes von den Ägyptern und Hethitern praktiziert wurde: heftige Angriffe leicht bewaffneter Plänkler und Männer mit Fernwaffen, geschart um Streitwagen, die mit gut bewaffneten Speerwerfern und Bogenschützen besetzt waren. Aus den Inventarverzeichnissen der Paläste, auf Tontafeln in Linear-B-Schrift aufgezeichnet, aus einigen wenigen Überresten von Vasen, den Funden metallener Rüstungen und Waffen sowie aus den Erinnerungen an die mykenische Zeit in der späteren griechischen Literatur kann man die Vorstellung gewinnen, dass der Wanax, der Herr regionaler Staatsgewalt in Mykenai, Tiryns, Argos, Pylos, Theben, Gla, Orchomenos und Athen die politischen, ökonomischen und militärischen Angelegenheiten von befestigten Zitadellen aus führte – Palästen, geschützt von Mauern, die 3 bis 9 m dick und zuweilen über 7,5 m hoch waren. Dennoch war der Bereich, den die Mauer umschloss, normalerweise relativ klein und umfasste nie viel mehr als Herrscherresidenzen und Palastlagerräume. Derart massive Befestigungen – von den Überresten der Mauern hatten später die erstaunten Griechen die Vorstellung, sie seien das Werk übermenschlicher Wesen, der Kyklopen, und nannten sie daher kyklopisch – enthüllen die Kernwerte mykenischer Palastkultur. Material und Menschen wurden für den Schutz – und oft für das Begräbnis – von Gelehrten, Beamten und des Königshauses eingesetzt, statt für große Armeen aus Fußtruppen zum Schutz umliegenden Ackerlandes und der Bevölkerung in offenen Feldschlachten. Spätere Mauern im klassischen Griechenland sind nicht so dick, umfassen aber ein deutlich größeres Territorium – was auf den Schwerpunkt der jeweiligen Kultur verweist.

Die Aufzeichnungen in Linear-B-Schrift auf den Tontafeln lassen die Vermutung zu, dass unterschiedlichen Teilen der Bevölkerung durch den mykenischen Wanax Land zugeteilt wurde und dafür die Ernte zur Lagerung und Verteilung zurück in die Paläste gebracht werden musste. Ebenso ist anzunehmen, dass der König und sein militärischer Oberbefehlshaber die Fertigung und Lagerung von Waffen und die Mobilisierung der Untertanen kontrollierten. Vor 1300 waren Bronzerüstungen und Bewaffnung starr und schwerfällig, was darauf hinweist, dass die mykenischen Streitwagen fast wie heutige Panzer eingesetzt wurden, als Plattform für den Abschuss von Geschossen und Pfeilen. Diese Gefährte wurden verwendet, um Fußsoldaten zu überrollen und einen Durchbruch zu schaffen, und um als Schutzinseln für begleitende Scharen leicht gekleideter Plänkler zu dienen, die so in den Kampf eintreten und sich wieder aus ihm zurückziehen konnten. Wagenlenker, Bogenschützen und Männer mit Fernwaffen, die innerhalb und rund um die Zitadellenbefestigungen eingesetzt wurden, waren eher spezialisierte Krieger als Teil einer großen Bürgerwehr.

Am Ende des dreizehnten Jahrhunderts wurde die mykenische Kultur in Griechenland und die Dynastien im Nahen Osten und in Ägypten von neuen Angreifern bedroht. Diese seetüchtigen Plünderer aus dem Norden – die Griechen der *polis* mein-

Linear B war die Schrift der mykenischen Zitadellen und wurde auf Tafeln aus gebranntem Ton bei Mykenai, Tiryns, Pylos, Theben und Knossos entdeckt. Die meisten Tafeln stammen aus dem dreizehnten Jahrhundert und wurden verwendet um Inventar der Paläste und Verwaltungsdekrete einer herrschenden Elite aufzuzeichnen. Die Schrift war eine Mischung aus Zahlen, Piktogrammen und Silbenzeichen und verlief von links nach rechts. Piktogramme für Streitwagen, Soldaten, Rüstung und Pferde sind häufig und deuten an, dass der größte Teil mykenischer Waffen Staatseigentum war, in Rüstkammern aufbewahrt und nur in Zeiten von Kämpfen an die Truppen des Reiches ausgegeben wurde. Auf dieser speziellen Tafel aus dem mykenischen Palast zu Knossos auf Kreta geht es offenbar um Körperrüstungen, Pferde und Streitwagen aus den Lagern des Palastes.

DER KRIEG IN DER GRIECHISCHEN ANTIKE

Mit dem Niedergang der mykenischen Zitadellen geschah es bis zur Eroberung durch Rom das letzte Mal, dass griechische Kultur auf dem Festland an Invasoren von außen fiel. Während die mykenische Kultur dem Nahen Osten und Ägypten zu großem Dank verpflichtet war, standen die späteren Stadtstaaten und ihre Kriegführung im Gegensatz zu den meisten umliegenden Gesellschaften des Mittelmeerraumes.

ten, es seien Dorer; heutige Archäologen bevorzugen den Begriff „Seevölker" – kämpften hauptsächlich zu Fuß und in Massenformation, ohne teure Wagen, Pferde oder hoch ausgebildete Speerwerfer und Bogenschützen. Und diese Nordländer erfuhren – wie fast drei Jahrtausende später die spanischen Conquistadoren auf den amerikanischen Kontinenten – dass ihre flexiblen Infanterietaktiken die gesamte Militärmacht eines hochzentralisierten Regimes umstürzen konnte.

Als Antwort auf solche Aggression entsteht neues mykenisches Rüstzeug, das für die Verwendung zu Fuß, nicht auf dem Streitwagen, entworfen wurde, gleichzeitig – mindestens bis 1200 – tauchen auch Beinschienen, Helme und Rundschilde auf, die vielfältig aus Bronze, Holz und Leder gearbeitet waren.

Speere, Lanzen und große Hieb- und Stoßschwerter werden ebenfalls zahlreicher. Vasen weisen darauf hin, dass die allerletzten Generationen der Mykener auf ausländische militärische Herausforderungen reagierten – wenn auch verspätet, zumindest auf äußerst radikale Weise –, indem sie eine Umgestaltung vollzogen und ihre gesamte Militärdoktrin – in Richtung der Entwicklung einer starken Infante-

rie – überdachten, denn während des dreizehnten Jahrhunderts mussten die Herren der Paläste – welche die mykenischen Waffen konstruierten, eigneten und lagerten – gelernt haben, dass man mit den früheren Taktiken des auf Streitwagen basierenden Kampfes und Vorpostengefechts nicht gegen gut bewaffnete, zahlenmäßig starke und zusammenhaltende Fußsoldaten ankam.

Trotz dieser letzten verzweifelten Veränderung in Waffen und Taktik waren bis 1100 fast alle Zitadellen auf dem griechischen Festland zerstört und die mykenische Kultur fand endgültig ihr Ende. Diese Katastrophe des frühen zwölften Jahrhunderts wurde verschiedenen Ursachen zugeschrieben: Eindringlingen, internen Fehden, Sklavenaufständen, Erdbeben, Dürreperioden, Piraterie oder einfach einem Zusammenbruch des Systems durch übermäßige Bürokratisierung. Wie die richtige Erklärung auch immer lautet, weniger Uneinigkeit herrscht darüber, dass in Texten der Hethiter und auf Reliefs der Ägypter eine bestimmte Gruppe von „Seevölkern" in barbarischen Horden auftaucht, die von Norden her auf dem Seeweg kamen, landeten und Palastkönigreiche mit Massenangriffen von Fußtruppen herausforderte. Die späteren Griechen nannten sie Dorer, die Söhne des Herakles, die alles zerstörten, was auf ihrem Weg lag, bevor sie sich in der Peloponnes niederließen. Auf jeden Fall sorgte die Starrheit und Komplexität der Mykener dafür, dass die Verteidigung ihrer Paläste gegen die Taktiken und Waffen von Hellenisch sprechenden, aber unzivilisierten Kämpfern aus nördlichen Weilern außerhalb der Kontrolle der Zitadellen schlecht vorbereitet und unflexibel war.

Die militärischen Lektionen waren deutlich genug: Lose organisierte Männer zu Fuß mit schwerer Rüstung waren Streitwagen, Bogenschützen und zentralisierter Bürokratie ebenbürtig, ob nun mit oder ohne kyklopische Mauern. Die Fünf-vor-zwölf-Wendung der Mykener hin zu gerüsteten Fußtruppen mit Lanzen kam anscheinend zu spät um die Paläste zu retten und so gingen die Mykener den Weg ähnlicher Plangesellschaften im südlichen und östlichen Mittelmeerraum, die ebenfalls durch „barbarische" Fußtruppen geschwächt oder gestürzt wurden. Und während Archäologen häufig von einer „Katastrophe" sprechen, die die Zerstörung einer ganzen Kultur mit sich brachte, änderte doch vom rein militärischen Standpunkt aus das plötzliche Ende einer kollektiven Autokratie für immer die Richtung griechischer Kriegführung. Zum ersten Mal gelangten die Entscheidung über Raum, Zeit, Ausrüstung und Zweck des Krieges vom Alleinherrscher in der Zitadelle in die Hände des Einzelnen, auf eine Art und Weise, die es zuvor im Mittelmeerraum nicht gegeben hatte.

So beginnt die Geburt westlicher Kriegführung zunächst mit der Zerstörung der gesamten mykenischen Kultur auf dem griechischen Festland. Nie wieder würde eine kollektive Theokratie eine Armee gleicher Sprache ins Feld führen – in deutlichem Gegensatz zu fast jeder anderen Kultur im Mittelmeerraum. Die Bühne war frei für eine vier Jahrhunderte währende politische und ökonomische Entwicklung, die ihren Höhepunkt im Erscheinen des freien Bürgers finden sollte, der allein bestimmte, wo und wie Männer wie er kämpfen würden.

Plünderungen und Überfälle in den Dunklen Jahrhunderten Griechenlands

Doch auf die mykenische Zitadelle und den griechischen Stadtstaat fällt ein Schatten. In den nächsten 400 Jahre (1200 – 800) lag Dunkelheit über Griechenland. Es

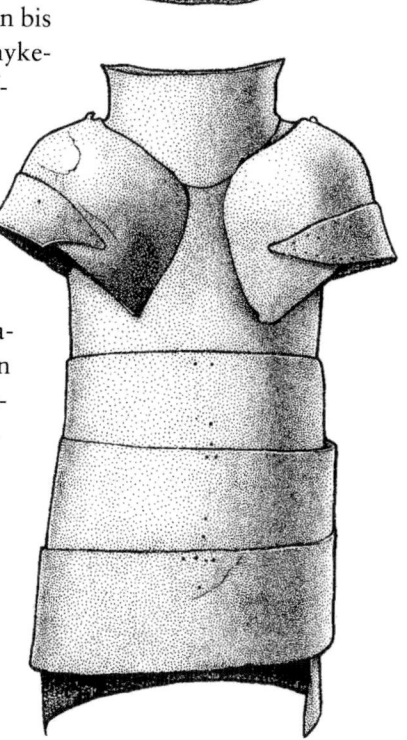

Der so genannte Dendra-Harnisch wurde 1960 in einem Grab in der Argolis frei gelegt. Er stammt aus dem fünfzehnten Jahrhundert und gehörte mit größter Wahrscheinlichkeit einem Wagenlenker, da die konzentrischen Bronzeringe das Laufen oder sogar das Neigen des Kopfes nahezu unmöglich gemacht hätten. Der Helm wurde aus Eberzähnen gefertigt; er wird von Homer erwähnt und erscheint auch auf frühen Fresken aus Thera. Diese Ausrüstung wurde nur von einem kleinen Kreis wohlhabender Wagenlenker getragen.

Auf einem Fresko aus dem fünfzehnten Jahrhundert, das auf der Ägäisinsel Thera freigelegt wurde, rücken diese in Mykene eingedrungenen Bewaffneten als Vorhut mit Schilden aus Rinderhaut und besonders langen Speeren vor. Gelehrte haben sich lange über Homers Erwähnung eines Eberzahnhelms den Kopf zerbrochen. Doch die Entdeckung dieses Wandgemäldes und die ausgegrabenen Überreste eines solchen Kopfschutzes bewiesen die Authentizität von Homers Beschreibung. Es handelt sich um einen Helm, der mindestens sechs Jahrhunderte vor Homers Geburt außer Gebrauch kam. Doch muss man bei dieser nach einem Fresko entstandenen Strichzeichnung ein großes Maß an künstlerischer Freiheit seitens des antiken Malers berücksichtigen, denn es fällt schwer sich vorzustellen, wie die Mykener eine derart lange Pike in der einen Hand hielten und das gesamte Gewicht des Körperschildes mit der anderen bewältigten.

gab keine schriftlichen Aufzeichnungen und monumentale Architektur mehr und kaum noch bildliche Darstellungen auf Vasen. Die Bevölkerung ging auf möglicherweise weniger als ein Fünftel ihres gegenüber der mykenischen Zeit zurück, die Zentralregierung verschwand und mit ihr der größte Teil des Handels über weite Entfernungen. Die gut organisierte Landwirtschaft nahm Schaden, die landwirtschaftliche Produktion sank rapide. Anstelle einer Palastbürokratie schufen sich einheimische starke Männer und Freiherren Einflussbereiche in kleinen befestigten Weilern. Kleine Bevölkerungsgruppen waren nicht mehr an einen Ort gebunden und wanderten oft ab, wenn sie bedroht wurden. Die Auswirkungen auf die griechische Kultur waren bei weitem katastrophaler als der Zusammenbruch der römischen Zivilisation siebzehn Jahrhunderte später.

Unser einziger sicherer Beweis für vier Jahrhunderte von Kämpfen liegt hauptsächlich bei einigen Resten von Waffen und Rüstzeug, die in aristokratischen Grabstätten freigelegt wurden. Bei Levkandi auf der Halbinsel Euböa und bei Salamis in Zypern gaben solche Grabstätten aristokratische Kämpfer frei, die zusammen mit ihren Eisenwaffen und Pferden bestattet worden waren. Die Kampfesweise der Dunklen Jahrhunderte wurde – wie Aristoteles für alle Kämpfe vor der *polis* andeutete – dem Anschein nach von solchen berittenen starken Männern bestimmt, die lose organisierte Fußsoldaten, bewaffnet mit Schilden aus Leder und Flechtwerk und Lanzen, Wurfspeeren und Pfeilen, in den Kampf führten. Während Beinschienen und der größte Teil metallener Körperrüstung mit der mykenischen Zivilisation verschwunden zu sein scheinen, gab es in den Dunklen Jahrhunderten einen erstaunlichen Zuwachs an Metallarbeiten, die dem alten mykenischen Langschwert und der Lanze zu einer neuen zerstörerischen Wirkung verhalfen. Der Historiker Thukydides aus dem fünften Jahrhundert erinnerte an diese düstere Zeit vor der *polis*: „Es gab keine Kriege zu Lande, jedenfalls keine, durch die Macht errungen wurde." Und er betonte, dass es keine großen Konföderationen gab, keine stabile Bevölkerung aus Baum- und Weingärtnern, keine ausgedehnten Feldzüge, keine wirklichen Kampfhandlungen über örtliche Streitigkeiten zwischen rivalisierenden Nachbarn hinaus. In solchen vorstaatlichen Gesellschaften standen die meisten „Kriege" mit Rache, Blutfehden, Überfällen auf der Suche nach Vieh und Frauen und Vergeltungsschlägen im Zusammenhang.

Doch die Verarmungen des Landes und der Verlust an Zivilisation waren verbunden mit einer deutlichen Befreiung sowohl für die Landwirtschaft als auch für die Kriegführung. Angreifer aus dem Norden mögen mykenische Paläste und Zivilisation zerstört haben, aber sie beseitigten auch eine starre und zentralisierte religiöse und politische Bürokratie. Metallene Körperrüstungen und Beinschienen mögen für ihre verarmten Besitzer verloren gewesen sein, aber Metallarbeiten und die wachsende Bedeutung des Fußsoldaten schufen Voraussetzungen für die Entstehung einer überlegenen Fußtruppe, sollte sich die materielle Kultur erholen und die Bevölkerung wachsen. Es ist kein Zufall, dass die Zerstörung starrer mykenischer Palastprotokollarien den Weg für Fußsoldaten und Eisenwaffen frei machte und den Streitwagen verschwinden ließ, was für die nächsten zwei Jahrtausende einen starken Bruch mit der im übrigen Mittelmeerraum üblichen zentralisierten Kampfpraxis bedeutete.

Der Weg war nun frei für die langsame jahrhundertelange Entwicklung zur *polis*. Die losen Banden Leibeigener der Dunklen Jahrhunderte, die ihren berittenen Herren in die Schlacht folgten, sollten sich schließlich in richtige Bürgerwehren aus Kleinbauern mit Landbesitz verwandeln, die niemanden außer sich selbst verpflichtet waren. Zwistigkeiten innerhalb der Sippe, die bei Diebstahl von Vieh oder wegen Weiderechten auftraten, wichen ziviler Mobilmachung als Antwort auf Angriffe gegen das Privateigentum von außen.

Die erste und letzte schriftlich bezeugte Schlacht der Dunklen Jahrhunderte Griechenlands fand etwas vor 700 auf der Insel Euböa zwischen den rivalisierenden Städten Chalkis und Eretria auf der angrenzenden reichen lelantinischen Ebene statt. Wir haben keine richtige Vorstellung davon, wie lange die Kämpfe andauerten oder wer schließlich der Sieger war. Aber spätere Dichter und Geschichtsschreiber sahen die lelantinischen Kämpfe als ersten historischen griechischen Krieg an, ein Ereignis, das aus sicheren, von Mythen freien Quellen bekannt ist. Am Ende der Dunklen Jahrhunderte stehend musste die lelantinische Schlacht wohl den endgültigen Übergang von einem aristokratischen Reiterkrieg zum Fußtruppenkampf mit breiter Basis markiert haben. Und obgleich unsere Quellen manchmal widersprüchliche Ansichten präsentieren, ist klar, dass beide euböische Städte radikale Veränderungen in ihrer militärischen und politischen Struktur eingeleitet hatten.

Angeblich war der Zusammenstoß der beiden Städte ein Streit auf dem Rasen zwischen den aristokratischen *hippeis* (Kavalleristen) von Eretria und ihren gleichartigen Gegenspielern von Chalkis, den *hippobatae* (Pferdenährer). Doch der zeitgenössische Dichter Archilochos sagt, dass die Euböer berühmt für ihr Schwertspiel waren, nicht für Kavallerieangriffe. Steinzeug dieser Ära aus Eretria bildet behelmte Krieger mit runden Schilden und Lanzen ab, die an gerüstete Fußtruppen früherer Zeit erinnern. Der spätere Geograf Strabo behauptete, er habe einen jahrhundertealten Vertrag gesehen, der die Vereinbarung beider Seiten festhält, überhaupt keine Waffen mit großer Reichweite einzusetzen.

Daher muss ein großer Teil beider Armeen aus schwer bewaffneten Fußsoldaten (*hoplitai*) bestanden haben, die auf Lanzen und im Nahkampf auch auf Schwerter angewiesen waren. Manche Kämpfer könnten, wie Bilder auf Vasen vermuten las-

Wasser war entscheidend dafür, ob eine Belagerung überlebt werden konnte oder nicht. Dennoch wurden Befestigungen meist auf schwierigem Gelände hoch auf felsigen Hügeln gebaut – genau da, wo natürliche Quellen rar waren und das Grundwasser für einen Brunnen zu tief lag. Und bei dem ariden Klima des östlichen Mittelmeerraumes – in der mittleren Peloponnes sind oft weniger als 25 cm Niederschlag pro Jahr – und nach dem Verlust des Zuganges zum Land hätten selbst die am besten verteidigten Zitadellen ohne ausreichend Wasser fallen müssen. Doch die mykenischen Ingenieure gingen das Problem an, indem sie eine riesige unterirdische Zisterne bauten. Wenn das Reservoir voll war, konnte es die Zitadelle für Monate versorgen. In Friedenszeiten floss Wasser durch Fallrohre von Quellen in den Bergen über der Zitadelle in die Zisterne.

DER KRIEG IN DER GRIECHISCHEN ANTIKE

OBEN: *Die gerundete Oberfläche bei Keramikmalerei und die Schwierigkeit Massenszenen festzuhalten führte dazu, dass der Phalangenkrieg oft in einer Serie aufeinander folgender Szenen von Einzelkämpfen, Gruppenmärschen und vereinzelten Kavalleriemanövern, über die ganze Vase verteilt, abgebildet wurde.*

RECHTS: *Die griechische Kultur breitete sich wegen der wirtschaftlichen und politischen Dynamik der Griechen, aber auch wegen der hervorragenden Beschaffenheit der griechischen Waffen im ganzen Mittelmeerraum aus. Von frühesten Zeiten an waren Hopliten hoch geschätzte Söldner in ganz Asien und Ägypten und griechische Kriegsschiffe waren unterwegs von der südlichen Küste Westeuropas bis zur phönizischen Seeküste.*

FRÜHE GRIECHISCHE KÄMPFE

Der Tempel von Konkord, Sizilien, fünftes Jahrhundert. Am Ausgang des Peloponnesischen Krieges gehörten die sizilianischen Stadtstaaten zu den reichsten und am besten entwickelten Krieg führenden Städten der gesamten griechischen Welt. Ihre Denkmäler widerspiegelten ihren Erfolg gegen die Karthager im Süden, Italiker im Norden und andere Griechen im Osten.

DER KRIEG IN DER GRIECHISCHEN ANTIKE

sen, adlige Herren gewesen sein, die in den Kampf ritten und dann abstiegen um sich ihren Untergebenen in der Menge anzuschließen. Viele Fußsoldaten waren möglicherweise keine Lanzenträger, sondern verwendeten vielmehr mannigfaltige Wurfspeere und warfen diese aus der Entfernung. Aber in jedem Fall sollte der Kampf von Fußsoldaten um den Besitz eines Landstriches, der reich an Bäumen und Weinstöcken war, für die nächsten vier Jahrhunderte das Kennzeichen griechischer Kriegführung sein. Und der lelantinische Krieg erwies sich auch noch auf andere und bedrohlichere Weise als typisch für alle späteren griechischen Kriege. Eine Reihe griechischer Staaten mischte sich ein – am deutlichsten Milet auf der Seite Eretrias, die Insel Samos für Chalkis – und bewies dadurch, dass ein scheinbares Grenzgeplänkel zwischen zwei Stadtstaaten einen ausgewachsenen Krieg entfachen konnte, der einen Großteil der Griechisch sprechenden Welt einbezog. Dahin waren die Tage, in denen der Palast oder der adlige Herr zu Pferde und sein kleiner Kreis Zeit und Raum für den griechischen Krieg bestimmen konnten.

DAS SCHLACHTFELD HOMERS

Homers monumentales Heldenepos *Ilias*, das irgendwann im späten achten Jahrhundert mündlich verfasst wurde, ist das erste literarische Werk der westlichen Zivilisation. Da fast ein Drittel der über 15 600 Zeilen des Poems bildhaften Beschreibungen von Kämpfen gewidmet ist und weil die *Ilias* anscheinend die Erzählung eines noch früheren Überfalls der Griechen auf Troja ist, vertiefen sich Militärhistoriker in den Text um Kampfhandlungen im Zeitalter vor dem Stadtstaat zu rekonstruieren. Leider ist das Schlachtfeld Homers verworren und widersprüchlich und, wie es scheint, eine Verschmelzung militärischer Verfahrensweisen und Praktiken, die aus etwa fünf Jahrhunderten bardischer Improvisation bezogen worden sind.

In Bronze gehüllte Krieger von Rang werden auf schönen Streitwagen von ihren persönlichen Knappen in den Kampf gefahren. Sie steigen ab und werden von ihren Fahrern verlassen um zu Fuß allein zu kämpfen. Normalerweise ziehen solche griechischen und trojanischen Grandes wie Diomedes oder Hektor – die so genannten *basileis* – kreuz und quer über das Schlachtfeld auf der Jagd nach blaublütigen Gegnern, die zu töten oder um Lösegeld gefangen zu nehmen ihr eigenes Prestige verbessern würde. Einmal gefunden wird der feindliche Krieger gewöhnlich sehr formell – und ziemlich rhetorisch – angerufen, beleidigt und sodann mit dem Speer attackiert. Schlug der Wurf fehl oder kann er Schild oder Körperrüstung des Opfers nicht durchdringen, so zieht der homerische Held fast immer sein Schwert und stürmt vorwärts um den Streit im Nahkampf zu beenden – in beiden Fällen rollen Köpfe, werden Augen ausgestochen, treten Gedärme aus und werden Gliedmaßen abgeschlagen. Dennoch sind solche bildhaften Kampfbeschreibungen bemerkenswert kurz. Von etwa 300 in der *Ilias* umfassen nur achtzehn mehr als einen einzigen Schlag und deuten die Schnelligkeit und Kürze der Kämpfe an. Bogenschützen sind spezialisierte Kämpfer, sowohl gefürchtet als tödliche Gegner, die aus der Ferne gute Männer töten können, als auch verachtet als Feiglinge, die den Kampf Mann gegen Mann scheuen – eine allgemein verbreitete Ansicht, die sich während des nächsten Jahrtausends hielt – mit unglücklichen Spätfolgen für die Armeen des Westens.

Massive Streitwagenattacken, entschlossene Belagerung und Angriffe zu Pferde sind den homerischen Kämpfern zwar bekannt, werden jedoch vom Dichter wenig beachtet. Sein Hauptinteresse gilt dem persönlichen Duell der Frontlinienkämpfer, der *promachoi*, die aus der Masse (*plêthus*) heraustreten. Wenn Krieger nicht in der

UNTEN: *Dieser Brustpanzer mit Helm, der bei Argos freigelegt wurde, wird allgemein als ältestes und vollständigstes Exemplar hoplitischer Körperausrüstung angesehen; er stammt aus dem späten achten Jahrhundert. Dem Helm fehlen die elegante Nase und die Wangenteile der späteren Modelle aus Korinth, aber mit seiner protzigen Haube mag er fast 5 Pfund gewogen haben. Man beachte die Bördelung, die nach unten gegen die Leisten gerichtete Schläge abwenden sollte. Das erklärt, warum Gelehrte den frühen Brustpanzer als „glockenförmigen Kürass" bezeichnen. Mit seinem Lederfutter und an die Taille angehefteten Schößen mag der Bronzekürass 9 kg gewogen haben. Somit wogen Helm, Schild, Brustpanzer, Beinschienen, Schwert, Lanze und zusätzlicher Schutz zusammen beachtliche 30 kg.*

FRÜHE GRIECHISCHE KÄMPFE

VORHERGEHENDE SEITE:
Bis zum fünften Jahrhundert, als diese schwarzfigurige Vase bemalt wurde, trugen Hopliten in der Regel die volle Ausrüstung mit bronzenem Brustpanzer, Beinschienen, korinthischem Helm und gelegentlich zwei Stoßlanzen. Hoplitische Lanzenträger dominieren auf schwarzfiguriger Vasenmalerei, während Bogenschützen,

Plänkler und Fremde weniger stark vertreten sind und nicht als Helden idealisiert werden. Die Schildverzierungen spiegeln eher individuellen Geschmack oder bilden Familien- oder Stammesinsignien ab und sind weniger Ausdruck nationaler Zugehörigkeit.

Ebene von Troja im Kampf stehen, so trinken, schmollen oder streiten sie und prahlen oder schmähen sich gegenseitig mit übertriebenen Geschichten von Beute, die sie auf Plünderungsstrafzügen gestohlen haben. Welche Taktiken, welche Technologie und welche historische Periode repräsentiert die ganz spezielle und oft absurde Art des Kampfes in der *Ilias* Homers? Die *Ilias* wurde vermutlich um 700 verfasst und Homers zweites erhalten gebliebenes Epos, die *Odyssee*, folgte etwa ein Vierteljahrhundert später. Beide Dichtungen waren Produkte einer langen mündlichen Tradition, die letztendlich dem Ende der mykenischen Ära (1200–1100) entsprang. Daher bringt die Entstehung der Epen über ein halbes Jahrtausend hinweg die Militärhistoriker in eine Zwickmühle. Enthält die Kriegswelt von Achilles, Agamemnon und Ajax die grundlegende Geschichte einer organisierten mykenischen Expedition nach Troja, eines massiven Strebens nach Metallen, Fischereirechten, Pferden oder Land durch die Palstherren des Festlandes? Die späteren Missgeschicke der siegreichen griechischen Könige – Agamemnon, Menelaos, Odysseus, Ajax und Diomedes erreichen entweder die Heimat nicht oder erleben eine schreckliche Rückkehr und finden die Bedingungen an ihren Palästen radikal verändert vor – spiegeln vielleicht den Aufruhr unter der letzten Generation der Mykener wider, die tatsächlich etwa ein halbes Jahrhundert nach der Plünderung Trojas ihre eigenen Zitadellen an Eindringlinge verloren.

Oder sind die Kämpfe der *Ilias* in der Ebene von Troja eine übertriebene Darstellung irgendeines Plünderungsangriffs, bei dem sich plündernde und zänkische Piraten für den einen großen Fischzug zusammenschlossen? Oder geht die Schilderung der Expedition zur Rückeroberung Helenas auf Umrisse einer Erzählung aus der überlieferten Dichtung zurück, die das Dichtergenie Homer mit Handlung, Aktionen, Details und materieller Kultur anreicherte, welche er aus seiner eigenen Welt der *polis* im achten Jahrhundert bezieht? Oder ist schließlich die Dichtung einfach eine fantastische Geschichte mit sprechenden Pferden, kämpfenden Göttern und personifizierten Flüssen, in der das in 500 Jahren gesponnene Garn beliebig verwoben wurde um den dichterischen und metrischen Anforderungen der epischen Form zu entsprechen?

Ilias und *Odyssee* weisen tatsächlich Spuren zweier früherer Kulturen auf – etwas mykenisches Material und Elemente der Dunklen Jahrhunderte –, zugleich sind sie wahrscheinlich ein grob umrissenes Porträt Griechenlands zwischen 750 und 680 und geben so einen Blick auf den Krieg genau zum Ende der Dunklen Jahrhunderte frei. Es gibt nur wenige mykenische Überbleibsel, die aus der Welt vor der Katastrophe von 1200 stammen – ein Eberzahnhelm, lange silberbeschlagene Schwerter, Streitwagen, Waffen mit Bronzeklingen, große Ledertumschilde, massive Zitadellenmauern, die Vorstellung eines Pferde züchtenden Volkes an der Küste von Kleinasien und Kriegernamen wie Ajax. Diese mykenischen Relikte wurden entweder nach der Katastrophe von Generation zu Generation mündlich weitergegeben oder waren späteren Barden durch zufällige Entdeckungen von Gräbern, Vasen und in Trümmern gelegten Palästen bekannt. Was vielleicht ein nebensächlicher Angriff auf Kleinasien in der letzten Palastgeneration war, wuchs

FRÜHE GRIECHISCHE KÄMPFE

Der Kopfputz griechischer Hopliten des frühen sechsten Jahrhunderts war schwer, eimerförmig und passte schlecht, bot jedoch wunderbaren Schutz für Kopf, Gesicht und Hals. Dieser so genannte korinthische Helm hatte einen Lederschutz, der innen angeheftet war. Ein große Haube aus Pferdehaar wurde auf dem höchsten Punkt des Helms an einem Bronzehalter angebracht. Das Fehlen von Ohrlöchern und eines inneren Netzes, die Schwerfälligkeit der Haube und das Gewicht der Bronze sorgten dafür, dass dem Träger im Kampf unangenehm warm wurde und er sich isoliert fühlte. Der Nasenschutz ist häufig verbogen oder fehlt, da erbeutete Helme oft den Göttern geweiht wurden mit klaren Anzeichen dafür, dass sie den Eroberten abgenommen wurden. In Olympia wurden im Laufe einiger Jahrhunderte mehr als 100 000 solcher geweiht.

sich zu einem legendären Meisterstück der Kriegskunst aus. In den Jahren der Armut, die dem mykenischen Zusammenbruch folgten, sangen Barden von einer früheren Zeit, als die Mykener Dinge taten, von denen das zeitgenössische Publikum der Dunklen Jahrhunderte nur träumen konnte.

Mit Sicherheit stammen einige Einzelheiten der Dichtungen aus den Dunklen Jahrhunderten (1100–800). Die Kenntnis von Metall, das Verbrennen von Toten, das Speerwerfen, Dreifüße, die häufigen Streitigkeiten kleiner Anführer um Geschenke und Plündergut wurden von Homers Vorgängern bei der Weitergabe des Stoffes während der Dunklen Jahrhunderte der überlieferten Erzählung hinzugefügt. Nestor beschreibt zum Beispiel einen Angriff auf Elis, der zur charakteristi-

LINKE SEITE: *Die noch bestehenden Mauern von Troja bieten einen enttäuschenden Gegensatz zu Homers großartiger Beschreibung in der Ilias, wo Hektor seine Frau und seinen Sohn hoch über dem Kampfgetümmel grüßt. Dennoch war der hier abgebildete östliche Zugangsweg, der im vierzehnten und dreizehnten Jahrhundert gebaut wurde, vermutlich ebenso beeindruckend wie seine kyklopischen Gegenstücke auf dem griechischen Festland.*

FRÜHE GRIECHISCHE KÄMPFE

Fast alle keramischen Darstellungen der griechischen Mythologie datieren aus der Periode der polis, als die Bewohner des Olymp beim Kampf gegen weniger zivilisierte Gegner dargestellt wurden, darunter Riesen – wie hier auf einem attischen rotfigurigen Krater von etwa 460 – Amazonen, Zentauren und Ungetüme. Die Kämpfer wurden oft in verschiedenen Varianten hoplitischer Kleidung dargestellt um die symbolische Überlegenheit des männlichen, landbesitzenden Bürgers im Stadtstaat zu betonen.

schen vorstaatlichen Kampfpraxis gehört haben muss und sowohl das Interesse an Inbesitznahme als auch die Ehre widerspiegelt, die Heimlichkeit und militärischer Heldenmut einbrachten:

> Wir trieben große Kriegsbeute hinweg, je fünfzig Herden Ochsen, Schweine und Ziegen. Wir nahmen ebenso viele Schafherden. Wir nahmen auch einhundertundfünfzig braune Pferde, alle weiblich, zusammen mit vielen ihrer Fohlen. Wir trieben sie bei Nacht nach Pylos hinein, in Neleus' Land, in die Festung. Neleus war erfreut, dass ich, obgleich noch jung an Jahren, so viel Beute erlangt hatte.

Die Gesellschaft, die Homer gestaltet, ist eine Welt, zu der Versammlungen, Räte, Kolonialisierung, Massenkämpfe und intensive Landwirtschaft gehören, in der Kameraden für ihr eigenes Vaterland kämpfen – ein dichterischer Kosmos, der noch als die frühe *polis* erkennbar ist: Der Dichter hat eine sehr alte Geschichte mit Handlung, Personen und ein paar archaischen Details als Erbe übernommen, aber ein Teil des Materials und die literarischen Inhalte der Dichtung bezieht er aus seiner eigenen Zeit und Umgebung.

Bei aller dichterischen Freiheit in der Beschreibung individueller Duelle und Prahlerei in der *Ilias*, bei allem nötigen Anachronismus und aller aristokratischer Formalität kann also der aufmerksame Leser in den Schatten den massiven Angriff gerüsteter Fußsoldaten sehen, nicht unähnlich denen der frühen hoplitischen Kriegführung. Die Mannschaften formieren sich in Homers Beschreibung in Reihen und Gliedern (*phalanges, stiches*). Sie sind mit schwerer Bronzerüstung ausgestattet, ein wenig ähnlich derjenigen, die von der Bürgerschaft in Homers eigener Kultur der *polis* getragen wird. In Buch Sechzehn der *Ilias* lesen wir:

> Und wie ein Mann eine Mauer mit eng aneinander gefügten Steinen als Schutzwall eines hohen Hauses baut, um die Kraft des Windes abzuhalten, so eng zusammen standen die Helme und die Schilde massiv in der Mitte einer Phalanx. Schild lehnte sich an Schild, Helm an Helm, Mann gegen Mann und die Hauben aus Pferdehaar entlang der Hörner der glänzenden Helme bewegten sich, wenn die Krieger ihre Köpfe neigten, so dicht beieinander waren sie formiert.

Selbst die besondere Rolle der Streitwagen, Geschosse und Speere bei Homer lässt nicht auf authentische Darstellung der Kriegführung der Mykener oder der Dunklen Jahrtausende schließen. Es ist wahrscheinlicher, dass diese Waffen und Taktiken ein Mittel der poetischen Gestaltung sind, das der Archaisierung dient. So fügte Homer in seine Dichtung Dinge ein, die er gesehen, von denen er gehört hatte und mit denen sich ein Bezug zur fernen Vergangenheit herstellen ließ. Daher wuchten in seiner Dichtung Krieger schwere Steine und werden in eindrucksvollen Streitwagen ausgefahren, was dem anonymen Massentöten vor Troja einen Anschein von Erhabenheit verleiht. Beschreibungen von Schlachten müssen wie in allen epischen Dichtungen natürlich einige wenige bemerkenswerte Personen in den Mittelpunkt stellen, was dazu führt, dass sich Homer bei der Gestaltung des Tötens vor Troja auf einzelne, nicht miteinander in Zusammenhang stehende Episoden konzentriert. Schließlich ist es schwierig in einer epischen Dichtung das kurzzeitige Aufeinandertreffen anonymer Soldaten zu erfassen.

Homer stellt den Kampf im Trojanischen Krieg als ein Aufeinanderprallen von zwei Massenarmeen in Bronzerüstung dar, gar nicht so weit entfernt von den großen Phalanx-Zusammenstößen des frühen siebzehnten Jahrhunderts – das pure Chaos, das immer bildhaft als zerstörerisch und hasserfüllt beschrieben wird. Doch als epischer Dichter muss Homer auch die Mystik der Vergangenheit einbeziehen, und er muss sich auf individuelles Heldentum konzentrieren. Und daraus erklärt sich zu einem Teil das Gemisch aus Speerwürfen, formellen Beleidigungen, Streitwagen und gewaltigen Schilden – die notwendige poetische Verschönerung, die den nüchternen Massenkampf anonymer Männer ausschmückt.

Homer erzählt uns also alles und nichts über die frühe griechische Kriegführung. Der Überfall auf die Mykener und seine Folgen – weit verbreitete Armut, Entvölkerung, Analphabetentum – werden während der darauf folgenden Jahrhunderte (oft) übertrieben dargestellt. Umherziehende Barden verdienen sich während der Dunklen Jahrhunderte ihren Lebensunterhalt damit, adlige Zuhörer mit epischen Liedern über die Duelle und Fehden ihrer angeblichen Vorfahren zu unterhalten und sie zu umschmeicheln – eine Unterhaltung nicht unähnlich den derzeitigen Rap-Hits, die rivalisierende Gangs glorifizieren, die sich gegenseitig wegen Ansehen, Frauen, Beutegut und Revieren erschießen und verstümmeln. Alle diese früheren Verfasser mündlich verbreiteter Dichtung der Dunklen Jahrhunderte gingen nicht in die Geschichtsschreibung ein und es scheint einzig Homer zu sein, der in der ersten Generation der *polis* dichtete, zu einer Zeit wachsender Alphabetisierung und der die alten Geschichten in ein monumentales Epos kleidet, das seine Zeitgenossen anspricht, da es Themen und Zwangslagen zur Sprache bringt, welche die Männer des aufkommenden Stadtstaates betreffen.

Wir erinnern uns: Die *Ilias* ist eine großartige Geschichte vom jugendlichen Achilles und seiner langsamen Entwicklung, die zu Selbsterkenntnis führt und zu der Überzeugung: Die besten Männer im Krieg werden nicht immer geschätzt; die materielle Belohnung für Massenschlachtung ist fragwürdig und sowohl Freund als auch Feind haben eine Menschlichkeit gemeinsam, die ihre Streitigkeiten um weniger wichtige Dinge des vergehenden Tages in den Hintergrund rückt. Es ist wohl wahr, dass Homers Dichtung uns ein Furcht erregendes Beispiel früher westlicher Kriegführung präsentiert – gerüstete Männer in Formation, entsetzliches Gemetzel, Schocktaktiken, Gruppendisziplin und offene Debatte über Strategie und Taktik. Doch das Dilemma des Achilles leitet auch den Beginn einer speziell griechischen Kriegführung ein, die nur in einer vom Gemeinwillen bestimmten Gesellschaft entstehen konnte, wo die Rede frei und die Äußerung ohne Kontrolle ist: Die zerstörerische Wirkung der griechischen Waffen wird von nun an unter diesen frei denkenden Griechen Fragen nach dem Sinn und der Moral des Krieges aufwerfen.

KAPITEL ZWEI

Das Aufstreben des Stadtstaates und die Erfindung der westlichen Kriegführung (750–490)

Noch immer wird diskutiert, ob der Parthenon von Athen und die anderen Bauwerke auf der Akropolis mit Hilfe regionaler Staatseinnahmen erbaut wurden oder mittels der erzwungenen Beiträge der untergebenen Staaten des Reiches von Athen. Anders als Monumentalbauten im übrigen Mittelmeerraum wurden in der klassischen Periode solche teuren Tempel nie allein für religiöse Zwecke genutzt und noch viel weniger als Gräber für theokratische oder königliche Herrscher. Vielmehr wurden diese religiösen Schreine doppelt genutzt, nämlich als zweckmäßige Staatsarchive, städtische Schatzkammern und Rüstkammern für staatseigene militärische Ausrüstung. Hier sieht man den Parthenon vom Nike-Tempel aus: links im Bild eine Ecke des majestätischen überdachten Zuganges zur Akropolis, der Propyläen. Wie der bekanntere Tempel für Athena Parthenos im Hintergrund wurden die Propyläen oder das „Eingangstor" im Rahmen des großen zwanzigjährigen Bauprogrammes des Perikles in den 440-er und 430-er Jahren erbaut. Als man dem thebener General Epaminondas von Drohungen Athens gegen seine böotische Föderation berichtete, versprach er die böotische Armee zur Akropolis von Athen zu führen, die Propyläen abzubrechen und im Zentrum Thebens wieder zu errichten – das Äquivalent zu Emiliano Zapatas Prahlerei, er könnte das Washington-Denkmal abtransportieren um es auf der Plaza de Armas in Mexiko City aufzustellen!

DAS ERSCHEINEN DES HOPLITEN

Ein Perser bei den Thermopylen hätte einem spartanischen Hopliten gegenüberstehen können, der exakt so aussah, wie es diese Bronzefigur aus dem frühen fünften Jahrhundert vorstellt. Der nach außen gewölbte Schild ruht zur Reduzierung des großen Gewichts auf seinem rechten Oberarm; der Speer wird im Überhandgriff gehalten um auf die Leistengegend oder die ungeschützten Oberschenkel des Gegners zu zielen. Die Beinschienen des Hopliten, die Lederschürze unter seiner Taille, der Bronzeharnisch, der Helm und die riesige Haube geben ihm gute Chancen das Handgemenge zu überleben. Man beachte das lange Haar, das aus dem Helm hervortritt – ein Kennzeichen der Spartaner, das die Perser stark beeindruckte, als sie sahen, wie König Leonidas und seine Mannen vor ihrem letzten und fatalen Angriff auf die Stellung ruhig ihre Locken kämmten.

Im Jahr 700 war die Erholung der Griechen von mehr als vier Jahrhunderten kultureller Unbedeutsamkeit bereits in vollem Gange. Fast 1000 kleine autonome Gemeinden überzogen die Griechisch sprechende Welt von Süditalien bis zum Schwarzen Meer. In manchen Jahren erreichte das Bevölkerungswachstum wohl 2 bis 3 Prozent im Jahr. Kolonien und Handelsposten wurden im gesamten Mittelmeerraum gegründet und der Seehandel mit Phönizien und Ägypten in größerem Umfang erneut aufgenommen. Das Schreiben kam wieder auf, basierte aber nun auf einem verbesserten phönizischen Alphabet, das viel nutzbringender und für die breite Bevölkerung viel besser zugänglich war als die geheimnisvolle Linear-B-Schrift der mykenischen Burgen. Schriftlich festgehaltene Verfassungen tauchten in der großen Mehrheit der Stadtstaaten und ihrer Kolonien auf und sicherten den Einfluss der Regierung durch Konsens mit landbesitzenden Gleichgestellten. Die ländlichen Bereiche Griechenlands waren keine Weiden mehr für Schafe, Ziegen und Pferde, sondern nun viel häufiger ein Flickenteppich aus kleinen, vier Hektar großen landwirtschaftlichen Flächen mit Bäumen, Wein und Korn, oft mit einem isoliert stehenden Gehöft für den wachsamen und unabhängigen Besitzer, einen Bürger, der als Einziger im Mittelmeerraum klare gesetzliche Rechte auf Landbesitz, Vererbung von Eigentum – und auf seine eigenen Waffen hatte.

Die griechischen Stadtstaaten und die sie umgebenden Satellitendörfer wuchsen, die Landwirtschaft entwickelte sich, der Handel breitete sich aus und auch die Berge außerhalb der *polis* wurden nach und nach zurückerobert und mit Terrassen versehen. Eine wachsende Anzahl Bauern suchte freies Land, wo immer es möglich war, ob in den Bergen nahe des Stadtstaates oder durch Kolonisierung in unerschlossenen überseeischen Gebieten. Ebenso wie Land und Besitz an eine neue Klasse außerhalb der Kontrolle aristokratischer Reiter verteilt wurden, landbesitzende Räte aristokratische Verschwörer ersetzten, Viehzucht in den Schatten intensiver Bodenbewirtschaftung trat, Metallbearbeitung vom Dreifuß der Reichen zu den Waffen und landwirtschaftlichen Geräten mittelständischer Bauern überging, so wurde auch die Praxis der griechischen Kriegführung erneuert.

Die Nachweise dieser militärischen Renaissance des sechsten und siebenten Jahrhunderts – literarisch, in Bildern und archäologisch – sind Stückwerk, doch insgesamt belegen sie eine revolutionäre Veränderung in der Gesellschaft: das für die europäische oder jede andere Kultur erste Auftreten einer großen Gruppe mittlerer Landbesitzer, die eine militärische Agenda aufstellen um ihre eigenen Interessen zu verfolgen. Es gab nun neue Wörter im griechischen Vokabular – *polités, politeia, hoplitês, mesos* – für „Bürger", „Verfassung", „schwer bewaffneter Krieger zu Fuß" und „Mann mittleren Standes", die neuen Konzepten und der Tatsache entsprachen, dass nun eine ganze landwirtschaftliche Klasse (*zeugitai*) das Monopol auf den Fußsoldatendienst hatte. Frühe korinthische Vasenmaler wie der unbekannte Künstler der so genannten Chigi-Kanne (ca. 650) zeigen gepanzerte Lanzenträger, die zu Flötenspiel und dicht geschlossenen Gliedern vorrücken. An den panhellenischen Heiligtümern zu Olympia und Delphi mehren sich Weihgaben in Form von Bronzehelmen, Harnischen und Beinschienen – mehr als 100 000 Helme mögen zwischen 700 und 500 geweiht worden sein. Die lyrischen Dichter Tyrtaios, Kallinos und Alkaios gehen näher auf die Hinweise Homers über schwere Fuß-

DAS AUFSTREBEN DES STADTSTAATES UND DIE ERFINDUNG DER WESTLICHEN KRIEGFÜHRUNG

Die tatsächliche Tiefe und Wirksamkeit der antiken Phalangen sind umstritten. Wie die Quellen vermuten lassen, war die standardmäßige klassische Phalanx normalerweise acht Schilde tief und erlaubte den ersten Reihen mit ihren 2,4 bis 2,7 m langen Lanzen den Feind zu erreichen. Hellenische Phalangiten setzten beide Hände ein, um Piken zu führen, die von 4,8 m bis zu schließlich 6 m lang waren, was den ersten fünf Reihen einer sechzehn Schilde tiefen Phalanx erlaubte den Feind

soldaten ein und äußern dabei die Überzeugung, dass die Männer Seite an Seite, „Fuß an Fuß, Schild an Schild" gegen den Feind kämpfen und in „glänzender Bronze und nickenden Hauben" Ruhm für ihre Familien und den Staat gewinnen sollten statt für sich allein. Inschriften in Stein, vereinzelte in Wände eingeritzte Inschriften und mündliche Überlieferung verzeichnen die Präsenz solch erstklassiger griechischer und karischer in Sold stehender Fußtruppen – „Männer in Bronze" – sogar in fernen Gebieten wie Persien und Ägypten.

Daher wurden im siebenten und sechsten Jahrhundert die meisten entscheidenden Kampfhandlungen zwischen den sich entwickelnden griechischen Stadtstaaten von schweren Fußtruppen bestritten, von Bauern, die mit Bronzerüstungen und Stoßlanzen ausgerüstet waren. Intensiv bewirtschaftete Weinberge, Obstgärten und Kornfelder waren nun in Privatbesitz, wurden zunehmend geschätzt und ernährten eine ständig wachsende Bevölkerung. Wenn eine Gemeinschaft sich durch ihre umliegenden privaten Landeigentümer selbst versorgen und wenn sie sich selbst regieren konnte, so hatte die hoplitische Kriegführung viel mehr noch als Befestigung einen Sinn: Man musterte die größte, am besten bewaffnete Gruppe (*pandêmei*) von Bauern um Land auf die möglichst schnellste, billigste und entscheidendste Weise zu schützen. Es war viel leichter und wirtschaftlicher für Bauern Ackerland zu verteidigen als Landlose endlos mit Abgaben zu belegen und anzuwerben um Pässe zu bewachen – die im bergigen Griechenland so gut wie überall vorhanden waren und deshalb normalerweise von wagemutigen Eindringlingen trotzdem überquert werden konnten. Natürlich gab es immer noch häufig Überfälle,

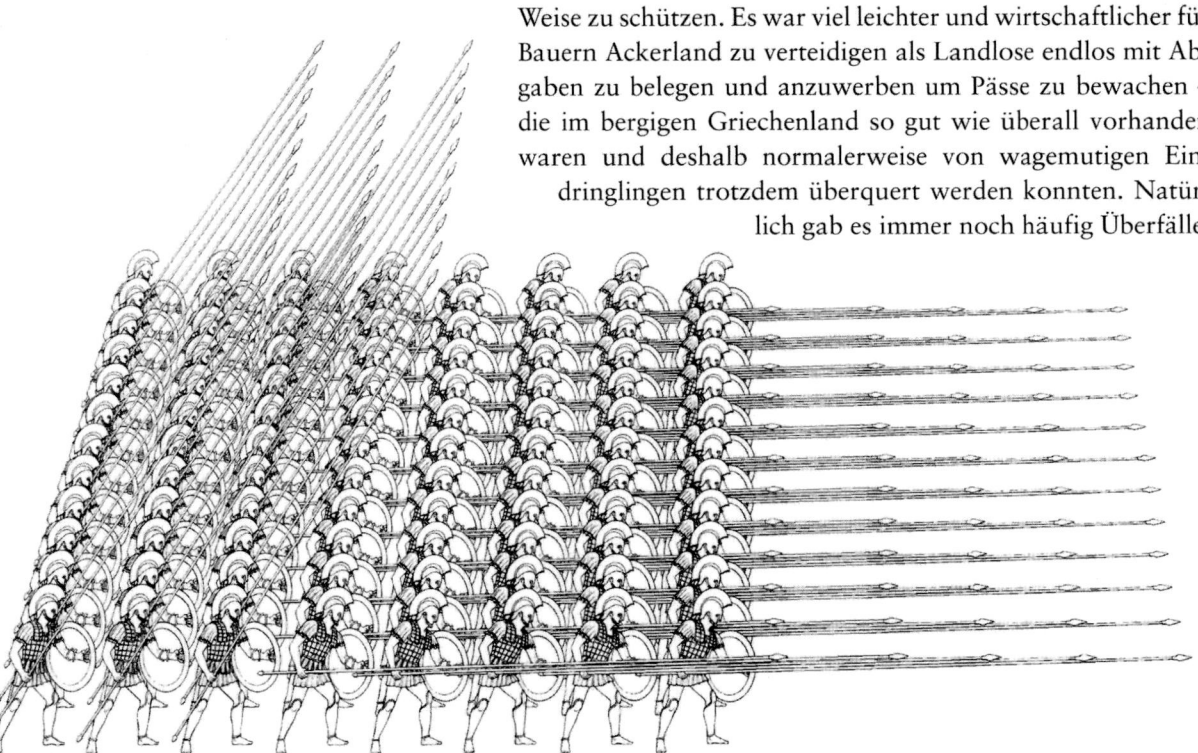

beim ersten Zusammenprall zu treffen. Tatsächlich sehen wir in der Literatur und auf Vasen klassische Phalangen, die in der Tiefe von drei bis fünfzig Schilden reichen, mit nur 2,1 m langen Lanzen. Makedonische Praktiken waren ebenso vielfältig.

Hinterhalte und Plünderungen – solche Aktivitäten scheinen ein der menschlichen Art angeborenes Bedürfnis zu sein – aber die Wahl der militärischen Reaktion zur Gewinnung oder zum Schutz eines Territoriums war nun eine Angelegenheit der Bürger; eine Sache, über die von freien, landbesitzenden Fußsoldaten selbst abgestimmt wurde.

So markieren die Kämpfe der Hopliten, bei denen es üblich war, dass die Krieger in einem plötzlichen Angriff aufeinander prallten, den eigentlichen Beginn westlicher Kriegführung, die sich in rechtlicher, ethischer und politischer Hinsicht verändert hatte. Fast alle dieser eintägigen Kriege zwischen rauen und ungeduldigen

Freisassen waren Infanteriegefechte um Land, normalerweise umstrittene Grenzstreifen, wobei es eher um den Gewinn von Ansehen als um Aneignung fruchtbaren Landes ging. Üblicherweise traf die Armee eines Stadtstaates (Argos, Theben oder Sparta) bei Tageslicht in einer strengen Kolonnenformation – das Wort Phalanx bedeutet „Reihen" oder „Haufen" von Männern – entsprechend einer festgelegten Handlungsfolge auf ihren Gegner.

Nach der Prophezeiung opferte ein Seher dem Gott einen Widder. Der „General" (*stratégos*) sprach eine kurze Ermahnung aus und dann machten sich die versammelten Fußtruppen bereit den Feind anzugreifen. Binnen Minuten drängten sich die bewaffneten Männer (*hoplitai, stratiôtai*) dicht zusammen und legten, bevor sie aufeinander trafen, die letzten 180 Meter zwischen den beiden Phalangen manchmal im Trab zurück. Für die Verteidiger geschah dies oft auf demselben Boden, auf dem sie und ihre Nachbarn einige Tage vorher noch gearbeitet hatten. Für die Eindringlinge sahen die Gehöfte, Obstgärten, Weinberge und Steinmauern der Felder nicht viel anders aus als die eigenen Grundstücke zu Hause. Hatte eine benachbarte Gemeinschaft einmal eine Streitmacht aus gepanzerten Kolonnen (*phalanges*) zusammengestellt um Flachland zu nehmen oder zu halten, so konnte ein gleichgesinnter Rivale wenig anderes tun als die Herausforderung in etwa der gleichen Weise anzunehmen.

Nach dem Aufeinandertreffen der Phalangen stachen die Bauern, blind durch Staub und ihre eigenen unhandlichen Helme, mit ihren Lanzen drauflos, brüllten den Kriegsruf (*eleleu!* oder *alala!*), drückten mit ihren Schilden und wenn diese fehlten, griffen, traten oder bissen sie zu in der verzweifelten Hoffnung eine Bresche in die gegnerische Phalanx zu schlagen und wussten normalerweise kaum, wen sie getötet oder verwundet hatten. Der Erfolg wurde zunächst am Grad der Bewegung gemessen, die durch das Drücken der Reihen erreicht wurde, bei dem die Männer ihren Schild auf Schultern, Seite oder Rücken ihres Vordermannes stießen. Es gab im Hoplitenkampf vor dem späten fünften Jahrhundert kaum Täuschungsmanöver, Reserven, Einkesselungsmanöver oder ausgeklügelte Taktiken irgendwelcher Art. Man war sich lediglich bewusst, dass man sich über die Ebene einen Weg durch die Lanzen bahnen musste.

Nur die ersten drei der acht Reihen der klassischen Phalanx erreichten den Feind mit ihren Lanzen beim ersten Angriff. Wenn die Phalanx aufgebrochen war, ging man zum Handgemenge mit Schwertern und Enddornen über. Spätere Beschreibungen der Taktik betonen, wie überaus wichtig solche Frontlinienkämpfer waren um die erste Bresche zu schlagen. Wenn die Phalanx erst die Reihen ihres Gegners aufriss und hindurchstürmte, brach der Widersacher oft in Panik und Angst aus und gab auf, nicht länger als eine halbe Stunde nach dem ersten Aufeinanderprallen. Die kurze Dauer und plötzliche Auflösung des Kampfes sind verständlich, wenn man bedenkt, dass die Kämpfer in Kolonnen zusammengedrängt waren, eingefangen unter der Sommersonne in schwerer Bronze und meist der Sicht und des Gehörs beraubt, in einem Meer aus Staub und Blut – außerdem in Gerüchen und ihren eigenen Ängsten gefangen, wie uns der Geschichtsschreiber Thukydides berichtet.

Dennoch gab es unzählige Aufgaben für alle Fußsoldaten der Phalanx, während sie auf den Feind einschlug. Hopliten – der Name wurde wahrscheinlich von *hopla*

Dieser klassische Hoplitenhelm, den man in einem Grab bei Korinth fand, repräsentiert den Höhepunkt des so genannten korinthischen Designs. Seine schlanken Wangen- und Halsschützer, die unheimlichen Aussparungen für die Augen und der geprägte Rand am oberen Teil des Gesichtes boten unübertroffenen Schutz und verliehen dem Krieger ein gewisses Grauen erregendes Aussehen. Dennoch empfanden im letzten Drittel des fünften Jahrhunderts viele Hopliten solche korinthischen Helme entweder für zu hinderlich oder zu teuer.

Die Reihen der Phalanx konnten weder durch das Vorrücken leichter Fußtruppen noch durch Reiter durchbrochen werden – solange der Boden eben war und die Disziplin aufrechterhalten wurde. In der Theorie behielt die Phalanx ihre Ordnung; in der Wirklichkeit vermischten sich Reihen und Glieder, wenn der Druck durch den Feind Soldaten aufeinanderprallen ließ und Phalangiten durcheinander liefen um Lücken zu schließen, die durch Ge-

abgeleitet, dem griechischen Wort für ihre schwere Kampfausrüstung – in den vorderen Reihen suchten mit ihren Lanzen Ziele und zugleich Schutz für ihre offenen rechten Flanken, der ihnen von den Rundschilden der Männer zu ihrer Seite gegeben wurde. Manche erkämpften sich den Schritt nach vorn über die Trümmer heruntergefallener Ausrüstung und die umherliegenden Verwundeten und Toten und versuchten stets das Gleichgewicht zu halten, während sie drückten und selbst in die feindlichen Lanzen vor ihnen gedrückt wurden.

Alle Hopliten in der Todeszone hielten ihren eigenen 20-Pfund-Schild hoch um sich selbst und die Männer zu ihrer Linken zu schützen. So konnte es geschehen, dass die Hopliten gleichzeitig anhaltenden Druck von hinten verspürten, den sich drängenden feindlichen Lanzenspitzen und eigenen Lanzenschäften direkt vor sich auswichen, nach vorn stachen und drückten, Kameraden auffingen, die sich von der Seite Schutz suchend herandrängten, selbst Deckung suchten, indem sie Schutz bei den Schilden zu ihrer Rechten suchten und beinahe über die Körper Verwundeter und Toter und über herrenlose Ausrüstungen stolperten, die zu ihren Füßen lagen.

Wenn die Linie einmal aufgebrochen war, machten die Hopliten kehrt, zerstreuten sich und rannten davon um Einkesselung und möglicher Vernichtung zu entgehen, doch nur wenige der Sieger nahmen die Verfolgung über größere Entfernungen auf. Schwere Fußsoldaten waren schlechte Verfolger, besonders wenn die Besiegten ihre Ausrüstung wegwarfen und zu den Bergen rannten. Und unter den Bedingungen der frühen Kriege der Stadtstaaten gab es ohnehin wenig Verlangen einen Gegner zu vernichten, der dieselbe Sprache sprach, die gleichen Götter verehrte, die gleichen Feste feierte und ebenfalls durch Land besitzende Bürger regiert wurde. Auch hier war das vorrangige Ziel Grund und Boden einer Grenzregion zu erlangen oder zurückzuholen und Ansehen zu gewinnen und nicht Zeit und Geld zu riskieren, um eine benachbarte Gesellschaft ähnlich gerüsteter Bauern auf der anderen Seite des Berges auszulöschen.

Nach dem hoplitischen Kampf wurden die Toten nicht geschändet sondern ausgetauscht, was Euripides als „Sitte aller Griechen" bezeichnete. Griechische Malerei und Bildhauerei zeigen – im Gegensatz zu beispielsweise nahöstlichen, ägyptischen oder mittelamerikanischen Gravierungen – fast keine Verstümmelungen von Toten

fallene entstanden waren. Versehentliche Verletzungen durch die Lanzen, die Spitzen an beiden Seiten hatten, und im Getümmel waren häufig. Die hinteren Reihen konnten mit ihren erhobenen Waffen Pfeile abwehren und ihre Speerschäfte einsetzen um dem verwundeten Feind den Tod zu geben, während sie über die Körper stiegen. Im Laufe zweier Jahrhunderte der ost-westlichen Fußtruppenkonfrontation wurden schlecht geschützte und weniger dis-

ziplinierte Perser mit leichten Speeren, Pfeilen und Schwertern systematisch durch hellenische Hopliten und Phalangiten abgeschlachtet.

in einem kriegerischen Kontext. Es wurde ein Siegeszeichen errichtet und die Sieger marschierten nach Hause um sich feiern zu lassen. Die Besiegten baten darum, dass ihnen die Überreste ihrer Kameraden offiziell zurückgegeben würden, damit sie in einem Gemeinschaftsgrab auf dem Schlachtfeld begraben oder nach Hause zu einem öffentlichen Grab getragen werden konnten. Bei den Schlachten, die vor dem fünften Jahrhundert ausschließlich zwischen griechischen Hopliten stattfanden, wurden die Bezwungenen selten versklavt – ganz anders als während der großen

Vom ersten Auftreten der Hopliten im achten Jahrhundert an bis zur römischen Eroberung der hellenischen Griechen im zweiten Jahrhundert wurden griechische Fußtruppenhelme einer Reihe konstruktiver Veränderungen unterzogen, die regionale Varianten waren, das Privat- oder Staatseigentum an der Rüstung, das spezielle Korps des Kriegers oder die Klasse der Trägers widerspiegelten. Spätere Söldnerhelme wurden normalerweise aus Bronzeblechen und ohne Haube massenhaft gefertigt und hatten manchmal charakteristische Krempen und Stacheln. Klassische griechische Typen besaßen Hauben, wurden jedoch gewöhnlich aus einer einzigen Bronzeplatte gehämmert. Die am sorgfältigsten ausgearbeiteten Modelle gehörten makedonischen königlichen Reitern und hatten fein gearbeitete Visiere, Ohr- und Halsklappen und protzige Federbüsche, was sowohl der Notwendigkeit guter Sichtbarkeit bei einem berittenen

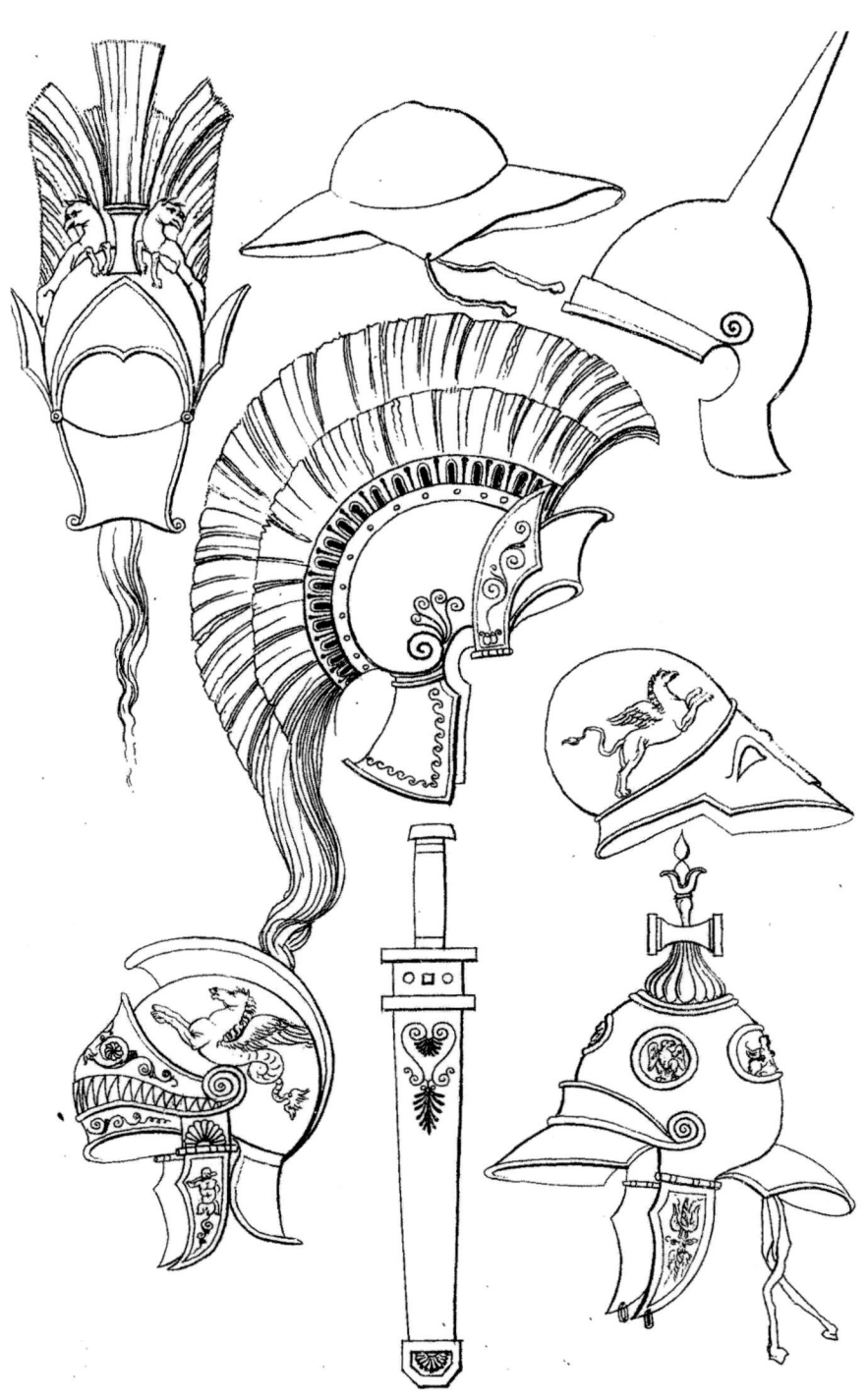

54

Belagerungen und späteren Vernichtungskriege gegen Nicht-Griechen, in denen im Ergebnis der Niederlage tausende Gefangene als Sklaven verkauft wurden.

Dennoch war das Schlachtfeld ein blutbesudelter Ort. Xenophon hält zum Beispiel das Blutbad nach dem zweiten Koroneia fest:

> Die Erde war mit Blut befleckt und die Überreste von Freund und Feind lagen Seite an Seite. Da lagen zertrümmerte Schilde, zerbrochene Lanzen und blanke Schwerter, manche verstreut am Boden, manche steckten in Körpern und andere wurden noch festgehalten, als wollte man selbst im Tod noch zuschlagen.

Die Spartiaten müssen eine Vorstellung vom Gemetzel hoplitischer Kämpfe gehabt haben, denn sie ließen ihre Krieger hölzerne „Hundemarken" um den Hals tragen um die spätere Identifizierung der zermalmten Toten zu sichern. Kein Wunder, dass wir von Soldaten hören, die zur Einstimmung auf die Schlacht Wein trinken, eine Sitte, die von Homer bis zum Marsch Alexanders des Großen nach Asien verbreitet war.

Solche Kämpfe zwischen Stadtstaaten konnten häufig vorkommen, waren jedoch nicht unbedingt katastrophal, solange weder Reiterei noch Männer mit Wurfgeschossen in die Kämpfe integriert und die Kämpfer der Fußtruppen alle gleich in Bronze eingehüllt waren. Plato und andere griechische Denker meinten, dass der Krieg in Griechenland eine natürliche Angelegenheit und keine Abweichung des gewohnten Lebens darstellte, war doch ihre Vorstellung von Krieg, *polemos*, ganz anders als unsere. Erst mit den persischen und peloponnesischen Konflikten des klassischen Zeitalters, die eine zweite Stufe in der Entwicklung der westlichen Kriegführung eröffnen, entstand so etwas wie die heutige Vorstellung, dass das Kämpfen vollständig darauf gerichtet ist Armeen zu zerstören, Zivilisten umzubringen, tausende von Soldaten zu töten und Kultur zu zerstören, bis der endgültige Sieg durch Vernichtung oder Kapitulation errungen ist. In den ersten beiden Jahrhunderten hoplitischer Kämpfe (700–490) reichte es, wie die Philosophen anmerkten, hin und wieder einen kleinen Teil eines Feindes in einem nachmittäglichen Zusammenstoß zu töten, seine Moral zu brechen und ihn mit Niederlage und Schande dahin zurückeilen zu lassen, woher er gekommen war.

Die Griechen praktizierten also für kurze Zeit einen beinahe ritualisierten Krieg, in dem es häufig Kämpfe gab, die jedoch die kulturelle, ökonomische und politische Renaissance des hellenischen Stadtstaates nie zu gefährden schienen. Selbst auf dem Höhepunkt der hoplitischen Ära war es selten, dass mehr als zehn Prozent der kämpfenden Männer am selben Tag starben. Wenn überhaupt etwas, so waren es die Schrecken des hoplitischen Kampfes, der Mut, den man aufbringen musste, wenn man über die Ebene auf eine Wand aus Lanzen starrte, und die Notwendigkeit von Gruppensolidarität in der Enge der Phalanx, die den Ideen ziviler Verantwortung und Gleichheit Schwung gaben und einen großen Teil der frühzeitlichen griechischen Bildhauerei, Malerei und Literatur emotional und geistig beeinflussten. Fast jeder griechische Autor, Philosoph oder Staatsmann diente trotz seiner Bildung und seiner oft elitären Stellung zusammen mit seinen Mitbürgern in den Frontlinien der Schlacht: Archilochos, Tyrtaios, Aischylos, Miltiades, Themistokles, Aristides, Sophokles, Prekles, Sokrates, Thukydides, Alkibiades, Xenophon, Demosthenes und so viele andere, dass sie hier nicht aufgezählt werden können, trugen zu irgendeiner Zeit einen Harnisch und töteten einen anderen Menschen –

Angriff gut sichtbar zu sein als auch dem privilegierten Status des Kriegers entsprach. Obwohl solche auffälligen Helme die Aufmerksamkeit feindlicher Piketiere auf sich ziehen konnten, fanden Alexander und seine Nachfolger, dass der Prunk die Gefahr im Kampf wert war.

GEGENÜBERLIEGENDE SEITE:
Auf Vasenmalerei sieht die Ausrüstung der Hopliten bequem aus. Tatsächlich wurden Beinschienen aus dünner biegsamer Bronze angefertigt und möglicherweise um die Waden herum ohne Verschnürung aufgeschoben, was vermuten lässt, dass sie während der Schlacht leicht abfielen und die Beine aufschürften. Helme waren so schwer, dass sie erst einige Sekunden vor dem eigentlichen Kampf aufgesetzt werden konnten. Lanzen waren unhandlich; ihre Länge und die scharfen Spitzen und Enddorne machten sie in Friedenszeiten zu lästigen – und manchmal gefährlichen – Gerätschaften. Schilde waren stark gewölbt, eher wie Schüsseln denn wie Scheiben; wegen ihres Durchmessers von 90 cm und 9 kg Gewicht waren sie zu jeder Zeit schwer zu handhaben und zu verstauen. Da Schilde aus gehärteten Eichenstreifen gefertigt waren, die gebogen, laminiert und zusammengeklebt wurden, war es wichtig, dass sie nicht auf den Boden gestellt und immer abgedeckt wurden, wenn sie nicht in Gebrauch waren.

daran sollten Historiker und Literaturkritiker immer denken, wenn sie den Charakter und die Ideologie griechischer Politik, Kunst, Philosophie und Literatur bewerten.

Da ursprünglich die Schlachtlinie ausnahmslos aus den Land besitzenden Bürgern verschiedener verbündeter Stadtstaaten bestand, konnten oft der Verlauf eines speziellen Gefechts und die daraus folgenden Verluste der Hopliten enorme politische und demographische Folgen haben. Während die allgemeinen Verluste mäßig waren, konnten bestimmte Familien oder Sippen ausgelöscht werden, wenn sie die volle Wucht eines konzentrierten feindlichen Schlages traf oder wenn sie überlegenen Truppen gegenüberstanden. Bei Marathon und dann wieder bei Plataä scheint der athenische Stamm Aiantis vom persischen Angriff schwer getroffen worden zu sein und trug wahrscheinlich einen unverhältnismäßig hohen Anteil der Verluste an Gefallenen, mit anhaltenden Folgen für eine kleine Anzahl von Familien in den Generationen danach. Von der winzigen Gemeinde Thespiai wurde bei den Thermopylen (480) und nochmals bei Delion (424) fast die gesamte männliche Bevölkerung ausgelöscht; in der Folge dieser Verluste wurden ihre Stadtmauern durch Eindringlinge geschleift. Im Falle der letzteren Schlacht war wahrscheinlich die Stationierung der Thespianer direkt im Wege der feindlichen Durchbruchstruppen und die Zerstörung ihrer Stadt im nächsten Jahr durch ihre eigenen „Verbündeten", die Thebaner, keine zusammenhanglosen Erscheinungen. Aristoteles legte dar, dass die radikale Demokratie in der Mitte des fünften Jahrhunderts gestärkt wurde, als athenische Hopliten abwesend waren und auf den Expeditionen übermäßige Verluste erlitten – und damit den Landlosen daheim ermöglichten demokratischere Reformen durchzusetzen. Der Verlust von 400 Spartiaten mit ihrem König bei Leuktra (371), die von Epaminondas' tiefer Phalanx vernichtet wurden, schwächte für immer die gesamte Struktur Spartas. Und in der ersten Schlacht von Mantineia (418) zogen die Spartiaten es möglicherweise absichtlich vor, die liberaleren ihrer Gegner von Argos zu strafen, mit dem Hintergedanken, dass deren Vernichtung eine Rückkehr zur Oligarchie erleichtern würde – und damit auch ein erneutes Bündnis von Argos mit Sparta. Unter den brutalen Umständen des plötzlichen Angriffs veränderte das Gemetzel eines einzigen Tages oft die politische Struktur der Gemeinden auf Jahrzehnte.

Es herrscht noch Uneinigkeit über die Gründe der Existenz solch besonderer hoplitischer Fußsoldaten, die ebenso misstrauisch gegen berittene Adlige wie gegen verarmte Plänkler waren; die in einem bergigen Land ausschließlich auf kleinen Ebenen kämpften und auch im griechischen Sommer und im Frühherbst schwere Bronzerüstungen trugen. Kamen ihre Rüstungen Stück für Stück zwischen 725 und 700 auf, Jahrzehnte später von den Taktiken der Phalanx selbst gefolgt (ca. 650)? Oder waren die neuen Waffen der Hopliten eine technische Antwort auf einen Massenkampf? Und muss der Stadtstaat durch das Vorhandensein revolutionärer Hoplitensoldaten erklärt werden, die mittels der Solidarität ihrer Kolonnen Zugeständnisse des Adels erzwangen? Oder waren schließlich die frühen Hopliten eine konservative und aristokratische Kraft, die nach und nach aus berittenen Großherren entstand und wenig mit dem Erscheinen einer konstitutionellen *polis* zu tun hatte?

Mit größter Wahrscheinlichkeit war es die Technologie der Rüstung und nicht die Taktik der Phalanx, die neu war: Neuartige Waffen verbesserten eine alte Art zu kämpfen. Soldaten der Dunklen Jahrhunderte hatten im alten Griechenland viele Jahre lang lose in Massenformation gekämpft, in den meisten Fällen unter der Leitung adliger Führer und Stammesmitglieder. Nach und nach schuf die Verbreitung abwechslungsreicher intensiver Landwirtschaft im achten Jahrhundert eine gemeinsame Ideologie unter den neuen Landbesitzern; Männern in den Reihen der Armee, die infolge ihres landwirtschaftlichen Erfolgs begonnen hatten, etwas Kapital für Waffen anzusammeln. Mit demselben Einfallsreichtum, mit dem sie neue Formen für traditionelle Landnutzung erdachten, begannen die Baum- und Weinstockpflanzer innovative Bronzewaffen herzustellen um ihre Leistungen im traditionellen Handgemenge der Schlachten der Dunklen Jahrhunderte zu verbessern. Angriffstruppen mit Bronzerüstung und langen Piken sind schwer von ihrem Land weg zu bewegen, und noch schwerer, wenn sie ihre Waffen für derartige Kämpfe verbessert und ihre ungeordnete Masse in geordnete

Reihen und Glieder verwandelt haben. Aristoteles hält in seiner *Politik* eine solche Folge für möglich:

> Die frühesten Regierungen unter den Griechen nach der Monarchie bestanden aus denen, die wirklich kämpften. Am Anfang bedeutete dies Reiterei, da ohne zusammenhängende Ordnung schwere Bewaffnung nutzlos ist, und Erfahrungen und taktisches Wissen dieser Systeme existierte in den frühen Zeiten nicht, und so lag die Macht wiederum bei Berittenen zu Pferde. Aber als die *poleis* wuchsen und jene Krieger mit hoplitischer Rüstung stärker wurden, hatten mehr Menschen an der Regierung teil.

Aristoteles weist darauf hin, dass hoplitischer Kampf mit dem Übergang vom berittenen Adel zur Herrschaft mittlerer Landbesitzer zusammenhängt. Die Militärtechnik entwickelt kaum eigenständig Taktiken; viel öfter sind neue Konstruktionen Antworten auf bestehende Bedürfnisse. Daher können wir annehmen, dass Griechen während der Dunklen Jahrhunderte in losen Gruppen schlecht geschützter Plänkler kämpften, die berittenen Adligen in den Kampf folgten. Als solche Leibeigenen sich von den adligen Häusern lösten und sich auf eigene Füße stellten, erlangten sie die Mittel sich Waffen zu bauen, die ihren eigenen Bedürfnissen als Bodenkämpfer entsprachen: bessere Rüstung und kräftige Stoßlanzen. Am auffälligsten war, dass rechteckige Lederschilde durch runde aus starker Eiche ersetzt wurden, wobei das zusätzliche Gewicht zum Teil durch einen neuen Doppelgriff bewältigt wurde. Harnische aus Leinen oder Leder wichen der Bronze und Speere und zwei Lanzen wurden durch eine einzige stabile Lanze aus dem Holz der Kornelkirsche mit einer eisernen Spitze ersetzt. Die Wölbung des runden Hoplitenschildes, der Rückenpanzer aus Bronze und der hinzugefügte Stachel am unteren Ende der Lanze sind feinere Verbesserungen, welche die Bedürfnisse derjenigen in den mittleren und hinteren Reihen widerspiegeln, die ihre Schilde auf die Schultern legten, die Männer vor sich her schieben und das hintere Ende ihrer Speere verwenden konnten um niedergestreckte Feinde ins Jenseits zu befördern, während sie marschierten.

Hoplitische Technik stellt also keine dramatische Revolution dar, die durch die

FOLGENDE SEITE: *Auf dieser Wasserfarbenadaptation einer antiken Keramikmalerei, die den griechischen Sieg bei Marathon zeigt, gibt es einen idealisierten Kontrast zwischen dem muskulären Körperbau der schlanken, verwegenen Hopliten und der Schwerfälligkeit der vollständig bekleideten, sich zurückziehenden oder sterbenden Perser. Griechische Künstler befanden sich bei der Darstellung der Phalanx in einem Dilemma. Die in Rüstungen eingeschlossenen und behelmten Hopliten gaben dem Maler wenig Gelegenheit, den menschlichen Körper zu zeichnen; die Reihen und Glieder der Masse der Krieger waren schwer in irgendeiner realis-*

tischen Perspektive einzufangen und die anonyme Gruppenanstrengung der Phalanx hatte der Porträtmalerei nichts zu bieten. Daher konzentrierte man sich bei der Darstellung idealisierter und heroischer Szenen auf Einzelkämpfe nackter Krieger, die eher stachen und Hiebe austeilten als zu drücken und die Lanze in der Masse gerade zu halten.

überlegene Waffentechnik einer neuen militärischen Klasse den Stadtstaat erschafft. Sie ist vielmehr die Widerspiegelung der Tatsache, dass mittlere Landwirte sich schon etabliert hatten und nun die Gesamtheit der Regeln und Rituale griechischer Kriegführung diktierten, indem sie neuartige Waffen und Protokolle erschufen um das Besondere der Fußtruppen aus Freisassen unter den traditionellen griechischen Praktiken des massiven Angriffs zu erhalten.

Und es gab nirgends im Mittelmeerraum etwas, was der Ausrüstung der Hopliten gleichkam, was heißt, dass es nur der freie Bürger war, der derart schwerfällige Waffen baute, trug und pflegte, die insgesamt das halbe Gewicht des Trägers haben konnten. Überheblicher Stolz auf deren Vorzüge ist überall in der griechischen Literatur vorhanden. Homer, die lyrischen Dichter, Herodot und Aischylos prahlen alle mit der Überlegenheit und Großartigkeit der griechischen Panzer, wippenden Kronen und der Lanzen mit Eisenspitze. Dieses stattliche

„Ensemble" aus 23–32 kg Holz, Eisen und Bronze bot zwar Sicherheit ohnegleichen, war aber auch ein Fluch: es war unbequem, massig, heiß, behinderte die Bewegung und schaltete die meisten Sinne des Trägers aus. Aristophanes scherzte, dass der Brustpanzer besser als Nachttopf Verwendung fände, der Schild als Brunnendeckel.

Es gab keine Löcher zum Hören in den massigen korinthischen Helmen, keine Möglichkeit Schläge auf den Kopf zu dämpfen. Stattdessen hatte der Träger einzig im Helminneren etwas angeheftetes Leder und sein eigenes Haar als Puffer gegen die grobe Bronze. Lanzenstöße an den Kopf prellten das Gehirn. Die engen Augenschlitze des Helmes schnitten die Sicht nach den Seiten ab. Und die massive Krone aus Pferdehaar verlieh zwar ihrem ansonsten eher kleinen Besitzer eine gewisse Wildheit und lenkte Schläge von oben ab, muss aber die Sicht anderer in der Phalanx zusätzlich behindert haben und machte die massigen Helme noch unhandlicher.

Tatsächlich zeigen Vasenmalereien gelegentlich Hopliten, die auf unglaubliche Art an ihren Helmen ergriffen und gezogen werden. Gegen Ende des fünften Jahrhunderts wurde verständlicherweise eine konische Bronzehaube ohne Gesichtsschutz bevorzugt.

Das Glockenkorselett (*thôrax*) aus Bronze von 6 mm Dicke bot beträchtlichen Schutz gegen fast jede Art Angriff mit Pfeilen, Lanzen oder Schwertern, was den griechischen Fußtruppen erlaubte auf eine Weise das „Meer aus Lanzen" zu durchschneiden, die bis zum Mittelalter ohnegleichen blieb. Dennoch wogen die meisten frühen Brustpanzer zwischen 11 und 13,5 kg. Da sie nahezu luftdicht waren, funktionierten sie auf dem sommerlichen Schlachtfeld wie Sonnenkollektoren. Wollte man sich bücken, setzen oder aufstehen, so erforderte dies herkulische Anstrengungen und es ist kein Zufall, dass sowohl auf Steinskulpturen als auch auf Keramikmalereien eine beliebte Szene das Gedränge ist, bei dem Soldaten stolpern, fallen oder flach daliegen und in ihrer schwerfälligen Rüstung feststecken. Wir können nur vermuten, wie frühe Hopliten, die ursprünglich auch noch Rüstung an Oberschenkel, Oberarm, Knöchel, Bauch und sogar Füßen trugen, sich unter einem solchen Gewicht überhaupt bewegen oder gar kämpfen konnten – Reste von Skeletten deuten an, dass Hopliten im Durchschnitt nicht größer als 1,70 m waren und etwa 63,5 kg wogen. Viele der weniger Bemittelten müssen wohl einen zusammengesetzten ledernen Körperschutz vorgezogen haben, der sich, als die Armeen im fünften Jahrhundert größer wurden, allgemein verbreitete und von dem verstärkte Lederstreifen nach unten hingen um die Lenden zu schützen. Die Allgegenwart der Flötenspieler, die man auf frühen Vasen sieht, ist erklärlich: Die frühen, schwer bekleideten Hopliten des siebenten und sechsten Jahrhunderts wälzten sich vermutlich schwerfällig im Gleichschritt zur Musik bis auf einige Meter an den Feind heran. Die reaktionären Spartaner marschierten stets in einem langsamen Schritt zu Flötenspiel auf die Lanzen des Feindes zu und trugen bis weit in klassische Zeiten hinein die wahrscheinlich schwerste aller Rüstungen.

Der außergewöhnliche zweigriffige, gewölbte, einen Meter große Schild war einzigartig; es gab vorher oder nachher nirgendwo im Mittelmeerraum runde Schilde vergleichbarer Größe und Aufmachung. Griechische Phalanxen wurden nach der Tiefe ihrer versammelten Schilde gemessen – „acht Schilde tief", „zwanzig Schilde tief", „fünfzig Schilde tief" –, nicht indem man Speere oder die Reihen der Fußsoldaten selbst zählte. Der Handgriff und die Armstütze der Schilde verteilten die 7–9 kg Gewicht über den ganzen Arm, statt es nur auf die Hand zu konzentrieren. Und die Wölbung des Schildes – wie sie so häufig auf griechischen Vasen dargestellt ist – ließ es zu die Schulter unter den oberen Schildrand zu klemmen um das Gewicht zu reduzieren; die Krieger in den mittleren und hinteren Reihen konnten ihre Arme völlig entlasten, da das große Gewicht auf dem Körper selbst ruhte. Die Schilde waren dünn, weil man sie nicht noch wesentlich schwerer machen wollte, als sie aufgrund des beeindruckenden Umfangs ohnehin waren. Sie gingen daher häufig zu Bruch. In der gesamten griechischen Literatur begegnen wir dem Holzschild, der splittert oder reißt. Sein dünner Bronzeüberzug – mit Schrecken erregen-

Zwei Faktoren waren entscheidend für den Erfolg der Hopliten: Nerven wie Stahl und Muskelkraft. Auf dieser rotfigurigen Vasenmalerei sind der gerichtete Blick und der starke rechte Arm des bärtigen Kriegers verständlicherweise betont. Der gewölbte Schild mit einem Gewicht von 9 kg ruhte oft auf der linken Schulter. Lange Haare und Bärte waren nachteilig, wenn der Kampf sich zum Handgemenge entwickelte, aber die Haare polsterten möglicherweise den Kopf gegen den Helm ab und verliehen der Erscheinung des Hopliten gemeinsam mit Haube und Verzierung des Kopfschutzes eine gewisse Wildheit. Bei einer Kampfmethode, zu der es sich gehörte, dass sich die gegnerischen Armeen vor dem Zusammenprall gegenseitig anstarrten, war das Image der Rohheit von entscheidender Bedeutung.

den Panieren und später patriotischen Insignien geschmückt – war vor allem dafür entworfen Furcht einzujagen und das Verwittern des laminierten Holzkerns zu verhindern.

Beinschienen boten den Schienbeinen einen gewissen Schutz vor Angriffen durch Geschosse und nach unten gerichtete Lanzenstöße. Doch lässt das Fehlen von Schnürbändern darauf schließen, dass man sie um das Bein biegen sollte, wo sie einzig durch die Elastizität der Bronze festgehalten wurden. Guter Sitz war wichtig und so müssen wir annehmen, dass diese Art Unterschenkelschutz von allen Rüstungsteilen am störanfälligsten war und daher am ehesten abgeworfen wurde – besonders als alternativ lange Schildschürzen aus Leder am unteren Rand des Schildes befestigt werden konnten. In späteren Jahren der klassischen Periode trugen nur Wohlhabende und Offiziere häufiger Beinschienen.

Die Gelehrten sind sich nicht sicher, in welchem Umfang die gesamte Rüstung in verschiedenen Perioden von allen Mitgliedern der Phalanx getragen wurde. Schwerere Bewaffnung scheint ein Kennzeichen des siebenten Jahrhunderts gewesen zu sein; später wurden die verwendeten Materialien durch Bronze ersetzt und einige Teile im Rahmen einer langsamen Entwicklung hin zu Gewichtsreduzierung und mehr Mobilität ganz weggelassen, da die Größe der Armeen zunahm und das Verhalten des Feindes weniger vorhersehbar wurde. Die Kosten für die Ausrüstung eines Hopliten waren nicht übermäßig hoch. Sie betrugen weniger als einen halben Jahreslohn. Schild und Speer wurden aus Holz hergestellt; Bein-, Arm- und Oberschenkelschutz waren optional und selten, was die Hauptausgabe für Bronzehelm und Brustpanzer für freie Bauern erschwinglich machte.

Außerdem sind wir nicht sicher, ob die Rüstung nach Klasse, Rang oder Position in der Phalanx unterschieden wurde, auch wenn Studenten der Militärarchäologie vermutet haben, dass wohlhabendere Kämpfer, Offiziere oder Männer in den ersten Reihen vollständige Rüstungen trugen, während die leichter bekleideten „Schieber" weiter hinten oft ärmere, einfache Soldaten ohne Status waren. Diese Vermutungen werden nicht durch klare Beweise gestützt. Es geht jedoch aus Vasenmalerei und Literatur hervor, dass abgesehen von Sparta, die Hopliten der meisten Stadtstaaten nicht immer einheitlich bewaffnet waren und natürlich muss man Uneinheitlichkeit bei Milizen erwarten, deren Soldaten ihre Waffen selbst stellen. Die Fußsoldaten hatten deutlich keine Ähnlichkeit mit den idealisierten schlanken, halb nackten Athleten der Keramikmalerei. Man stelle sich Hopliten eher als schmuddelige Bauern vor, manchmal weit in den Dreißigern – theoretisch bis Zweiundsechzig für irgendeine Art Dienst in den Fußtruppen einsetzbar –, die so ungefähr alles an Schutz trugen, was sie geerbt, gefunden, getauscht hatten oder sich leisten konnten, wobei persönlichem Geschmack, Bequemlichkeit und dem persönlichen Alter, der Erfahrung und der Rolle in der Phalanx große Zugeständnisse gemacht wurden.

Das kleine sekundäre Eisenschwert oder Hackmesser wurde verwendet um gefallene und verwundete Gegner ins Jenseits zu befördern und bot etwas Sicherheit, wenn die Lanze splitterte – eine häufige Szene in der griechischen Malerei und in der klassischen Literatur oft erwähnt. Aber die Griechen sagten „von der Lanze getroffen", nie „vom Schwert" und die 2 bis 2,7 m lange Lanze war die Hauptwaffe des Hopliten, die fast ausschließlich im Stoß eingesetzt wurde und selten, und nur unter den ausweglosesten Bedingungen, im Wurf. Die linke Hand wurde für den großen Schild gebraucht, die rechte allein konnte wenig mehr als das Gewicht eines 2,4 m langen Holzschaftes mit 2,5 cm Durchmesser und zwei metallenen Spitzen bewältigen. Jegliche antike griechische Fußtruppenbewaffnung wird von diesem oft nicht erkannten Missverhältnis zwischen der Größe des Schildes und der Länge des Speeres beherrscht, einem Verhältnis, das oft entweder die defensive oder die offensive Ideologie einer Militärkultur verrät – todbringende schwere Lanzen sind unmöglich, solange ein Soldat seine Linke zum Halten eines großen Schildes einsetzen muss um sich selbst und seine Kameraden zu schützen.

Im Gegensatz zu dem späteren winzigen Schild, der Körperrüstung aus Stoff und enormen Lanzen der hellenischen Phalangiten legt die Hoplitenrüstung während der Periode der Stadtstaaten den Schwerpunkt gänzlich auf Verteidigung – schwere Brustpanzer, riesige Schilde, mäßig lange Lanzen – die den Konservatismus ihrer bäuerlichen Eigentümer widerspiegelte. Beweglichkeit, Schnelligkeit und Reichweite – alles Faktoren, die das Töten auf dem Schlachtfeld fördern – waren für den Hopliten zweitrangig: Für ihn waren die Gruppensolidarität und eine starke Verteidigung wichtig um landwirtschaftliche Bindungen zu zementieren. Ihm war es wichtig rasch durch die feindlichen Reihen zu stoßen oder den Feind niederzuschlagen und schnell wieder unversehrt zur heimatlichen Scholle zurückzukehren.

Alles in allem war der frühe griechische bäuerliche Hoplit der schwerfälligste, langsamste – und am besten geschützte – Fußsoldat in der gesamten Geschichte der westlichen Kriegführung. Der Bronzepanzer der Hoplitenrüstung stoppte die meisten Lanzenstöße und durch die Luft kommenden Geschosse. Schläge auf die gepanzerten Körperregionen hatten daher mit größter Wahrscheinlichkeit schmerzhafte, aber nicht unbedingt tödliche Quetschungen und Prellungen zur Folge. Sowohl Alexander der Große als auch der Makedonier Perseus erlitten zum Beispiel mehrere Verwundungen an Brust und Kopf, die sie infolge des Vorhandenseins bronzener Brustpanzer überlebten – wie in früheren Zeiten, da alle Kämpfer, nicht nur die Offiziere, diesen Schutz getragen hatten.

Der große Schild und der Brustpanzer bedeckten die lebenswichtigen Organe und lenkten den Angriff an andere Stellen ab. Aber selbst Schnittverletzungen durch Schwerter und Lanzen an ungeschützten Armen, Unterschenkeln, Füßen und Händen konnten, wenn sie nicht infiziert waren, ohne gefährliche Komplikationen behandelt werden. Die Griechen wussten zwar nichts von der Ätiologie der Infektion, doch lange Erfahrung hatte sie gelehrt, dass Wundsäuberung und -verband Komplikationen verhindern und den Blutverlust eindämmen konnte. Agesilaos, der alte Hoplitenkönig von Sparta, starb mit mehr als achtzig Jahren eines natürlichen Todes; sein mit alten Kriegsnarben und Verletzungen übersäter Körper sah wie eine Landkarte aus.

Kriegsverletzungen, die mit Wahrscheinlichkeit zum Tode führten, waren penetrierende Speerstöße in die ungeschützte Kehle, den Hals, das Gesicht, die Oberschenkel und Lenden – bevorzugte Szenen auf griechischen Vasen und ein häufiges Thema sowohl bei Homer als auch in der griechischen lyrischen Dichtkunst. So singt der dorische Dichter Tyrtaios vom alten Hopliten, der stirbt, „während er in seinen Händen sein Geschlecht hält, voller Blut". Besonders tödlich waren Stichwunden in diese Regionen, die am ehesten beim allerersten Zusammenprall zugefügt wurden, wenn der Hoplit im Lauf seinem eröffnenden Lanzenstich Schwung und richtige Kraft verleihen konnte. Und ebenso ernst waren komplizierte Brüche, die im wilden Gedränge entstanden, wenn ein schwer bewaffneter Hoplit stürzte und von seinen eigenen Leuten überrannt und getreten wurde – eine nur allzu häufige Szene in der griechischen Keramikmalerei und Bildhauerei. Während die griechische Medizin hoch entwickelte Methoden des Richtens von Knochen und der Entfernung von Projektilen kannte, konnte die Verwendung von Lint und Stoff zusammen mit Pflanzensäften, Myrrhe und Wein Beschädigungen der Hauptarterien und innere Blutungen, welche die lebenswichtigen Organe betrafen, nicht beheben. Jeder Hoplit, der fiel, wurde wahrscheinlich wiederholt getreten oder durch weitere Stöße mit dem Enddorn der Lanze erledigt. Solche Opfer starben mit großer Wahrscheinlichkeit innerhalb weniger Minuten an Blutverlust und dem folgenden Schock.

Eine Möglichkeit zum Überleben des Hopliten bestand darin, dem ersten Aufprall zu widerstehen, aufrecht zu bleiben und den Feind im Auge zu behalten, falls es zu Panik und Flucht kommen sollte. Wenn ein Mann nur dies schaffte, so bestand gute Aussicht, dass seine Bronzerüstung tiefe penetrierende Wunden verhindern würde, Schnitte, Kratzer und Stiche an Armen und Beinen sich behandeln ließen und dass er überleben würde.

Bei allen praktischen Vorteilen der Hoplitenrüstung diente sie unbestreitbar auch der Protzerei, einmal ganz abgesehen von der Ästhetik der ziselierten Zeremonienrüstung und der mit Einlegearbeiten versehenen Schwerter. Pferdehaarkronen, Helme, die Furcht einflößenden Masken glichen, und schreckliche Schildwappen, verliehen ihrem Träger den Hauch des Geheimnisvollen, wenn nicht gar Makabren, ihm, der gewöhnlich bärtig war, mit Haaren, die bis über die Ohren hingen. Waren diese Krieger dann in der Phalanx angeordnet, wurde der psychologische Effekt nur noch verstärkt: drohend starrende Lanzen, blendende Bronze, geometrisch ausgerichtete Kolonnen. Plutarch verglich die Phalanx mit einem „wilden Tier, wie es sich heranwälzt und seine Stacheln aufstellt"; der spartanische König Agesilaos formte seine Kolonnen so, dass sie aussahen wie „eine einzige Masse aus Bronze und Scharlachrot". Der Hoplit war ein nüchterner, sich schwer plagender Bauer, aber er war auch ein Krieger, dessen eigene Ausrüstung, dessen Auftreten in riesigen Kolonnen und dessen Vertrauen auf den guten Willen der Götter dem ganzen Unternehmen der Phalangenschlacht eine Aura des Mystischen und der Furcht verlieh. Das im Deutschen verwendete Wort „Panik" leitet sich ab vom griechischen Gott Pan, der oft verantwortlich dafür gemacht wurde, dass Hopliten in Angst und Schrecken verfielen, während sie in der Phalanx warteten und über das Niemandsland auf eine Wand aus Lanzen starrten, von denen sie wussten, dass sie ihnen nicht entkommen konnten.

Im frühen siebenten Jahrhundert war die Saat für die spätere griechische und römische Militärdynamik gelegt: eine völlig neue Militärtradition wurde der Bürgerschaft einpflanzt und ihre Hauptlehre konzentrierte sich um das frontale heroische Aufeinandertreffen von Massenarmeen freier Bürger. Kämpfe bei Tageslicht, Absichtserklärungen und das Fehlen von Hinterhalt und Manöver – aus all dem ergab sich der hohe Wert, der Muskeln und Nerven der Krieger beigemessen wurde. Binnen weniger Jahrhunderte verfielen diese agrarischen Einschränkungen und Rituale. Entscheidende Konfrontationen wurden zum Schauspiel grausamer Gemetzel, die Soldaten und Zivilisten gleichermaßen einbezogen – und auf einem Terrain und für Zwecke, die sich die ursprünglichen Hopliten nie hätten träumen lassen.

DIE AGRARISCHEN DUELLE

Der erste detaillierte Bericht über ein speziell hoplitisches Gefecht findet sich erst in Herodots Beschreibung der Schlacht von Marathon (490); mindestens fünfzig Jahre nach der Schlacht geschrieben, an der verbündete hellenische Armeen beteiligt waren, die den Persern gegenüberstanden statt einer ähnlich bewaffneten und ausgerüsteten griechischen Phalanx. Für die zwei Jahrhunderte hoplitischer Kämpfe vor Marathon müssen wir uns daher auf Vasenmalerei verlassen, auf zufällige Hinweise bei den lyrischen und epischen Dichtern und auf Berichte aus zweiter und dritter Hand, die von späteren Topografen und Sammlern zusammengetragen wurden.

Wie wir gesehen haben, markierte der so genannte Lelantinische Krieg (ca. 700) zwischen den euböischen Städten Chalkis und Eretria das Ende der Dunklen Jahrhunderte. Es handelte sich um eine grenzüberschreitende Auseinandersetzung der Fußtruppen, die Armeen aus anderen Gegenden der griechischen Welt anzog. Ein wenig später, Mitte des siebenten Jahrhunderts, hatten sich griechische Hoplitensöldner – „die bronzenen Männer, die vom Meer her gekommen waren" – einen solchen Ruf gemacht, dass sie in Ägypten unter Psammetich I (der von 664–609 regierte) dienten. Tatsächlich können wir noch die Namen griechischer Fußsoldaten sehen, die in das linke Bein des Kolosses von Ramses II bei Abu Simbel ein-

Was machte einen guten Hopliten aus? Nicht sorgfältige Ausbildung oder ausgefeilte Taktik – denn Bauern hatten weder Zeit für gründlichen Drill, noch stand ihnen der Sinn danach. Vielmehr verfeinerten die Griechen einige festgelegte Bewegungen in der Kunst der hoplomachia („Hoplitenkampf"), die der einzelne Amateursoldat leicht meistern konnte: die Fähigkeit, an der Lanze von einem Unterhand- zu einem Überhandgriff zu wechseln, einen kurzen Lauf in voller Rüstung einzulegen, den Schild im Stand oder Vormarsch in Brusthöhe zu halten und eine Reihe einfacher Schritte, um mit dem Schild vorzurücken, anzuhalten und mit dem Speer zu stoßen um den Gegner aus dem Gleichgewicht zu bringen. Manche professionelle Ausbilder waren von dem Gedanken fasziniert Hopliten voll zu schulen, aber Konservative spotteten über die Idee, dass der offene Kampf anderes braucht als Stärke und Nerven. Auf dieser frühen schwarzfigurigen Vase demonstriert ein einzelner Hoplit durch Fußarbeit, Lanzenstoß und Umgang mit dem Schild, dass mehr Fertigkeit zum Kämpfen gehörte als nur Schieben.

gekratzt sind, wo sie gegen Bezahlung für König Psammetich II (ca. 591) kämpften. Der lyrische Dichter Archilochos stellte sich offenbar selbst gegen ähnlichen Sold in den Dienst und lachte über den Verlust seines überaus wichtigen Hoplitenschildes. So dürfen wir annehmen, dass am Ausgang des siebenten Jahrhunderts der Kampf von Hopliten in der Phalanx in Griechenland überall anzutreffen war und die unerreichten Krieger als wirksame Söldnerverbände im gesamten Mittelmeerraum bekannt wurden.

Wegen der Kargheit früher literarischer Quellen sind uns aus Griechenland selbst nur wenige aufgezeichnete Beschreibungen früher hoplitischer Kämpfe bekannt und fast überhaupt keine von Kämpfen zur See. Am Sieg von Argos über Sparta 669 bei Hysiai waren wahrscheinlich die frühesten Armeen schwerer Fußsoldaten auf dem griechischen Festland beteiligt, was vermuten lässt, dass richtige Hopliten, die in Phalangen kämpften, zuerst in der Peloponnes auftraten – der Helm wurde auch in späteren Zeiten als „korinthisch" bezeichnet und der runde, gewölbte Schild als „argivisch". Spartas erster (733–715?) und zweiter (660?) Krieg mit Messenien waren Begegnungen der Fußtruppen, die auf die Annexion benachbarten Ackerlands zielten. Bei all diesen Streitigkeiten zwischen den Stadtstaaten ging es um Grenzland und sie wurden von schweren Fußsoldaten in Kolonnen ausgefochten, was auf die Verbindung von Hopliten und Landwirtschaft verweist und auf das Aufkommen von Land besitzenden Gemeinregierungen.

Manchmal ähnelten diese frühen hoplitischen Kämpfe fast rituellen Duellen. Den Perser Mardonios lässt Herodot sagen, dass die Griechen eine absurde, rituelle und erschreckende Praxis pflegten, auf „dem saubersten und ebensten Boden" zu kollidieren. Daher schlug er in der Schlacht von Plataä großspurig vor die gesamten Persischen Kriege gemäß dieser festen Vorstellung der Griechen in einem Duell zwischen ausgewählten Kontingenten zu entscheiden. Vorher hatten sich in der so genannten „Schlacht der Kämpfer" (550?), in der Sparta schließlich die Vormachtstellung von Argos beseitigte, 300 ausgewählte Spartiaten offen gegen eine gleiche Anzahl argivischer Kämpfer gestellt, wobei das umkämpfte Land an das Korps mit dem letzten überlebenden Krieger fiel. Und etwa zur selben Zeit (560–550?) gab es eine ähnliche formale „Schlacht der Fesseln", als die Spartiaten Fesseln aus Eisen mitbrachten, um ihre Gegner zu binden, stattdessen aber sich selbst besiegt und in ihren eigenen Ketten gefesselt sahen. Selbst noch 420 schlugen die Argiven vor, dass ihr jahrhundertelanger Grenzstreit in einer offenen Feldschlacht entschieden werden sollte, bei der Verfolgung verboten war.

Trotz der künstlichen Natur der Schlachten der „Kämpfer" und der „Fesseln" – man beachte die beinahe totale Vernichtung im ersten Beispiel und eine völlige Versklavung im zweiten – und der Bemühungen die Zivilbevölkerung und nicht am Kampf Beteiligte auszuschließen, konnte der Kampf der Hopliten dennoch schrecklich sein. Und der militärische Brauch konnte jederzeit zu Gunsten politischen Nutzens vernachlässigt werden. Nach der Schlacht von Sepeia (494) zum Beispiel gestattete der spartanische König Kleomenes seinen helotischen Lastenträgern über 6000 flüchtige argivische Fußsoldaten zu verbrennen, die in einem heiligen Waldstück eingeschlossen waren – und befreite dadurch seine Hopliten von der Pflicht, sich mit dem Metzeln Unschuldiger die Hände schmutzig zu machen.

Das siebente und sechste Jahrhundert hindurch vollzogen die meisten landwirtschaftlichen Gemeinschaften den endgültigen, aber schwierigen Übergang vom Erbadel zu Oligarchien von Freisassen auf breiterer Basis. Wir wissen von frühen Versammlungen von Eigentümern und egalitären Landverteilungsprogrammen und

GEGENÜBERLIEGENDE SEITE:
Auf diesem rotfigurigen Gefäß aus der Mitte des fünften Jahrhunderts stellen sich die griechischen Götter in Hoplitengewand den wilden vorolympischen Riesen. Vasenmaler präsentierten ebenso wie Dichter, zum Beispiel Homer, solche mythischen Duelle in der Kriegslandschaft ihrer eigenen Zeit.

DAS AUFSTREBEN DES STADTSTAATES UND DIE ERFINDUNG DER WESTLICHEN KRIEGFÜHRUNG

wir nehmen an, dass die hoplitische Kriegführung dieselbe Gleichheit der freien Bürger betonte: Als Stimmberechtigter beanspruchte er den gleichen Sitz in der Versammlungshalle, als Bauer ein Stück Land von etwa derselben Größe und als Fußsoldat eine Position in seinem Regiment wie alle anderen. Das Resultat sicherte eine stabile Regierung, einen Flickenteppich weitgehend ähnlicher vererbter Ackerflächen und eine gute Schlachtordnung.

Die vorgeschriebene Schlachtenszenerie mit ihren zahllosen Protokollen verhinderte, dass in der Entwicklung begriffene Agrargemeinschaften sich in ruinöse

Kriege einließen und stellte dennoch sicher, dass die jeweiligen Bauern kämpfen und damit die politische Macht am kurzen Zügel halten konnten, was bedeutete, dass weniger Steuern für andere Investitionsaufwendungen als für die Landwirtschaft aufgebracht werden mussten. Kurz gefasst hatte der frühe griechische Stadtstaat einen Mechanismus gefunden um die Verteidigungsausgaben einzuschränken, die Religion aus Krieg und Politik herauszuhalten und die Militärpolitik von der Stimmenmehrheit der Bürger abhängig zu machen – all dies schonte Leben und Eigentum und sparte Geld. Wenn der Kampf der Hopliten auch absurd erschien – Entscheidungsschlachten ohne übermäßig viele Gefallene, die Wahl ebener Schlachtfelder anstelle von gut zu verteidigenden Bergpässen, schwere Bronzerüstungen unter der mediterranen Sonne, die Verluste sowohl bei den Armen als auch bei den Wohlhabenden – so funktionierte sie doch wenigstens für einen Zweck: die Erhaltung und Ausbreitung einer landwirtschaftlichen Mittelklasse.

Gelehrte spielen oft die Bedeutung der landwirtschaftlichen Basis der frühen griechischen Kriegführung herunter, doch in der griechischen Literatur finden sich zahlreiche ausdrückliche Verweise auf diese Verbindung zwischen Landbau und Kampf, mit Betonung der ländlichen Genese der hoplitischen Kriegführung, des ständigen Wechselspiels zwischen beiden und der revolutionären Vorstellung, dass das Führen von Kriegen der Bürgerschaft dienen sollte und nicht umgekehrt. Im Gegensatz dazu war Seemacht vor dem fünften Jahrhundert selten. Die athenischen *ephebes* des ausgehenden vierten Jahrhunderts, junge Krieger, die zu Schild und Speer griffen um auf dem Land zu patrouillieren, legten noch in den Tagen der Dämmerung der *polis* recht formell den Schwur ab, „den Weizen, die Gerste, die Weinstöcke, die Oliven und die Feigen" zu schützen. Der Geschichtsschreiber und Soldat Xenophon war stets der Meinung, dass Landbau und Zusammenhalt der Phalanx zueinander in Beziehung standen: „Der Landbau lehrt die Menschen, anderen zu helfen. Denn im Kampf gegen die eigenen Feinde ist es ebenso wie beim Bearbeiten des Bodens notwendig, die Hilfe anderer Menschen zu haben."

Landwirtschaftliche Metaphern finden sich reichlich in der griechischen Militärliteratur. Die Kampfsprache der griechischen Phalanx – „Hörner" von „Männern im Joch", die „droschen" – kam aus der Landwirtschaft oder dem ländlichen Leben, nicht aus städtischen oder maritimen Erfahrungen. Tatsächlich leitete sich das Wort Phalanx, das die Reihen oder Haufen (*phalanges*) schweren Fußvolks in Schlachtordnung bezeichnet, ursprünglich von dem griechischen Wort für „Balken" oder „Baumstamm" ab, eine logische Annahme, denn die meisten ihrer Kämpfer lebten auf dem Land. Die grausame offene Feldschlacht zwischen blutbefleckten Männern zu Fuß war für Männer, die Wild getötet, Vieh geschlachtet und Erde umgegraben hatten, nichts gänzlich Ungewohntes. Es war diese einzigartige Symbiose zwischen Landwirtschaft und Krieg, die erklärt, weshalb griechische Autoren oft über das produktive Potenzial von Ackerland *nicht* mit Bezug auf Boden, Urbarmachung oder bloßer Größe schrieben, sondern mit Bezug auf die Anzahl der Hopliten, die ein Gebiet theoretisch versorgen konnte. In den Augen der frühen Griechen brachte das Land allein Soldaten hervor. Soldaten allein kamen vom Land.

Schlachtfelder waren daher meist Kornfelder ohne Hindernisse, entweder nahe der Grenze oder mitten auf Invasionsrouten gelegen. Da Schlachtlinien erstreckten sich bei den größten hoplitischen Gefechten selten über mehr als ein oder zwei Meilen, weshalb Armeen auch auf den kleinsten Ebenen Platz hatten. Natürlich erfahren wir oft von ständigen „Unruheherden" und „Engstellen", wo Generation für Generation Zwist ausbrach. Ein gutes Beispiel dafür ist das hoch gelegene Plateau von Thryeatis zwischen Argos und Lakonien, wo die jeweiligen Armeen über zwei Jahrhunderte lang nahezu ununterbrochen kämpften. Die Grenzen von Megara und Korinth boten ebenfalls Anlaß für Kämpfe zwischen Hoplitenarmeen. Und mindestens fünf griechische Schlachten wurden in der Antike in der Enge der Ebene von Mantineia geschlagen. Noch berüchtigter waren die Fehden zwischen Phokis und Lokris um das Hochland des Parnass und die Rivalitäten zwischen Elis und Arkadien um das Alphaiostal nahe Olympia. Diese umstrittenen Landstreifen waren nicht notwendigerweise erstklassiger Grund und Boden (obgleich jegliches Land zunehmend wertvoll war), agrarische Gemeinschaften verbanden damit aber die Vorstellung von unantastbarem Territorium. Die Grenzüberschreitung war ein Schlag gegen die Selbstachtung der Bürger und konnte sich ausweiten, wenn nicht eingeschritten wurde.

Die große Ebene von Böotien mit ihren engen Zu- und Ausgängen war der nahe liegende Kollisionspunkt für Hoplitenarmeen, die aus dem nördlichen Griechenland herabstiegen und von Attika oder der Peloponnes heraufmarschierten; der thebanische General Epaminondas nannte sie zu Recht „Tanzboden des Krieges"; ein beachtlicher spartanischer, athenischer und thebanischer Schlachthof über eine Periode von 200 Jahren, auf dem mindestens zehn größere Gefechte ausgetragen wurden, alle innerhalb eines Radius von 32 km um Theben. Nur wenige Meilen trennten die Schlachten von Plataä (479), Tanagra (457), Oinophyta (457), Delion (424), Haliartos (395), Koroneia (die erste 447, die zweite 394), Tegyra (375), Leuktra (371) und Chaironeia (338).

In der klassischen Periode erhielten einheimische Kontingente, die ihre eigenen Gehöfte verteidigten, immer die Ehrenposition am rechten Flügel einer Koalitionsphalanx, womit sogar die Ansprüche jener Verbündeten aufgehoben wurden, die wegen ihrer Tapferkeit einen größeren Ruf besaßen. Der Redner Demosthenes aus dem vierten Jahrhundert stellte wehmütig fest, dass die Kriegführung der ursprünglichen *polis* ein moralischeres Unterfangen und beschränkt auf Sommerfeldzüge zwischen Amateurmilizen gewesen sei. Platon führte in seiner *Republik* an, dass normale griechische Praktiken noch zu grob seien, und er befürwortete Verfeinerungen, die das Blutbad, das Griechen untereinander anrichteten, mäßigen sollten. Verträge zwischen Stadtstaaten verboten manchmal Geschosse und schlossen jede Möglichkeit der Verfolgung nach dem Hauptgefecht aus.

Solche militärischen Rituale, die an die Landwirtschaft gekoppelt waren, galten nicht für den Krieg gegen fremdländische Gegner und wurden von den Griechen

Bilder von Hopliten waren in der griechischen Kultur überall anzutreffen und spiegelten die vorherrschende Ideologie der Mittelklassebürger in der Antike wider. Die meisten Tempel hatten umlaufende Friese mit Göttern, die in Hoplitenrüstung kämpften, was darauf hindeutet, dass die Griechen sich ihre Gottheiten als Krieger in der Phalanx vorstellten, nicht als göttliche Bogenschützen, Ruderer oder Plänkler. Hier erscheint auf einer Vase aus dem sechsten Jahrhundert die Göttin Athena Promachos („der Kämpfer der Frontlinie") in einer Tunika mit Hoplitenschild, Helm und Speer, strahlend in ihrer Rolle als Schutzgöttin der Krieger, die kämpften um ihre Heimatstädte und Zitadellen zu schützen.

selbst nicht immer befolgt. Doch unter den Phalangen der Stadtstaaten zumindest gab es ein paar klar definierte „Regeln" für den Kampf – die so genannten *nomima* der Griechen –, die für die meiste Zeit im siebenten und sechsten Jahrhundert in Kraft waren und selbst während des Niederganges der Hopliten im fünften und vierten Jahrhundert manchmal noch befolgt wurden:

1. FORMELLE KRIEGSERKLÄRUNG UND AUSDRÜCKLICHE AUFHEBUNG BESTEHENDER WAFFENRUHEN UND VERTRÄGE. Es gab wenige plötzliche Angriffe durch Fußtruppen oder unerklärte Kriege vor der Mitte des fünften Jahrhunderts, als ein rechtlicher Rahmen entstand, um Krieg (*polemos*), Frieden (*eiréne*) und verschiedene Abstufungen von Feindseligkeiten zu definieren und zu umreißen. Beide Seiten marschierten vorwärts in der Annahme – die oft von ihren Anführern zur Formsache gemacht wurde – dass sie einen gerechten, gesetzmäßigen und edlen Krieg führten.

2. RITUAL VOR DER SCHLACHT UND AUFEINANDERPRALLEN DER PHALANGEN. Die formelle Ankündigung der Schlacht, das Opfern eines Nutztieres vor den Reihen um den Angriff zu sanktionieren und eine kurze Ansprache des Feldherren – all dies ging dem Angriff der Kolonnen und dem Aufeinanderprallen der Armeen voraus.

3. KAMPFHANDLUNGEN IM FRÜHJAHR UND SOMMER UND AUF TAGESLICHTZEIT BEGRENZT. Flaches Gelände, nicht Bergpässe oder Berghänge, waren laut Vereinbarung der Ort des Gefechtes. Nächtliche Angriffe gab es selten oder überhaupt nicht. Feldzüge fanden nicht das ganze Jahr hindurch statt.

4. BEENDIGUNG DES TÖTENS. Die Verfolgung der Besiegten war sowohl zeitlich als auch räumlich begrenzt; das Zwielicht markierte das Ende des Tötens und die Berge waren Zufluchtsort für die Besiegten. Den verwundeten Hopliten wurde nicht der Todesstoß versetzt; auch Gefangene wurden nicht exekutiert. Dem gefangenen Feind wurde stattdessen die Freiheit gegeben oder er erhielt die Gelegenheit zum Freikauf, bevor er versklavt wurde.

5. VEREINBARUNG ÜBER GEFALLENE. Die Toten der Schlacht durften nicht geschändet werden, sondern wurden unter Waffenruhe zurückgegeben. Die geschlagene Seite erbat formell die Rückgabe ihrer Gefallenen, womit sie die eigene Niederlage bestätigte, und die siegreiche Armee errichtete ein öffentliches Siegeszeichen auf dem Schlachtfeld, das nicht angefochten oder verunstaltet werden durfte.

6. EINSCHRÄNKUNG DES KAMPFES. Herolde und Bürger wurden normalerweise verschont. Ebenso waren Heiligtümer, Tempel und panhellenische religiöse Orte von Angriffen der Fußtruppen oder Besetzung auszunehmen.

7. BEGRENZUNG DER TECHNIK. Die Schlacht wurde durch Lanze und Schild entschieden, die von Muskelkraft bewegt und durch die Geschicklichkeit des Kämpfers beherrscht wurden. Die Berechtigung zum Dienst in den Fußtruppen beruhte ursprünglich auf der landwirtschaftlichen Produktion, die Zensusklassen begründete. Wohlhabendere Hilfsreiterei und ärmere leicht bewaffnete Soldaten

nahmen lediglich an gelegentlichen Geplänkeln vor und nach der Schlacht teil – selbst im Athen der Klassik machten Reiter nur 5 Prozent der erwachsenen Bürgerschaft aus, die zum Militärdienst berechtigt war. Dazu fehlten landlose Bogenschützen, Schleuderer und Steinewerfer fast völlig oder wurden an den Rand des Schlachtfeldes verbannt. Ausgeklügelte Artillerie und Belagerungsmaschinen – das Ergebnis von Besteuerung und der Existenz einer urbanen Berufsklasse – waren weitgehend Phänomene des vierten Jahrhunderts und späterer Zeiten.

In der frühen Kriegführung der Hopliten gab es also Regeln und eine festgelegte Handlungsfolge, die selbst die Nachwirkungen des Krieges beherrschte. Ähnlich war in der Zivilbevölkerung das Bewusstsein darüber weit verbreitet, welch äußerstes Opfer die kämpfenden Bürger brachten. Grabreden (*epitaphoi*) waren öffentliche Veranstaltungen. Tote wurden im Normalfall eingesammelt, identifiziert und begraben. Oft wurden Verlustlisten – wie das amerikanische Denkmal in Washington, D.C., für die in Indochina Vermissten – zur öffentlichen Ansicht aufgestellt und die Soldaten in der Reihenfolge der Jahre, in denen sie getötet wurden, aufgeführt. Einzelgräber wurden mit bewegenden Darstellungen der Toten in ihren heroischsten Augenblicken im Kampf geschmückt; Hauptstraßen waren manchmal von Grabstelen und Schlachtmalen gesäumt. Selbst noch die kleinsten der Stadtstaaten – Thespiai in Böotien ist ein gutes Beispiel – konnten eine ganze Ansammlung gravierter Hoplitengrabstelen vorweisen, die zu den besten Werken der griechischen bildenden Künste gehören und unerreicht bleiben. Umlaufende Tempelfriese und Keramikvasen spiegeln die Hauptthemen der epischen und lyrischen Dichtung: Das edelste Opfer war der Tod im Bodenkampf, der einen Ehrenplatz in der Unterwelt sicherte. Perikles sagte, dass ein glorreicher Tod im Kampf für das Vaterland

Die meisten klassischen griechischen Schlachtfelder entstanden auf Äckern mit Weizen oder Gerste, welche die Eindringlinge zu ernten oder abzubrennen versuchten um die Verteidiger zum Kampf zu zwingen. Viele dieser Felder waren leicht uneben oder sogar hügelig – Delion ist ein gutes Beispiel dafür –, entgegen Herodots Beschreibung des „saubersten und ebensten Bodens".

mit einem Streich alle vorherigen Verfehlungen im Leben eines Mannes auslöschte. Antike Geschichtsschreiber vermerken in ihren Schlachtberichten oft die gefallenen prominenten Bürger mit Namen und es überrascht nicht, dass wir von einigen der Berühmtesten – und Berüchtigtsten – der griechischen Geschichte erfahren, die im Heer ihr Leben ließen – König Leonidas von Sparta, der Dichter Archilochos, der Bruder von Aischylos, der Volksführer Kleon aus Athen, die brillanten spartanischen Strategen Lysander und Brasidas und die noblen böotischen Staatsmänner Epaminondas und Pelopidas. Der Philosoph Sokrates und der Redner Demosthenes gehörten zu den angesehenen Hopliten, die dem Tod um Zentimeter entrannen.

Aber es wohnten solcher militärischer Fußtruppenpraxis der Hopliten Paradoxa inne, die schließlich das gesamte System untergruben. Die selbstverständlichen Protokolle wurden zunehmend unwichtig, als die Kriegführung sich über festgelegte Kollisionen von Fußtruppen hinaus entwickelte. Als die griechischen Stadtstaaten im fünften und vierten Jahrhundert im Raum der Ägäis und der Adria erblühten, wurde stattliches Kapital nicht nur durch die Landwirtschaft erzeugt,

Anders als die Passage von Ost nach West über das griechische Festland, die am besten zur See durch den Isthmus von Korinth erfolgte, bewegte man sich von Nord nach Süd gewöhnlich zu Lande entlang einer Route von Thessalien zum südlichen Lakonien, die über eine Reihe großer Ebenen führte, die durch Bergpässe voneinander getrennt waren. Daher konnten große Teile Griechenlands nach und nach abgeschnitten und an Engstellen nördlichen Invasoren verweigert werden: an der Schlucht von Tempe im nördlichen Thessalien, dem schmalen Thermopylenpass in Lokris, den Hügeln, die den Isthmus von Korinth säumen, und Pässen in Arkadien, die den Zugang nach Lakonien versperren. Jede potenzielle Invasionstruppe griff auf zwei Trümpfe zurück um diese natürlichen Barrieren zu überwinden: eine begleitende Flotte um Truppen im Rücken feindlicher Berggarnisonen zu landen und freundlich gesinnte Einwohner, die Soldaten über wenig bekannte Fußwege um die Hauptpässe führen konnten.

sondern auch durch den Seehandel. Diese wachsende Flexibilität und Expansion der antiken Wirtschaft hatte katastrophale Folgen für die allgemeine Praxis griechischer Kriegführung durch die Hopliten. Hoplitenkriege hatten einst nicht etwa wegen irgendwelcher Verschwörungen mittelständischer Bauern stattgefunden, sondern weil es eine praktische und effektive Weise war das landwirtschaftliche Eigentum zu schützen, das für die kleine *polis* Lebensgrundlage war. Als kleine Eigentümer einmal ihre wirtschaftliche – und bald ihre politische – Vorherrschaft im Stadtstaat verloren, wurde die offene Schlacht zu einem von vielen „Wegen des Krieges" und konnte sich frei, in Übereinstimmung mit westlicher Wissenschaft, Technik und Materialismus entwickeln.

Darüber hinaus war genau die Praxis der Gleichsetzung von Landbesitz mit Bürgerrechten und Militärdienst immer dürftig, da Besitzer von 4-ha-Landstücken nie mehr als die Hälfte der männlichen Einwohner der *polis* ausmachten. Andere – die landlosen Armen, die zugezogenen Fremden, selbst die Unfreien – waren eigentlich im Krieg nicht weniger befähigt –, zumal wenn der Schauplatz des griechischen Krieges sich vom Ackerland rund um die *polis* zum Meer, zu den Bergen oder zu überseeischen Gebieten verlagerte, wo Reiter, Bogenschützen und Seeleute wichtig waren. Und wenn die radikalisierte Demokratie oder das bloße Wirtschaftswachstum den Landlosen zu Macht verhalf, dann erwarteten sie sicherlich für andere Dinge als Ackerland zu kämpfen und dabei gut bezahlt zu werden.

Eines der größten Paradoxa – und eine Tragödie – des agrarischen Krieges bestand darin, dass seine Gefechtsregeln, welche die ureigene Dynamik westlicher Kriegführung so zügelten, auf dem willkürlichen Ausschluss der Hälfte der Erwachsenen beruhten, die in einem griechischen Stadtstaat wohnten. Als bestimmte Stadtstaaten Wege fanden, diese Benachteiligung zu beenden, hatten sich für die vorher vernachlässigten „Anderen" sowohl politisch als auch militärisch neue Möglichkeiten eröffnet – was zu einer Zeit, da Staaten immer demokratischer wurden, zu viel höheren Kriegsverlusten führte. Wie wir noch sehen werden, war eine der instabilsten Kräfte in der Geschichte der westlichen Kriegführung auch die mit der größten Gleichberechtigung: das Aufkommen der athenischen Demokratie – in der die Weisheit und Moral bei der Führung von Kriegen völlig von der kollektiven Stimmung der Bürgerschaft an irgendeinem beliebigen Tag der Versammlung abhing. Sie erwies sich für die übrigen griechischen Stadtstaaten als tödlich.

Das Aufstreben der Militärmacht Athens und Spartas

Am Ende des sechsten Jahrhunderts traten mit dem Niedergang der korinthischen, samischen und argivischen Tyrannis sowohl Athen als auch Sparta als die beiden Stadtstaaten ersten Ranges auf dem griechischen Festland auf. Beide erfreuten sich einer Reihe natürlicher und kultureller Vorteile, die gut für militärische Zwecke genutzt werden konnten. Die Territorien rund um beide Städte waren ungewöhnlich groß – Lakonien erstreckte sich über 3200 qkm und Attika über fast 1600 qkm – und für griechische Verhältnisse gut bevölkert. Beide Staaten waren Zentren dorischer beziehungsweise ionischer Kultur und nahmen daher eine natürliche Führungsrolle über die bevölkerungsreichen dorischen Staaten in der Peloponnes und die ionischen Siedlungen in der Ägäis und an der Küste Kleinasiens ein. Jede Seite konnte treue Verbündete für Feldzüge in die Fremde aufbieten.

Athen und Sparta hatten beide im siebenten und sechsten Jahrhundert eine relativ ruhige politische Zeit, was Wirtschaftswachstum und sozialen Zusammenhalt förderte. In Sparta begründete die so genannte Große Rhetra von Lykurg ein dreigeteiltes System der Machtteilung zwischen zwei Königen, einem Rat der Alten und einer Gruppe von Verwaltungsinspektoren, die Aufstand und Revolution verhinderten, was das verehrte Ideal des „guten Gesetzes" – *eunomia* – lieferte. Speisegenossenschaften, Gruppen nach Altersklassen und die Reglementierung in den Kasernen sorgten dafür, dass die Elitespartiaten (die *homoioi* oder „Gleichen") ein ungewöhnliches Gefühl für Gleichheit entwickelten und sich selbst als homogene Gruppe ansahen, die klar definiert war und sich deutlich von den viel zahl-

reicheren Heloten und anderen „niederen" Völkern ihres Umlandes unterschieden. Rivalitäten und Streitigkeiten unter den Gleichen mit einem Potenzial für breitere Erhebungen und Zivilkämpfe unter der Kriegerklasse wurden auf ein Minimum beschränkt. Die Bevölkerung Lakoniens und des nahe gelegenen Messenien war beachtlich, aber die Zahl der Gleichen klein – was die Herstellung von Gleichheit in einer kleinen Clique erleichterte, jedoch für Probleme künftiger Mannschaftsstärken der spartiatischen Phalanx sorgte, die während ihrer Entstehung kaum mehr als eine interne Sicherheitstruppe war.

In Athen schrieben die Reformen des Solon (ca. 600) die extrem patriotische Haltung bzw. übersteigerte Vaterlandsliebe der Hopliten fest. Sie sicherten eine politische Vertretung, die frei von Gegenschlägen des Adels und mit klaren Vergünstigungen verbunden war, die die landlosen Armen nicht hatten. Trotz einiger Unterbrechungen durch die Tyrannis – wobei selbst der starke Mann Peisistratos und seine Söhne relativ erleuchtet waren – erfreute sich Athen ebenso wie Sparta einer politischen Stabilität, die Nahrungsmittelproduktion, Handel und Bevölkerungswachstum förderte. Attika stellte eine wirksame und stolze einheimische Armee auf, die recht gut in der Lage war die meisten Eindringlinge außerhalb ihrer Grenzen zu halten und benachbartes Territorium und nahe gelegene Inseln einzuschließen. Genau im Jahr nachdem Kleisthenes die Demokratie organisiert hatte (507), besiegten athenische Truppen sowohl Chalkis auf der Insel Euböa als auch die benachbarten Böotier – ein Zeugnis des militärischen Zusammenhalts und des *élan*, der aus dem neuen Konzept der *isonomia* oder „Gleichheit der politischen Rechte" erwachsen konnte.

Auf gänzlich unterschiedliche Weise befreiten sich beide Staaten auch von den repressiven materiellen, finanziellen und ethischen Einschränkungen, welche die Landwirtschaft der Praxis der Kriegführung auferlegte. Kein griechischer Stadtstaat – noch nicht einmal das feudale Lehensgut Thessaliens oder die isolierten Städte Kretas – versklavte eine gesamte benachbarte Bevölkerung von der Größe Messeniens, wie es Sparta tat, das seine Energie nicht auf den Landbau, sondern auf militärische Ausbildung richtete um seine Nahrungsgrundlage zu sichern. Auch Athen hatte sich im fünften Jahrhundert zunehmend seiner Flotte zugewandt und trieb schließlich Tribut von seinen überseeischen Vasallenstaaten ein, wodurch es sich von der Notwendigkeit befreite, Kampfhandlungen auf die Getreideernte abzustimmen. Wenn attische Bauern Steuern für eine neue Art des Krieges, an dem alle beteiligt waren, nicht zahlen wollten oder konnten, so ließ der Stadtstaat das Geld einfach durch Enteignung eingeschüchterter Verbündeter einziehen. Zu verschiedenen Gelegenheiten war Athen sogar willens, Attika völlig zu evakuieren um seine Bevölkerung zu schützen und die Flotte intakt zu halten.

Dennoch waren Sparta und Athen, obzwar gleich hinsichtlich ihrer Befreiung von den meisten wirtschaftlichen und militärischen Einschränkungen der *polis*, doch eigentlich sehr verschieden. Athen entwickelte sich zu einem dynamischen maritimen Stadtstaat, der nach Handel strebte, mit einer beträchtlichen Anzahl ortsansässiger Fremder und im fünften Jahrhundert ausgestattet mit einer Kriegsflotte und beeindruckenden Stadt- und Hafenbefestigungen. Die Stadt war wahrscheinlich auch die erste radikale Demokratie in Griechenland und fühlte sich bald verantwortlich für die Ausdehnung des Stimmrechtes auf die landlosen, aber freien Armen anderswo. Und die Bevölkerung Attikas war für griechische Verhältnisse außerordentlich zahlreich – zwischen einer Viertel- und einer Drittelmillion Menschen lebten in der Region – und wohlhabend, mit Beschäftigung zur See, Ein-

Reiter hatten wenig Erfolg gegen die Phalanx. Waren aber einmal die Reihen aufgebrochen und wandten sich die Hopliten in kleinen Gruppen zur Flucht, dann konnte die Reiterei einige entscheidende Minuten lang unglückliche Versprengte niederreiten und zertrampeln oder mit der Lanze durchbohren. Ein einzelner Hoplit, der einen Großteil seiner Rüstung abgeworfen hatte, war einem berittenen Adligen mit Lanze gegenüber höchst ungeschützt – solche Einzelkämpfe nahmen sowohl Klassen- als auch nationale Bedeutung an. Hier gebietet ein wohlhabender Reiter über die letzten Augenblicke eines in die Enge getriebenen Hopliten, der unter den Hufen des Pferdes seines Angreifers zu Boden geht. Es waren Szenen wie diese, die den verzweifelten Rückzug der Athener nach ihrer spätnachmittäglichen Niederlage gegen die Böotier 424 bei Delion charakterisierten. Das war die Schlacht, in der ein Sokrates in mittleren Jahren sich inmitten ständiger berittener feindlicher Angriffe erfolgreich auf den Füßen halten konnte und so im Rückwärtsgang seinen Weg über die Grenze nach Athen in die Sicherheit zurücklegte.

künften aus Bergbau und über 80 000 ha landwirtschaftlich nutzbarer Fläche. Die Verleihung der Bürgerrechte an die Landlosen verdoppelte die Größe der Bürgerschaft, garantierte, dass Ruderer für eine ansehnliche Kriegsflotte zur Verfügung standen, und wurde bald zu einer ständigen Triebkraft für überseeische Expansion.

Für die athenische Art des Krieges waren materielle Güter und Kriegsstärke viel wichtiger als die Muskeln der hoplitischen Krieger. Und die griechische Welt sollte lernen, dass die aufsässige, quicklebendige Demokratie ein tödlicher Kriegsherr war – Herodot bemerkte, dass es leichter war in Athen 30 000 Krieger zu überreden in den Krieg zu ziehen als einen einzigen in Sparta. Tatsächlich wurden mehr Griechen im Kampf für oder gegen Athen getötet als in allen Kriegen in der Geschichte des griechischen Stadtstaates. Die Demokratie fungierte im antiken Kontext als Ansporn, nicht als Bremse, für militärische Aggression und das Führen von Kriegen. Und demokratische Praktiken bedeuteten nichts mehr, wenn es um eigene Interessen Athens ging. Es vermochte bereitwillig zu kämpfen – bei der Auslöschung von Demokraten wie Syrakus (415–413) ebenso wie bei der Unterstützung von Oligarchien, zum Beispiel Spartas in seinem Krieg gegen Epaminondas und seine Bemühungen die helotische Vorherrschaft zu beenden (370–362).

Sparta andererseits war beschränkt und isoliert geblieben, mit einer kleinen Kriegsflotte, ohne Mauern, ohne Finanzwirtschaft und mit wenig Verlangen Ausländer im geheiligten Land Lakonien willkommen zu heißen. Sein Konservativismus war ebenso legendär wie die Liberalität Athens; strenge Einordnung nach Alter und Klasse hatte zur Folge, dass die Bevölkerung klein blieb – der spartanische Fluch der *oliganthrôpia* – und es war selten, dass die Spartiaten mehr als 10 000 Bürger mit Kriegerstatus zählten. Im Unterschied zu Athen war Spartas Strategie einfach: Man halte die Heloten nieder, die Peloponnes frei von Nordländern und unterstütze Oligarchien, wo immer möglich. Und während bis zu Epaminondas' Kreuzzug im frühen vierten Jahrhundert keine Armee spartanischen Boden betrat, war es im siebenten und sechsten Jahrhundert ebenso selten, Spartas Hopliten nach Norden marschieren zu sehen.

Im Falle sowohl Athens als auch Spartas hatten Sklaven entscheidende Bedeutung für die Praxis der Kriegführung, wenn auch auf völlig unterschiedliche Weise. Tatsächlich ist der Aufstieg des freien griechischen Stadtstaates mit der Einführung der Leibeigenschaft in großem Rahmen verbunden – und große Teile der griechischen Bürgerschaft konnten persönlichen Besitz unfreier Arbeitskräfte mit Genehmigung und Förderung, nicht Eingreifen, durch den Staat erhalten und fanden eine egalitäre Solidarität durch die Anerkennung ihrer eigenen Überlegenheit über eine ganze Gruppe von Untergebenen. Die meisten Sklavenarbeiter waren ursprünglich in der

Auf dieser modernen Darstellung von Amédée Forrestier bahnt sich eine einzelne Rotte Hopliten ihren Weg über einen Bergpfad, während sie angegriffen wird. In Xenophos Anabasis und Hellenika erfahren wir von einer Reihe solcher Fälle, bei denen Hoplitenarmeen auf Bergpässen aus dem Hinterhalt überfallen wurden und dringend Bogenschützen und Schleuderer benötigten um die Angreifer zurückzuschlagen. Zerklüftete Bergpfade im Sommer in voller Rüstung unter einem Angriff zu erklimmen war der schlimmste Albtraum des Hopliten.

Landwirtschaft beschäftigt und begleiteten daher ihre freibäuerlichen Herren in den Krieg, wo sie eine wichtige Rolle als Gepäck- und Waffenträger spielten und das Schlachtfeld durchkämmen konnten, entweder um pflichtgetreu die Körper ihrer gefallenen Eigentümer zu holen oder auf der Suche nach Kriegsbeute. Die besonderen Elemente hoplitischer Kriegführung – und das Gleiche galt für die intensive Landwirtschaft auf griechische Art – sind ohne Sklavenbegleitung nicht vorstellbar. Allein wegen des Gewichts der Ausrüstungen waren für deren Transport Sklaven nötig, selbst bei geringen Entfernungen.

Dennoch entwickelten sich in Griechenland zwei sehr unterschiedliche Systeme der Sklavenhalterei. Beide schlossen Landwirtschaft und Krieg ein; beide erklären aber auch weitgehend die deutlichen Unterschiede in der Kriegführung Spartas und Athens. Allgemein gesagt entwickelte sich Athen wie die meisten griechischen Stadtstaaten aus einer freien Gesellschaft kleiner Landbesitzer, die Milizen bildeten und Leibeigene einsetzten um ihre kleinen Landstücke zu bestellen. Aber mit dem Aufkommen einer veränderten Kultur im fünften Jahrhundert und der Ausbeutung der Silberminen bei Laurium im großen Umfang zog Athen eine ungewöhnlich große Anzahl an nicht in der Landwirtschaft beschäftigten Sklaven an, die in den Baugewerken, in der Silberindustrie und in der Kleinmanufaktur arbeiteten.

Bei Ausbruch des Peloponnesischen Krieges mag es wohl 100 000 unfreie Arbeiter in Attika gegeben haben; Sklavenarbeiter, die nicht nur auf Feldzügen die Hoplitenrüstung ihres Herrn trugen, sondern auch in Zeiten außergewöhnlicher Krisensituationen wie Marathon (490) oder während der Seeschlachten bei den Arginusen (406) und Aigospotami (404) in Massen zur Armee oder Kriegsflotte eingezogen wurden. Und obwohl athenische Sklaven Vertreter verschiedener Rassen und Dialekte waren, zu einzelnen Familien gehörten und Massenrevolten daher weniger wahrscheinlich waren, schwächten doch ihre seltenen Fluchten in größerer Anzahl – wie ihre Desertation aus der besiegten Armee auf Sizilien (413) oder ihr Rückzug zur spartanischen Festung in Attika bei Dekeleia (413–404) – sowohl die militärische als auch die wirtschaftliche Macht. Geschichtsschreiber der Antike verschwiegen allzu oft die Anwesenheit von Sklaven auf dem Schlachtfeld, doch man sollte wohl annehmen, dass bei fast jeder Konfrontation Athens tausende von ihnen in irgendeiner Funktion zu Lande oder zu Wasser anwesend waren. Der griechische Krieg war so, wie er geführt wurde, ohne Sklaven einfach unmöglich, selbst wenn beinahe alle dieser anonymen Krieger in den historischen Aufzeichnungen unerwähnt blieben.

Im Gegensatz dazu versuchte Sparta das Problem wachsender Bevölkerung und begrenzten Landes nicht durch intensive Sklavenarbeit in Landwirtschaft und kleinen Gewerken, sondern, im achten und siebenten Jahrhundert, durch Annektion des gesamten Territoriums und der Menschen von Lakonien und des benachbarten Messenien zu lösen in einer Reihe brutaler Kriege und Aufstände, die fast drei Jahrhunderte andauerten. Davon war in Lakonien und Messenien eine Gesamtbevölkerung von 250 000 Menschen betroffen. Diese eingeborenen Populationen wur-

Nach den Siegen der Griechen über die Perser wurde es in der griechischen Kunst und Bildhauerei zunehmend gang und gäbe die Göttin Nike („Sieg") darzustellen, meist in der Erscheinung einer Frau mit Flügeln, die sich auf der Seite der Begünstigten der Schlacht niederließ. Wenn sich ähnlich bewaffnete griechische Phalanxen von etwa gleicher Größe auf gleichem Terrain gegenüberstanden, so ergab sich eine Überlegenheit der einen Seite oft allein durch ihren größeren Elan; daher meinte man, dass der erforderliche Siegeswille von bestimmten Göttern der gläubigeren Armee verliehen wurde. Auf der Akropolis von Athen widmeten die Athener 410 diesen kleinen ionischen Tempel der Huldi-

gung der Siegesgöttin, in der vergeblichen Hoffnung, dass sie in Athens lang anhaltender Pattstellung gegen Sparta Glück bringen würde.

den nicht einfach versklavt, damit sie nach und nach verkauft oder von einzelnen spartanischen Bauern beansprucht werden konnten. Stattdessen ließen die Spartaner sie *en masse* auf dem Land ihrer Vorväter als Leibeigene arbeiten, die dem Staat und nicht Privatpersonen gehörten. Diese Einwohner zweiter oder dritter Klasse – der Begriff *heiliôtai* wurde möglicherweise abgeleitet aus der Bezeichnung „die Genommenen" – steuerten große Teile ihres landwirtschaftlichen Ertrages den gemeinschaftlichen Messen der spartanischen Krieger bei. Ihre Behandlung war oft härter als die von Sklaven anderswo in den griechischen Stadtstaaten, da ganze Gemeinschaften, nicht nur Einzelne, durch eine niedere Stellung gezeichnet waren und damit jede engere menschliche Beziehung zwischen Krieger und persönlichem Diener unmöglich wurde.

Die Heloten stellten eine wirkliche und anhaltende Bedrohung für die spartanische Kultur dar. Solche Leibeigenen lebten und arbeiteten zusammen; ihr linguistischer und ethnischer Zusammenhalt sorgte dafür, dass das Gespenst von Aufstand und Rebellion ständig umging, und erklärt in hohem Maße die militaristische Natur der spartanischen Gesellschaft selbst. Sparta entwickelte sich zu einer Elitekolonie von Kriegern, die keine Landwirtschaft betrieben, sondern sich als Staatspolizei ständig für den Krieg im In- und Ausland ausbildeten und jedes Jahr ihren

Frühe griechische Vasenmalerei des achten und siebenten Jahrhunderts zeigt Galeeren oder Bireme mit Doppelbänken, die insgesamt 50–70 Ruderer aufnehmen konnten. Diese frühen Vorgänger der klassischen Trireme (Schiffen mit drei Bänken) wurden ursprünglich von den Phöniziern entwickelt und waren bis zum späten sechsten Jahrhundert die üblichen Kriegsschiffe des Mittelmeeres. Sie markieren eine beständige Entwicklung zu schnelleren, längeren und beweglicheren Kriegsgaleeren, die allerdings auf hoher See und über längere Strecken anfälliger waren. Wir können annehmen, dass in Kriegszeiten und bei nationalen Notfällen ein großer Teil der Mannschaften aus Leibeigenen bestand.

eigenen Versklavten den Krieg erklärten. Kein Wunder, dass von allen Stadtstaaten allein Sparta eine Geheimpolizei (*krypteia*) für notwendig hielt.

Es ist also nicht schwer die wachsende Kluft zwischen der athenischen und der spartanischen Kriegsführung zu verstehen. Ihr beiderseitiges Abweichen von der Standardpraxis der Kriegführung der Hopliten verlieh beiden enorme militärische Vorteile gegenüber den rückständigen Hopliten der meisten der anderen 1000 Stadtstaaten mit ländlicher Basis – überlegene Kriegsstärke im Falle der Athener; unerreichte Professionalität der Fußtruppen und Ausbildung bei den Spartanern. Während Athen zunehmend zu einer „anti-hoplitischen" Macht wurde, entwickelte sich Sparta zurück zu einem „hyper-hoplitischen" Staat. Im fünften Jahrhundert wurden „athenisch" und „spartanisch" zu Synonymen nicht nur für unterschiedliche Arten zu kämpfen, sondern auch für einen Widerspruch im Herzen der griechischen Kultur selbst. „Wir vertrauen weniger auf System und Politik als auf den Heimatsinn unserer Bürger. Wo unsere Rivalen von der Wiege an durch schmerzhafte Disziplin nach Männlichkeit streben, leben wir in Athen genau, wie es uns gefällt." So prahlte Perikles in seiner berühmten Grabrede damit, dass die athenische Liberalität dem spartanischen Militärismus auf dem Schlachtfeld und abseits davon stets gewachsen sei.

Hatte der General aus Athen recht, wenn er von der angeborenen Schwäche der Spartaner sprach, oder unterstützte er nur den nationalistischen Chauvinismus seiner athenischen Zuhörer? Der Ruf der „dorischen Lanze" – der vor allem während des heldenhaften Einsatzes der Spartaner bei den Thermopylen (480) und durch ihre felsenfeste Entschlossenheit auf dem rechten Flügel bei Platää (479) entstand – jagte den meisten Gegnern Schrecken ein. Bei Pylos (425) zitterten die Athener zum Beispiel beim Gedanken daran, sich den Spartiaten zu stellen. Und in einer Ansprache des Redners Lysias wird ein Veteran aus Athen einfach so zitiert: „Es ist eine schreckliche Sache gegen die Spartaner zu kämpfen." Und so war es auch oft.

Der spartanische Militarismus hatte auch einen absichtlich geschaffenen grausiggeheimnisvollen Zug. Zum Beispiel marschierten Soldaten aus Sparta in auffälligen roten Umhängen – wahrscheinlich um Blut zu verbergen. Sie trugen ihre Haare lang und ölig und ihre Helmkronen gelegentlich (zumindest die Offiziere) quer wie Napoleon. Ihr Ansturm erfolgte bewusst langsam, in einem Schritt, der auf Flötenspiel abgestimmt war. So stellte Plutarch fest, dass sie „im Takt zur Pfeife marschierten, keine Verwirrung in ihren Herzen ließen, sondern ruhig und fröhlich in die Gefahr schritten". Die griechische Literatur ist voll von Geschichten über Männer, die beim bloßen Anblick der spartanischen Phalanx davonrannten, sobald sie ihre unheilvollen *lambdas* erblickten, die ihre Schilde schmückten. Lambda, der griechische Buchstabe L, stand für Lakedaimon, also für Sparta.

Dennoch waren die spartanischen Fußtruppen – wie später die deutsche Armee – trotz aller Ausbildung und allem Ansehen, mit denen man prahlte, nicht unbesiegbar. Sie erlitten zahlreiche Niederlagen – bei Hysiai (669), Tegeia (560), den Thermopylen (480), Pylos (425), Haliartos (395), Lechaion (390), Tegyra (357) und Leuktra (371) – durch eine Reihe griechischer und ausländischer Armeen. In all diesen Fällen war die spartanische Armee, nachdem sie das lakonische Tal verlassen hatte, zaghaft und ihrer Mission nicht sicher. Bei Mantineia (418) und Leuktra (371) ließen sich die Spartaner zum Beispiel nur zögerlich auf die offene Feldschlacht ein. Oft – zum Beispiel bei Marathon und während vieler Perioden im ersten Jahrzehnt des Peloponnesischen Krieges – blieben sie daheim und entschuldigten sich mit religiösen Verpflichtungen, Erdbeben, zögernden Verbündeten oder Problemen mit einheimischen Erhebungen.

Ganz anders die Athener. Mit dem Kapital und den Mannschaften, die ihnen zur Verfügung standen, „zwangen sie alles Meer und Land, die Straße unserer Kühnheit zu sein", wie es Perikles ausdrückt. Sie schickten routinemäßig – und oft rücksichtslos – ihre demokratisch organisierte Armeen durch ganz Griechenland und den Mittelmeerraum, unverzagt selbst dann, wenn ihre Hopliten oder Ruderer in Massen starben – Tausende kehrten von einem unbedachten Ägyptenfeldzug in den frühen 450-er Jahren nicht zurück. Sie taten das auf eine Art, von der Sparta nicht einmal träumte, stets versessen darauf, die Stadt wieder einmal zu leeren, in der Hoffnung auf Eroberung fremden Landes durch Siege zur See und auf dem Schlachtfeld. Im Jahr 459 führt eine öffentliche Verlustliste für einen einzigen Stamm in Athen Soldaten auf, die im Kampf in Zypern, Ägypten, Phönizien, Ägina, Megara und der Argolis fielen – das heißt, dass athenische Hopliten und Seeleute sich gleichzeitig 1300 Kilometer entfernt in Nordafrika, fast 1600 Kilometer weit in Kleinasien sowie auf dem griechischen Festland und in der Ägäis auf Feldzügen oder im Kampf befanden. Kurz, wenn bei den Spartanern die einschränkenden Taktiken der konservativen Hoplitenphalanx die Strategie diktierten, so war bei den

Athenern das Gegenteil der Fall: die strategischen Bestrebungen im Mittelmeerraum erforderten taktische Vielfalt und Experimente.

Verständlicherweise glaubte Thukydides, dass Syrakus, selbst ein riesiger demokratischer Stadtstaat mit zahlreichen Verbündeten und einer großen Kriegsflotte und in vielerlei Hinsicht Athen ähnlich, Athen viel Ärger bereiten könnte: Die Gefahr für eine rücksichtslose, große und reiche Demokratie war eine andere rücksichtslose, große und reiche Demokratie. In festgelegten Hoplitenkämpfen, besonders innerhalb der Peloponnes, waren die gut gedrillten Spartaner gewöhnlich unbesiegbar. Erweiterte sich aber der Schauplatz der Operationen, dann erwiesen sich die Soldaten Athens, geprägt von einer kosmopolitischen, freidenkerischen demokratischen Gesellschaft, als anpassungsfähiger und wagemutiger – genau die Eigenschaften, die man brauchte, um ein Reich sowohl zu gewinnen als auch zu verlieren.

So entwickelten sich Sparta und Athen auf jeweils typischen, aber getrennten Wegen und standen sich über den größten Teil des siebenten und sechsten Jahrhunderts weder offen feindlich noch besonders freundlich gegenüber. Unglücklicherweise brachte der Einfall der Perser nach Griechenland ihre Armeen zusammen – zu gemeinsamer Verteidigung Griechenlands. Dann aber wuchs eine bittere und unumgängliche Rivalität zwischen den beiden Staaten. Nicht mit der ruinösen Wirkung des Peloponnesischen Krieges war das Urteil über den alten Stadtstaat und seine rückständige Praxis hoplitischer Kriegführung gesprochen, sondern vielmehr mit seinem Erfolg gegen die Perser ein halbes Jahrhundert früher; ein Sieg, der allen Griechen zeigte, dass sie viel besser als alle anderen in der mediterranen Welt Erfolg erringen, kämpfen und erobern konnten – und dies fernab der militärischen und politischen Einschränkungen der alten agrarischen *polis*. Und nach dem dramatischen Sieg über Persien gab es keine zwei *poleis*, die mächtiger, angesehener und den anderen Stadtstaaten unähnlicher gewesen wären als Sparta und Athen, die sich nun allzu gut kannten – und fürchteten.

KAPITEL DREI

DIE GROSSEN KRIEGE (490–362)

DIESE FRÜHE MARMORBÜSTE, die auf der Akropolis von Sparta gefunden wurde, wird oft mit Leonidas assoziiert, dem heldenhaften spartanischen König, der sich 480 bei den Thermopylen mutig entschloss zusammen mit 299 Männern seiner königlichen Garde zu sterben. Die Skulptur stellt möglicherweise einen anderen frühen spartanischen Helden oder Gott dar, doch halten der strenge Ausdruck der Entschlossenheit, der zwar einfache, aber elegante Kopfschmuck und die muskulöse Statur hervorragend das spartanische Ideal fest.

DIE VERTEIDIGUNG GRIECHENLANDS

Auf einem Becher aus Athen, der vermutlich kurz nach der persischen Niederlage bei Marathon bemalt wurde, setzt ein griechischer Hoplit dem Leben seines persischen Gegners ein Ende. Stoff und Leder bedeckten persische Krieger von Kopf bis Fuß, boten aber wenig Schutz vor den Lanzen- und Schwertangriffen des griechischen Hopliten in Rüstung.

GEGENÜBER: *Im Sommer 480 überquert Xerxes den Hellespont über eine Pontonbrücke aus miteinander verbundenen Booten. Diese Tatsache wurde im Altertum als Symbol für die riesi-*

Zu Beginn des fünften Jahrhunderts unterstützten Athen und der Stadtstaat Eretria auf der großen Insel Euböa die griechischen Staaten an der Westküste Kleinasiens, die planten, gegen die persische Herrschaft zu rebellieren. Der so genannte Ionische Aufstand (499–494) war zunächst erstaunlich erfolgreich für ein Volk, das kein Reichsvolk war und sich kaum zu irgendeiner anderen Gruppenunternehmung vereinigte als zu den panhellenischen Festen und Spielen und das wenig logistische Erfahrungen bei der Beförderung von Hoplitenarmeen über weite Strecken hatte.

Die vereinigten griechischen Kräfte marschierten 498 landeinwärts und zündeten die westliche Hauptstadt der Perser, Sardes, an. Aber wie es so oft sowohl in der Antike als auch in neuerer Zeit bei griechischen Einfällen östlich nach Kleinasien hinein geschah, kam vom fernen griechischen Mutterland keine weitere Verstärkung, stellten sich logistische Probleme in Asien ein und so ging der Schwung verloren. Ionien war auf seine Weise ein reiches Land und erntete im Laufe der griechischen Geschichte selten mehr als Sympathie von den raueren Griechen im Westen, die oft gemäßigtes Klima und reiche Böden mit schlechten Fußtruppen und fehlendem Kampfgeist gleichsetzten. Binnen fünf Jahren nach Ausbruch der Revolte besiegte Dareios I., der persische König, die griechische Flotte bei Lade, nahm 494 die griechische Küstenstadt Milet ein und übte Rache an den Hauptbeteiligten.

Der Historiker Herodot behauptet zwar, dass Dareios und der persische Hof wenig über die griechischen Stadtstaaten auf der anderen Seite der Ägäis wussten, es ist aber anzunehmen, dass diese jahrzehntelang einen heiß erstrebten Preis darstellten. Die hellenische Einmischung in Angelegenheiten des Persischen Reiches gaben nun dem König eine klare Rechtfertigung für den Gegenschlag. Die vorherige Zerschlagung der griechischen Land- und Seestreitkräfte während des Ionischen Aufstandes ließ die Invasion auch militärisch durchführbar erscheinen.

So begann also Dareios 491 eine Flotte zu organisieren, welche die Ägäis überqueren sollte, und schickte Abgesandte zu den Inselstaaten um sie zur Unterwerfung aufzufordern. Auf dem östlichen Festland waren Eretria und Athen, führende Parteien der gescheiterten Rebellion in Ionien, logischerweise die ersten Ziele der Vergeltung auf dem Festland oder in dessen Nähe. Nachdem sie gefallen waren, schien es wahrscheinlich, dass die meisten griechischen Staaten auf dem nördlichen und westlichen Festland ohne großartige Feldzüge oder sogar ohne große militärische Schutztruppen so weit eingeschüchtert werden könnten, dass sie sich in irgendeiner Weise unterordnen würden und dass die gesamte griechische Halbinsel schließlich als westlichste Statthalterschaft des persischen Reiches fungieren würde.

Der persische Sturm auf Griechenland selbst begann günstig mit der Belagerung, Kapitulation und Zerstörung von Eretria. Auf der anderen Seite des Kanals an der Westküste Attikas war die kleine Bucht von Marathon der am nächsten liegende geeignete Landepunkt auf dem Festland. Es war relativ flaches Land, vorteilhaft für Reiterei und gutes Herbstweideland; es bot leichten Zugang zu Athen selbst und es war ein geeignetes Sammelbecken für antidemokratische Provokateure, die im

gen Ressourcen des Persischen Reiches und seine Fähigkeit, natürliche Hindernisse zu überwinden, angesehen. Diese wilde Horde begab sich danach über das nördliche Griechenland hinunter zu den Thermopylen – eine gemischte Streitmacht aus Persern, Phöniziern, Lydiern, Medern, Ägyptern und Dutzenden weiterer Kontingente des Persischen Reiches, denen sich ionische und Griechen vom Festland anschlossen.

Umland lebten. Die persische Armee, etwa 20 000 bis 30 000 Mann stark, landete dort unbehindert und machte sich vermutlich für einen Marsch über die Berge bereit um den Athenern die gleiche Behandlung angedeihen zu lassen wie den unglücklichen Eretriern.

Doch die Athener mit ihrer siebzehnjährigen demokratischen Kultur waren keine Eretrier. Beinahe umgehend befanden sie sich auf dem Marsch nach Norden, unter der Führung von Miltiades und Kallimachos, den hervorragendsten der gewählten Generäle, an der Spitze von fast 10 000 athenischen Hopliten, denen sich nur etwa 1000 Fußsoldaten aus dem winzigen Plataä anschlossen. Als sie in Marathon angekommen waren, folgten einige Tage Verzögerung, da die demokratische atheni-

Nach der Niederlage von Xerxes bei Salamis (September 180) eilte ein großer Teil der Armee heimwärts, in der paranoiden Furcht, die Griechen würden die Brücke zerstören und sie in Europa einschließen.

OBEN LINKS: *Die nächsten zwei Jahrhunderte lang demonstrierten die Griechen den gewaltigen Gegensatz zwischen hellenischer und persischer Bewaffnung, wie diese Szene vom Alexander-Sarkophag aus dem vierten Jahrhundert zeigt. Herodot glaubte, dass die waffenmäßige Unterlegenheit der Perser zu ihrer Niederlage beitrug.*

OBEN RECHTS: *Bogenschützen wurden in Griechenland gering geschätzt, in Persien jedoch nicht: Dort gehörten sie zu den besonders geachteten und nützlichsten Soldaten des Königs. Ihre Pfeile zeigten jedoch bei Marathon wenig Wirkung.*

RECHTS: *Selten hat in der Geschichte des Krieges eine solche riesige Macht bei der Unterwerfung eines unterlegenen Nachbarn versagt. Das Persische Reich hatte Mannschaftsreserven, die zwanzig- bis fünfzigmal größer waren als die Griechenlands, und kontrollierte ein Gebiet, das beinahe siebzigmal größer war.*

sche Führerschaft auf dem Schlachtfeld diskutierte, ob es klug wäre eine Streitmacht von dreifacher Größe anzugreifen, ohne dass sich Verstärkung durch andere griechische Stadtstaaten am Horizont zeigte.

Schließlich jedoch, da die Perser selbst Anzeichen eines unmittelbar bevorstehenden Angriffs erkennen ließen, überredete Miltiades seine Soldaten die Initiative zu ergreifen und die Athener griffen die Perser im Sturm an. Während ihr geschwächtes Zentrum unter dem Druck der Perser zusammenbrach, durchstießen die beiden griechischen Flügel die persischen Linien, rollten sich hinter dem Feind auf und zwangen sowohl die geschlagenen als auch die siegreichen persischen Truppen zurück zu ihren Schiffen, wobei sie 6400 von ihnen töteten. Nur 192 Athener und eine geringere Anzahl von Männern aus Platää ließen ihr Leben zusammen mit ih-

1 GRIECHISCHE STAATEN
Fläche ca. 103000qkm
Einwohner ca. 1000000

2 PERSISCHES REICH
Fläche ca. 7511000qkm
Einwohner ca. 20000000

Die griechischen Staaten und das Persische Reich, ca. 486 v.Chr.
- griechische Staaten
- Persisches Reich unter Dareios

ren Dienern – eine bemerkenswerte Relation von mehr als 30:1, was unterstreicht, welche Verheerung bewaffnete Lanzenträger in Kolonne und auf ebenem Grund anrichten können. Solche einseitig starken Verluste sollten charakteristisch für alle künftigen Zusammenstöße zwischen Ost und West der nächsten beiden Jahrhunderte sein, von den Kämpfen der Söldnertruppe der Zehntausend bis hin zu denen der Phalangiten Alexanders des Großen und sprechen für die Überlegenheit der Griechen beim plötzlichen Angriff durch hoch disziplinierte Männer in Rüstung und geschlossener Formation.

Zur Krönung der Schlächterei dieses Tages zogen die erschöpften athenischen Hopliten sodann acht Stunden lang *en masse* über den Pass um ihre ungeschützte Stadt vor der sich zurückziehenden persischen Flotte zu schützen, zeigten bemer-

Das griechische Terrain war vorteilhaft für die Verteidiger. Pässe im nördlichen Thessalien und bei den Thermopylen konnten ebenso wie enge Zugänge nach Böotien entlang der attischen Küste mit Garnison belegt oder von Hopliten versperrt werden. Die Meeresküste vom Golf von Pagasai bis nach Salamis war unregelmäßig und voller Meeresarme und Inselkanäle, die eine Hafenverteidigung begünstigten. Und die Berge des westlichen Griechenland machten diese Region nahezu unpassierbar.

kenswerte Ausdauer und Selbstvertrauen und beschäftigten damit für immer die kollektive Fantasie des Westens. Die persische Flotte setzte sich nach Osten ab, als die siegreichen Hopliten unerwartet nach Athen zurückkehrten. Die erste große Hoplitenschlacht gegen Fremde war ein uneingeschränkter Erfolg.

Für die nächsten zwei Jahrhunderte sollte keine griechische Phalanx mehr durch persische Truppen vom Schlachtfeld geschoben werden; kein Kommandeur des Ostens würde jemals wieder angreifenden griechischen Fußtruppen Zerstörungswahn, noch viel weniger „Dummheit" zuschreiben – und keine griechische *polis* würde jemals die Kriegsfähigkeit einer demokratischen Regierung anzweifeln. Militärhistoriker haben die kleinen hoplitischen Kämpfe der archaischen Griechen manchmal als „primitiv" bezeichnet im Vergleich zu nahöstlichen Traditionen riesiger Armeen aus Bogenschützen, Reitern, Streitwagen und Fußsoldaten. Doch das Ergebnis von Marathon bewies, dass die Einführung einer wahren schweren Fußvolkmiliz und der plötzliche Angriff ganz und gar nicht überholt, sondern wahrhaft brillant und revolutionär waren.

Der Sieg von Marathon wurde schnell zum Symbol der Dynamik westlicher Kriegführung – und zum Zeugnis der besonderen Propaganda, Werbung und Täu-

GEGENÜBER: *In dieser Darstellung der Stadt Platää aus dem achtzehnten Jahrhundert nimmt der kleine Weiher die majestätischen Proportionen einer großen Zitadelle an. Tatsächlich*

86

schung, die nur eine freie und höchst individualistische Gesellschaft hervorbringen kann. Aischylos' Bruder starb heldenhaft am Strand, als er die sich zurückziehenden Perser umklammerte, sein Bruder, der Bühnendichter, nicht weit hinter ihm. Aristides, Miltiades und Themistokles, das Pantheon früher demokratischer Staatsmänner Athens, verdienten sich alle ihr späteres politisches Kapital in dieser Schlacht. Das Grab der 192 gefallenen Athener, die Grabstätte der Männer aus Platää, die athenische Siegestrophäe und das Denkmal für die athenischen Helden der Schlacht wurden umgehend zu Touristenattraktionen. Innerhalb von dreißig Jahren wurde ein grandioses Panorama der Schlacht auf die Mauern der Königlichen Stoa in der athenischen Agora gemalt. Ein halbes Jahrhundert später konnte Herodot immer noch einen unerschöpflichen Vorrat an Geschichten finden: Die Athener waren in ihrer Rüstung eine Meile gerannt um auf die Perser zu treffen; sie waren die ersten Griechen, die dem Anblick der Meder standhielten; Pheidippides war die gesamte Strecke nach Sparta gerannt um Hilfe zu holen und war auf dem Wege Pan begegnet; ein riesiges Hoplitengespenst erschien während der Schlacht, blendete den Athener Epizelos und tötete den Mann an seiner Seite. Und fast achtzig Jahre nach der Schlacht sang der Chor der *Wespen* des Aristophanes, die älteren „Mara-

hatte die befestigte Stadt in der böotischen Ebene zwischen dem Fluss Asopos und dem Berg Kithairon nahe der attischen Grenze vielleicht eine Bevölkerung von nur einigen Tausend. Doch die Anwesenheit der heldenhaften Platäer bei Marathon, während der großen Schlacht von 479, die nahe der Stadt ausgetragen wurde und die Perserkriege beendete, sowie der berühmte thebanische Überfall im Jahre 431 und die darauffolgende Belagerung, die bis zur Kapitulation der Stadt 427 dauerte –

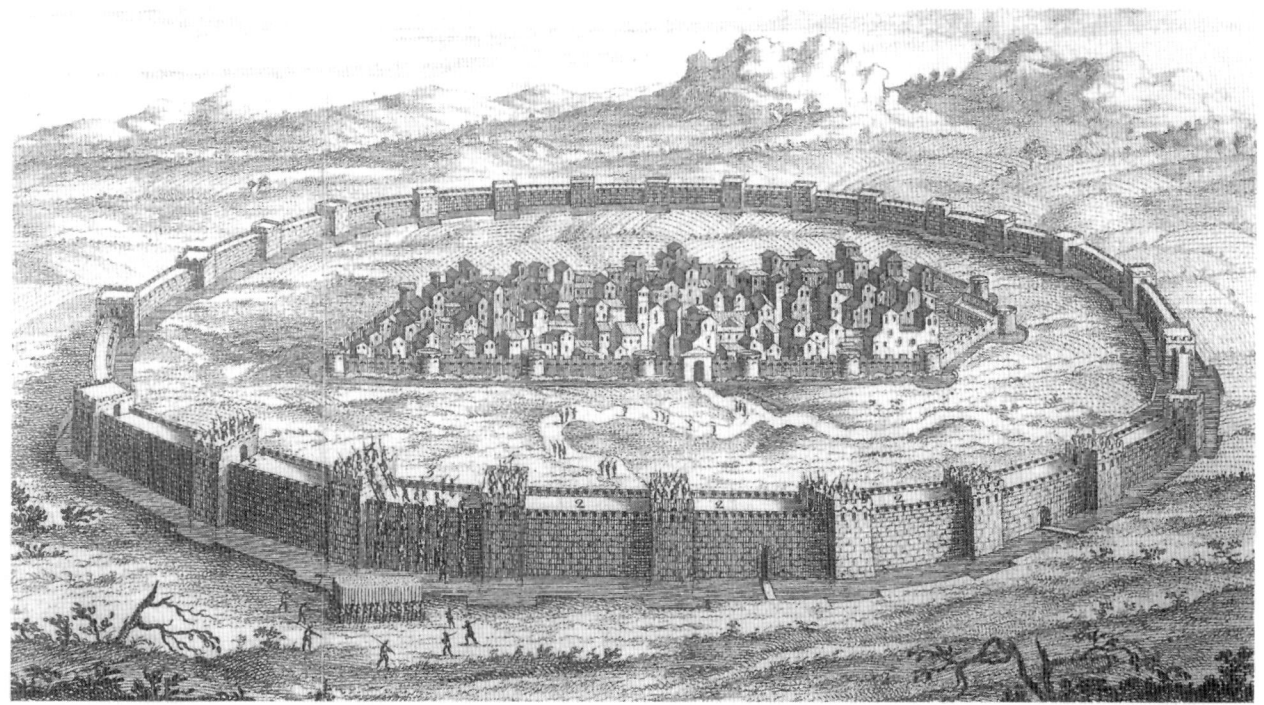

thonmänner", davon, wie sie durch den Regen der Pfeile geeilt waren um die Perser zu erreichen und sie bis zum Abend zurückdrängten. Selbst mehrere Jahrhunderte später vermerkte der Topograf Pausanias, dass ein Besucher Marathons noch immer das Wiehern persischer Pferde hören und den Abdruck des Zeltes des persischen Generals Artaphernes sehen könne.

Wir Heutigen sind nicht besser. Zweieinhalb Jahrtausende später erinnert der 42 km lange „Marathon" an die Schlacht von Marathon, wo die Athener die Perser schlugen und von wo aus sie rasch nach Athen zurückkehrten um die Stadt vor einem persischen Angriff von See aus zu bewahren. Der Helm des Miltiades steht

ergreifend festgehalten von Thukydides – waren dazu angetan Platää weit mehr berühmt zu machen, als seine Bevölkerung oder sein ländliches Territorium vermuten ließen.

Marathon Phase I

2 Miltiades, der athenische Kommandeur, der den Plan der Perser erriet, drängte auf einen sofortigen Angriff. Die athenischen Kräfte rücken vor und beziehen auf der Ebene Stellung.

DIE GROSSEN KRIEGE

1. Die Perser schickten eine Streitmacht zur See aus um Athen anzugreifen und überließen es Datis die athenischen Kräfte auf der Ebene bei Marathon zu binden.

DER KRIEG IN DER GRIECHISCHEN ANTIKE

MARATHON PHASE II

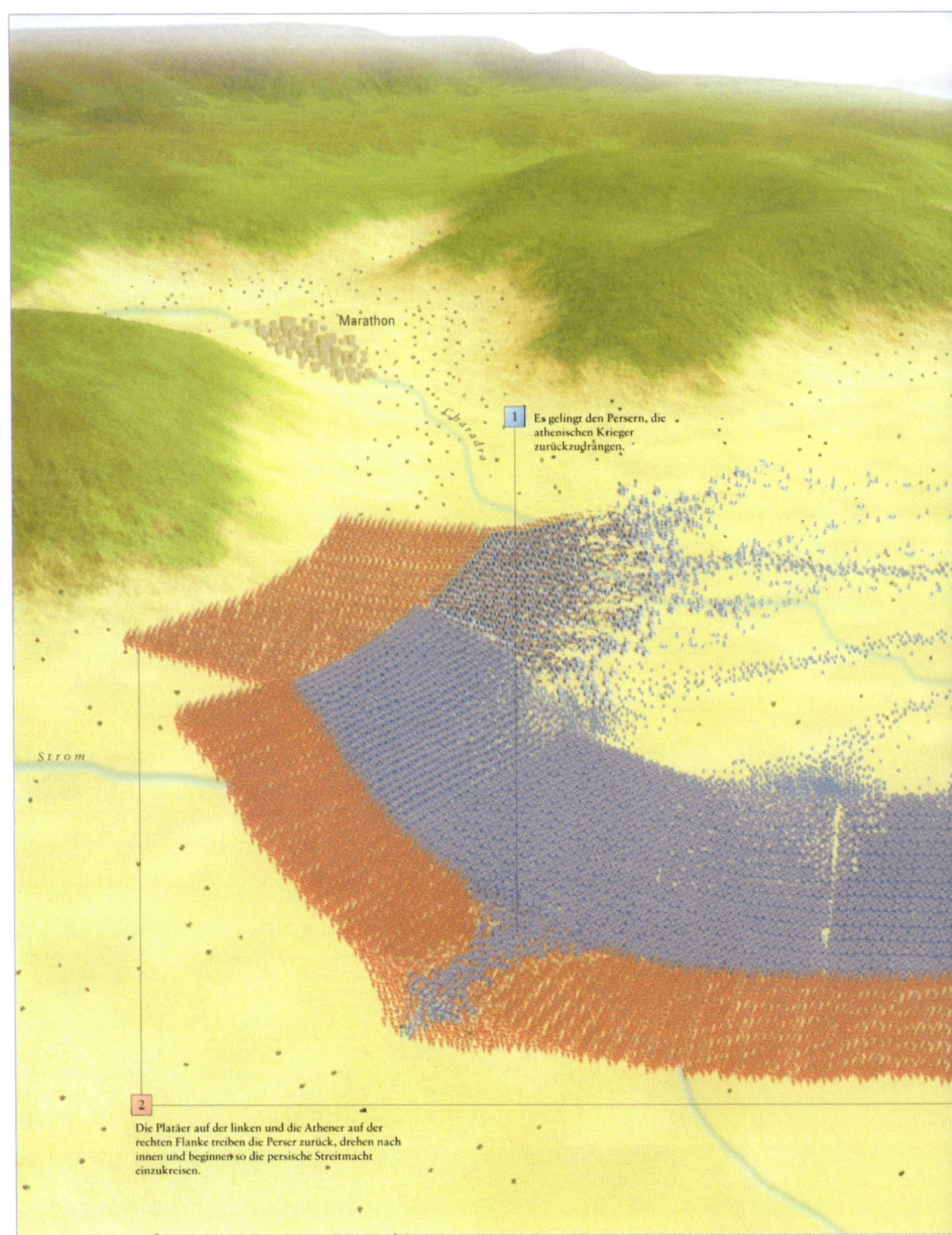

DIE GROSSEN KRIEGE

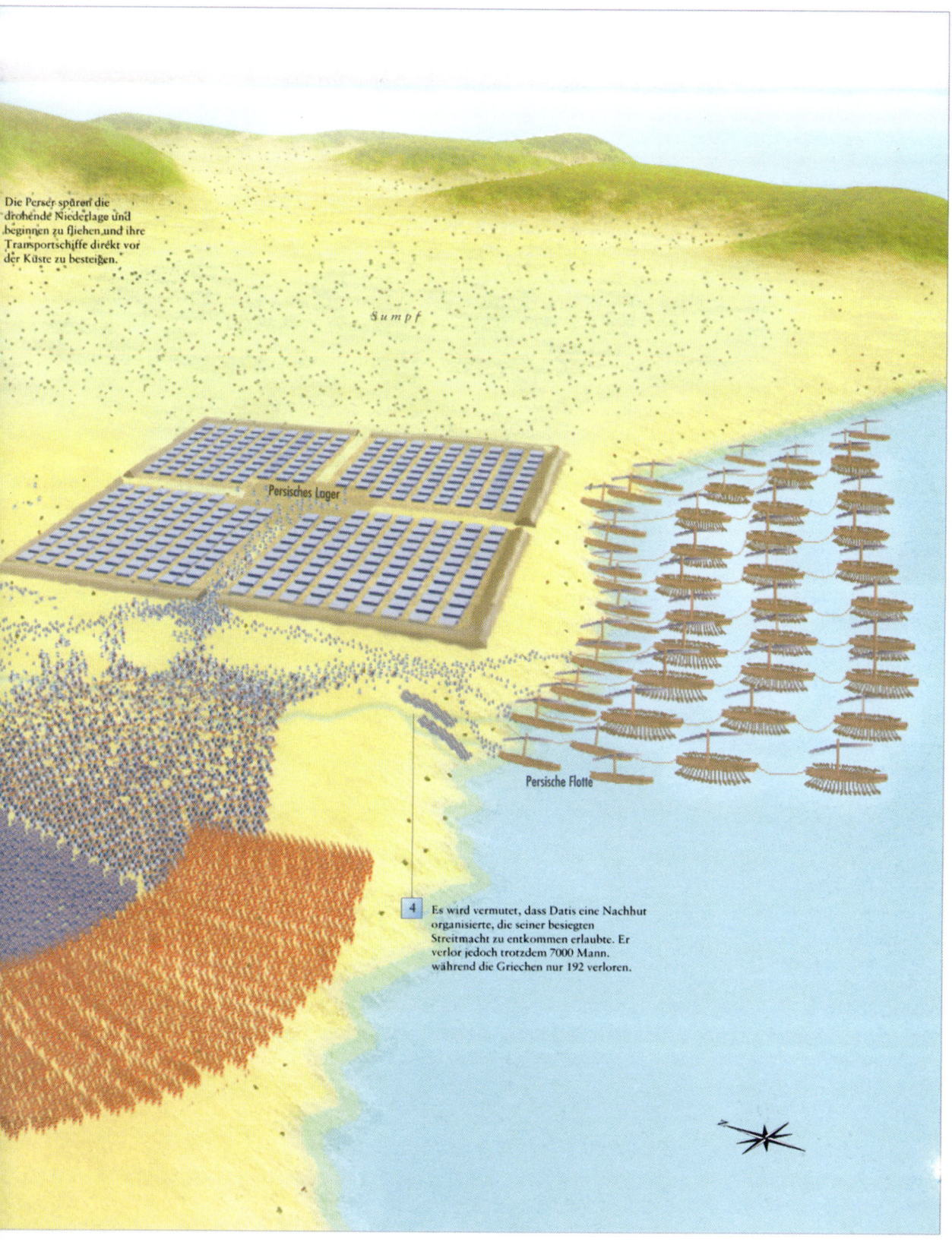

Die Perser spüren die drohende Niederlage und beginnen zu fliehen, und ihre Transportschiffe direkt vor der Küste zu besteigen.

Sumpf

Persisches Lager

Persische Flotte

4 Es wird vermutet, dass Datis eine Nachhut organisierte, die seiner besiegten Streitmacht zu entkommen erlaubte. Er verlor jedoch trotzdem 7000 Mann, während die Griechen nur 192 verloren.

91

Mit dem griechischen Sturm durch die persischen leicht bewaffneten Truppen bei Marathon (490) begann die hellenische Tradition der Überlegenheit der Infanterie über die Perser. Die Ordnung aufrechtzuerhalten, die Schilde oben zu halten, darauf zu achten, dass die Lanzen gerade standen – und vorzurücken, das war der Schlüssel zum Erfolg der Griechen. Persische Reiter wurden dann durchbohrt, wenn sie versuchten die Phalanx zu durchbrechen. Bogenschützen hatten nur sehr wenige Minuten, bevor die sich heranwälzenden Kolonnen sie überrollten – und ihre Pfeile konnten die hölzernen Schilde oder bronzene Rüstung der Hopliten nicht durchdringen. Auch Fußsoldaten im übrigen Mittelmeerraum hatten keine Chance gegen eine griechische Phalanx. Angreifer prallten von den griechischen Schilden und Brustpanzern einfach ab und wurden daraufhin von Lanzen durchbohrt oder einfach unter der vorrückenden Masse von Männern in Rüstung zermalmt. In dieser Darstellung der Ereignisse bei Marathon von Herman Vogel werden persische Reiter von griechischen Lanzen entweder aufgespießt oder zurückgeworfen. Obwohl wir annehmen können, dass persische Reiter in der Schlacht führend waren, erwähnt tatsächlich keine zuverlässige antike Quelle einen berittenen Angriff.

in einem Glaskasten im Museum zu Olympia. Jeden Tag kann man in Marathon Touristen mit Karten um das moderne Museum und den Strand entlang schlendern sehen. Die Dynamik entwickelten die Athener nicht allein auf dem Schlachtfeld, sondern auch beim fantasievollen Aufbau und den Feierlichkeiten der Nachkriegszeit – ein Monopol, das westliche Widersacher immer noch ärgert.

Der Sieg bei Marathon verhinderte aber nur die erste persische Invasion Griechenlands unter Dareios im Frühstadium – eine Strafexpedition, wie sich herausstellte. Es agierte keine bemerkenswert große Besatzungsarmee, wie sie ein Jahrzehnt später kommen sollte. Die Zahl der feindlichen Kämpfer war mit weniger als 30 000 nicht übermäßig beeindruckend. Die besiegte persische Armee zog sich zu ihren Schiffen zurück und wurde nicht vernichtet, wie später bei Plataä (479). Es gab noch nicht einmal eine panhellenische Übereinkunft darüber, die feindliche Armee bei Marathon aufzulösen. Spartas erstklassige, jedoch abergläubische Hopliten blieben bequem zu Hause, angeblich um auf den Vollmond zu warten, bevor sie sicher ausrücken konnten. Sie kamen erst nach dem Kampf an und unternahmen eine Besichtigungstour über das Schlachtfeld um sich die Lanzenarbeit der Athener anzusehen. Zum Glück für die Athener machten das Unvermögen der Perser ihre Reiterei klug einzusetzen sowie die natürlichen Vorteile, die Verteidigungstruppen gegenüber vom Meer kommende Invasoren haben, und das Durcheinander in der persischen Strategie die Abwesenheit griechischer Verbündeter wett.

Griechen hatten zwar schon früher in Ionien gegen Perser gekämpft. Jedoch waren die beiden Armeen nie in einer einzigen offenen Feldschlacht aufeinander geprallt. So war diese Schlacht eine Gelegenheit, bei der zwei völlig gegensätzliche mi-

DIE GROSSEN KRIEGE

litärische und politische Traditionen einander begegneten: Reiterei, Bogenschützen und leicht bewaffnete Soldaten gegen schweres Fußvolk; gezwungene Untertanen gegen freie Miliz; reiche fürstliche Eindringlinge gegen Verteidiger von Hof und Familie zu Fuß. Und im Unterschied zu früheren entscheidenden griechischen Schlachten wie denen von Hysiai (669) oder Sepeia (494) haben wir von Marathon eine relativ vollständige Darstellung – tatsächlich ist Herodots farbenfrohe Erzählung in der europäischen Geschichte die erste in Prosa gefasste historische Chronik eines großen offenen Feldgefechts. Aber wichtiger noch: Marathon war im Gegensatz zu den Kämpfen des nachfolgenden Krieges mit Xerxes eine rein athenische Angelegenheit und daher stand es ganz im Mittelpunkt der athenischen Literatur, künstlerischen und philosophischen Kreativität des fünften Jahrhunderts. Es wurde bald zum Heiligtum als letzten Höhepunkt vor dem Aufkommen des athenischen Seeimperialismus, als kühne Bauern aus Athen sich allein gegen die Welt stellten. Für spätere reaktionäre Politiker und elitäre Denker galt Marathon als der letzte gute Krieg der letzten guten Generation der Stadt, bevor der verderbliche Einfluss von Seeleuten, Ausländern und radikalen Demokraten übergriff und den Staat ruinierte.

Alle Griechen verstanden den Krieg mit Persien je-

OBEN: *Über den heldenhaften Lauf von Marathon nach Athen waren verschiedene Erzählungen im Umlauf. Die Athener erhielten die Nachricht vom Sieg über die persischen Truppen dank des heroischen 42-km-Laufes, den ein erschöpfter Eukles, hier im Todeskampf dargestellt, vom Schlachtfeld aus zurücklegte. Letzterer wird in späteren Berichten gelegentlich mit Pheidippides verwechselt, der schon früher die 240 km lange Strecke von Athen nach Sparta in weniger als zwei Tagen im Laufschritt überwand, um vor der persischen Landung bei Marathon zu warnen.*

Die Schlachten in den engen Seestraßen von Artemision und Salamis waren verworrene Angelegenheiten, da hunderte griechischer Triremen – schwerer und größer als die persischen Schiffe – versuchten durch die zahlreichere persische Flotte zu brechen. In den letzten Jahrhunderten haben Künstler die griechische Flotte bei Salamis in Form stilisierter römischer Galeeren oder eleganter Galeonen dargestellt – selten als schlanke Schiffe mit 200 Ruderbänken und riesigen mit Bronze überzogenen Rammspornen aus Eiche.

doch schnell als ideologischen Kampf zwischen einer tyrannischen, hochmütigen östlichen Macht, die Leibeigene in ihre Massenarmeen zwang, und freien Bürgern in der Minderheit, die frei aus eigenem Antrieb dafür stimmen konnten zu kämpfen und ihre Freiheit zu bewahren. Die Ersteren bevorzugten den Kampf auf Entfernung, die Letzteren wählten die Rauferei von Angesicht zu Angesicht. Was man auch immer von der Genauigkeit der griechischen Propaganda und einer derartigen vereinfachenden Gegenüberstellung halten mag, die anderen Betrachtungen der Griechen über Technologie und Elan der jeweiligen Soldaten stimmten: Der Krieg stellte eine große Anzahl leicht bewaffneter Bogenschützen, Soldaten mit Geschossen, schlecht geschützter Fußsoldaten und Plänkler Hopliten mit Bronzerüstung gegenüber, die es vorzogen, in der Überraschungsschlacht zu kämpfen. Wann immer die Perser den Fehler von Marathon wiederholten und den Vorteil

ihrer zahlenmäßigen Überlegenheit durch die Wahl kleiner Ebenen und Häfen als Schlachtfeld zunichte machten, erwies sich der griechische Vorsprung in Disziplin, Moral und Technik bei jeder Gelegenheit als entscheidend.

Dareius starb 486 und die Aufgabe, das Niederbrennen von Sardes und die Schande von Marathon zu rächen, fiel seinem Sohn Xerxes zu. Dieser beabsichtigte keinen weiteren Rachefeldzug, sondern fasste nun eine Masseninvasion ins Auge, und zwar eine, die größer war als jede andere, die der östliche Mittelmeerraum je

DIE GROSSEN KRIEGE

erlebt hatte. Nach vier Jahren der Vorbereitung war Xerxes 480 dazu bereit. Er überschritt den Hellespont und stieg durch das nördliche Griechenland herab, wobei er alle Stadtstaaten in seinem Kielwasser aufsog, unglückliche Gemeinden, die kaum eine andere Wahl hatten als sich zu ergeben oder zerstört zu werden. Antike Berichte darüber, dass die persische Armee mehr als eine Million Mann zählte, haben keine Glaubwürdigkeit, wir können aber annehmen, dass selbst der Einsatz einer Streitmacht von nur einer viertel oder halben Million Fußsoldaten und Seeleuten die größte Invasion darstellte, die Europa bis zur Armada der Alliierten am D-Day erlebte. Wir müssen auch nicht mit antiken Berichten darin übereinstimmen, dass die persische Reiterei mehr als 80 000 Pferde zählte. Sie mag aber gut halb so groß gewesen sein, immer noch fünfmal größer als die berittenen Kräfte, die Alexander mehr als anderthalb Jahrhunderte später zur Eroberung Asiens einsetzte.

Diese moderne Bronzestatue des spartanischen Königs und Generals Leonidas, die 1955 im Auftrag von König Paul von Griechenland errichtet wurde, steht unweit der Stelle, an der König Leonidas und seine 299 Gefolgsleute bei den Thermopylen bis auf den letzten Mann von den Persern niedergemetzelt wurden. Leonidas schwor den Pass zu halten oder zu sterben und hielt den persischen Vormarsch lange genug auf um seiner Koalitionsarmee von 7000 Soldaten die Chance zu geben sich in Sicherheit zurückzuziehen und die anderen Griechen zu warnen. König Xerxes rächte sich für den starren Widerstand der Spartaner und die ungewöhnlich hohen Verluste unter seinen eigenen Männern, indem er Leonidas' Körper schändete und seinen Kopf auf einen Pfahl spießte. Den letzten Widerstand der Spartaner verewigte der Dichter Simonides in einem Epitaph für die Gefallenen, das auch als Inschrift auf dem weißen Marmorsockel des modernen Denkmals steht: „Wanderer, meld' es daheim Lakedaimons Bürgern: Erschlagen liegen wir hier, noch im Tod dem Gebote getreu." (nach Geibel)

Auf dieser seltenen schwarzfigurigen Vase aus dem sechsten Jahrhundert sind zwei frühe griechische offene Langboote, oft als aphrakte oder „ungedeckte" Ruderschiffe bezeichnet, abgebildet – mit einem leichten Schiffskörper, einem symbolischen Ruder auf einem einzigen Deck, kleinen Rammspornen und großen Segeln. Um den Rammsporn jedoch mit einiger Kraft einsetzen zu können, wurden zahlreiche Ruderer gebraucht, dazu erhöhte Decks und längere, schwerere Schiffskörper – daher kam die Trireme auf. Im fünften Jahrhundert hatte das schlanke Schiff mit drei Ruderbänken und einer Besatzung von 200 Ruderern, Matrosen und Bogenschützen die Langboote in fast allen kleinen griechischen Kriegsflotten ersetzt. Man hatte erkannt, dass es wichtig war eine Anzahl kleiner, mobilerer Schiffe zu haben und so wurden solche offenen Langboote bald wieder die Hauptstütze bei einer Reihe von Inselflotten.

Für die Perser bestand das wahre Kunststück darin eine solche Horde zu sammeln und sie unbeschadet nach Griechenland hineinzubringen. Im Vergleich zu diesem logistischen Alptraum – die persische Armee war möglicherweise dreimal größer als Shermans gesamte Unionsstreitmacht, die auf ihrem Marsch zum Meer eine Spur der Verwüstung über 90 km durch Georgia zog – wurde die Zerstörung der griechischen Militärkräfte als relativ einfach angesehen.

Nach hitzigen Diskussionen und mehreren abgebrochenen Versuchen – die Kriegslust der jeweiligen Stadtstaaten hing oft von ihrer Nähe zu Xerxes' Invasionsroute ab – einigten sich die Griechen darauf den Ansturm am Engpass von Thermopylen aufzuhalten, dem letzten Pass in Griechenland über dem Isthmus von Korinth, wo das Gelände eine erfolgversprechende Verteidigungsmöglichkeit für zahlenmäßig unterlegene Streitkräfte bot. An der Engstelle gab es einen Durchgang von weniger als 15 m zwischen den Klippen und dem Meer. Dementsprechend entsandten die Stadtstaaten im August 480 die griechische Flotte unter athenischer Führung die nahe gelegene Küste hinauf nach Artemision. König Leonidas von Sparta folgte zu Lande mit einer alliierten Scheinstreitmacht von weniger als 7000 Hopliten. Falls die persische Flotte aufgehalten und die massive Armee eingeschlossen werden konnte, würden alle südlich gelegenen Stadtstaaten noch nach Norden ziehen, um sich Leonidas anzuschließen und den Vormarsch ohne großen Schaden am reichen Binnenland des mittleren und südlichen Griechenlands vereiteln.

Zunächst waren die Ereignisse den Griechen hold – obwohl die Flotte zahlenmäßig im Verhältnis 1:4 unterlegen war und die Armee 1:50 und mehr. Leonidas vereitelte alle Vorstöße der Perser auf den Pass im Ansatz, während ein tobender Sturm 200 persische Schiffe vor der Küste zwischen dem Festland und der Insel Euböa zerstörte. Am zweiten Tag der Besetzung der Thermopylen durch die Griechen wurde Xerxes' Furcht einflößendes Korps der Unsterblichen in den Trichter hinabgeschickt, und im Kampf gegen Leonidas erging es ihm nicht besser. Inzwischen halfen zusätzliche griechische Schiffe der verbündeten Flotte vor der Küste noch mehr von Xerxes' kilikianischem Kontingent zu versenken. Die Griechen fügten den Persern furchtbare Verluste zu, hatten selbst wenige und gewannen wertvolle Zeit und emotionales Kapital für die schwankenden Stadtstaaten in ihrem Rücken. Doch selbst nach horrenden Verlusten zählte die persische Flotte noch immer weit mehr als 600 Schiffe und die Landarmee war der von Leonidas um Tausende überlegen.

Am Tag drei, einem außergewöhnlichen Moment in der Geschichte der griechischen Kriegführung, wurde der Anopaia-Weg im Rücken von Leonidas an die Perser verraten und diese bereiteten nun einen Angriff auf den Pass sowohl von vorn als auch von hinten vor – die Gallier (279) und Römer (191) sollten später dieselbe „geheime" Route nehmen um griechische Verteidiger zu überwältigen. Um seine Armee zu retten und für die Gemeinden im Süden etwas Zeit zu gewinnen schickte Leonidas alle fort bis auf seine 299 Spartiaten und ein kleines, tapferes und dem Untergang geweihtes Kontingent aus der böotischen Stadt Thespiai. Möglicherweise meldeten sich auch einige Thebaner freiwillig zum Zurückbleiben – oder wurden gezwungen. Die Griechen verteilten sich ohne Rücksicht auf Verluste um die Perser an der breitesten Linie zu treffen und kämpften, bis ihre Waffen zu Schanden gingen, ihr König getötet und die 299 Spartiaten samt ihren Freunden unter einem Pfeilregen bis zum letzten Mann gefallen waren. Aus Herodots Bericht und seinen Anekdoten in Bezug auf Tapferkeit im Angesicht des sicheren Todes geht hervor, dass die Spartiaten an ihrem letzten Tag anscheinend nicht mehr allein auf den zum Scheitern verurteilten Kampf um Thermopylen erpicht waren, sondern auf den größeren Kampf um die Herzen und Hirne ihrer zaghaftenen Verwandten im Süden. Jedenfalls waren sie weder in der Lage die Perser aufzuhalten, noch weiteren Widerstand zu Lande zu organisieren.

Zur selben Zeit zog sich die griechische Flotte unter Druck ebenfalls aus den Meerengen von Euböa zurück. Der Weg nach Griechenland stand schließlich weit offen, doch die Märtyrer von den Thermopylen hatten gezeigt, dass Mut und Disziplin der Griechen die Oberhand gewinnen, wenn die zahlenmäßige Überlegenheit der Perser irgendwie ausgeglichen werden konnte, entweder durch kluge Führung oder durch persische Torheit. In der Vorstellung der Griechen war der spartanische König – der geschändet und enthauptet wurde – nicht geschlagen, sondern verraten worden.

Fast alle Ebenen Böotiens standen nun offen und seine Städte hatten kaum eine

andere Wahl als sich den Persern anzuschließen – eine Schande für Theben, die dem militärischen Ruf konservativer Agrarstaaten nicht zuträglich war und bis zum heldenhaften Widerstand Thebens gegen Philipp bei Chaironeia anderthalb Jahrhunderte später nicht gelöscht wurde. Die siegreiche persische Armee schwenkte nach Süden und rückte in etwas mehr als einer Woche in ein evakuiertes und fast verlassenes Attika ein. In einer historischen Entscheidung mit ebenso lang anhaltenden Auswirkungen für die nächsten 150 Jahre verließen die Athener – da es um ihre Hauptstadt keine verlässlichen Befestigungen gab – ihre Stadt und setzten ihr Vertrauen einzig auf Themistokles und die Kriegsflotte. Noch Jahrzehnte später erinnerten sie ihre griechischen Landsleute chauvinistisch daran, dass sie zur Verteidigung hellenischer Freiheit ihre angestammten Heimstätten den Brandschatzern überlassen hatten.

In Wirklichkeit hatten sie kaum eine Wahl. Durch ein solches Verlassen des Landes und das Vertrauen auf die Flotte war Athen nun tatsächlich zu einem radikalen demokratischen Imperialismus gelangt, der es vor den Folgen hoplitischen Kampfes bewahren und seine Triremen und Steuern eintreibenden Bürokraten für das nächste halbe Jahrhundert zur Plage der Ägäis werden lassen sollte. Im Unterschied zu den armen Thebanern hatten die Athener wenigstens eine Kriegsflotte und eine leicht erreichbare Zuflucht.

Versuchskontingente der verbündeten griechischen Flotte wurden in der Nähe bei Salamis versammelt mit der Überlegung nach Süden zum Isthmus von Korinth zu fahren und die anscheinend verlorene Sache der Rückeroberung Athens aufzugeben.

Im vierten Jahrhundert veränderte sich in Griechenland die Haltung gegenüber den Reitern zusehends. Die früher verachteten Kavalleristen wurden sowohl aus militärischer als auch aus ökonomischer und kultureller Sicht zunehmend Objekte der Bewunderung. Die Notwendigkeit zur Unterstützung der Infanterie außerhalb der flachen Ebenen über eine ausgebildete Kavallerie zu verfügen, die Untergrabung der Vorrangstellung der Hopliten in der Kultur der polis, der wachsende makedonische Einfluss und die Wiederkehr aristokratischer und monarchischer Regierungen sorgten gemeinsam dafür, dass der Reiter, nicht der Hoplit, im Mittelpunkt der Kunst des vierten Jahrhunderts und der hellenischen Kunst stand. Reittiere wie das auf dieser Marmorstele aus dem vierten Jahrhundert abgebildete, konnten einen Wert von mehr als drei kompletten hoplitischen Ausrüstungen haben.

Doch wurden die griechischen Admiräle von Themistokles zum Bleiben überredet – andernfalls, so drohte er, würde er die Athener anderswo ihre Stadt neu gründen lassen und die Koalition völlig verlassen. In der letzten Stunde der Verzweiflung verließen attische Bauern ihr Land und paddelten herüber um Triremen mit zu bemannen. Die Ära hoplitischer Oberherrschaft und des agrarischen Chauvinismus in Athen – anscheinend noch einmal bestärkt durch den heldenhaften Lauf zu Marathon ein Jahrzehnt vorher – ging nun im Angesicht eines völlig neuen und totalen Krieges zu Ende. Die Verteidigung Griechenlands war zumeist Sache der Armen, welche die Mehrheit der Ruderer bildeten und nun allein die Stadt zurückgewinnen konnten.

Aber zum ersten Mal seit fast zwei Jahrzehnten sollten die Perser auf die volle Kraft eines vereinigten Griechenland sowohl zu Lande als auch zur See treffen, die von Sparta und Athen angeführt wurde, mit Tausenden von erstklassigen Hopliten und mutigen Seeleuten, die den Männern, die den Thermopylenpass versperrt hatten, in nichts nachstanden. Unter der ungewöhnlich scharfsinnigen Führung des Themistokles wurden die Griechen überzeugt, als vereinigte Flotte in den engen Kanälen vor Salamis zu kämpfen, statt sich zurückzuziehen, um die Peloponnes am Isthmus zu retten. Im Sund zwischen Attika und der Insel Salamis konnten die Perser ihre überwältigende zahlenmäßige Überlegenheit nicht in vollem Umfang nutzen – vielleicht 1200 Schiffe wurden gegen die 368 der Griechen aufgeboten – und es bestand weniger die Möglichkeit, dass die griechische Allianz splittern und den Zusammenhalt verlieren würde, falls der Kampf hinausgeschoben werden sollte.

Außerdem waren die griechischen Schiffe wahrscheinlich weniger elegant, hatten höhere Decks und waren robuster gebaut. In engen Gewässern, wo das Manövrieren schwierig war, konnten sie die persische Armada einschließen, ins Ziel nehmen und die eingezwängte Armada unterschiedlicher Nationalitäten rammen, während Hopliten Überlebende durchbohrten, die ans Ufer gespült wurden. Als es den Athenern einmal gelungen war die gesamte feindliche Flotte in den Sund zwischen Salamis und dem Festland hinaufzuziehen – Einfahrt und Ausfahrt waren eng und voller griechischer Schiffe – saßen die Perser ohne viel Bewegungsfreiheit in der Falle. Die Schlacht begann Ende September 480 und erbrachte einen überlegenen Sieg der Griechen, in dem die Athener und Ägineten die herausragendste Rolle spielten. Wiederholtes Rammen sowie Verwirrung und Panik unter den Besatzungen der persischen Schiffe, und der Mut der Verzweiflung der von der Invasion Betroffenen – die Athener hatten jetzt ihre Heimstätten an die Brandschatzer verloren – führten dazu, dass 200 persische Schiffe versenkt wurden und tausende Seeleute ertranken. Weniger als vierzig griechische Triremen gingen verloren. Xerxes sah wieder von seinem Thron auf den Höhen zu; Themistokles kämpfte, wie vor ihm Leonidas, zusammen mit seinen Männern.

Außer Themistokles hatten wenige Griechen geglaubt, dass Schiffe allein die griechischen Stadtstaaten retten könnten. Kriegsflotten waren teuer und hatten vor dem fünften Jahrhundert keine strategische Bedeutung. Die meisten früheren Kämpfe auf See waren eher privater Natur gewesen: Piraten brachten Handelsschiffe auf, stahlen ihre Ladung und versklavten die Besatzungen. Polykrates von Samos, der griechische Tyrann des sechsten Jahrhunderts, vollbrachte etwas Einzigartiges, indem er eine Thalassokratie schuf – eine Reichsherrschaft, die sich auf eine Armada gründete. Doch solche Streitkräfte waren vermutlich klein und die Schiffe primitiv. Der Krieg blieb im Großen und Ganzen eine Angelegenheit des Festlandes und die Trireme – das griechische Kampfschiff par excellence – war wahrscheinlich vor dem Ende des sechsten Jahrhunderts noch nicht einmal erfunden worden. Der Bau von Anlegestellen und Schiffen konnte nur durch ausländische Beteiligung finanziert werden, und wenige Staaten wollten Kapital auf Grund der Möglichkeit investieren, dass sie sich am anderen Ufer Untertanen aneignen, erhalten und sie ausplündern konnten.

Viel wichtiger noch war der Zusammenhang zwischen Militärpflicht(en) und sozialem Status: Wer eine ausreichende Menge an Ackerland besaß, kaufte sich seine Rüstung, trat der Phalanx bei und saß im regierenden Rat der *polis*. Wer arm war oder ohne Land, wurde entweder Plänkler oder wählte den Dienst zur See. Selbst

PLATÄÄ PHASE I

Als die Griechen einmal dafür gesorgt hatten, dass die Schlacht zwischen den hervorragenden Hopliten auf dem griechischen rechten Flügel und den persischen Reitern unter Mardonios entschieden werden würde, spielten Vergleichszahlen und Taktiken kaum eine Rolle. Die Perser hatten für ihre Reiterei die Ebene von Böotien ausgesucht; tatsächlich diente sie als idealer Ort für das riesige griechische Hoplitenheer – die größte hellenische Infanterietruppe, die in der gesamten Geschichte des Stadtstaates je versammelt wurde.

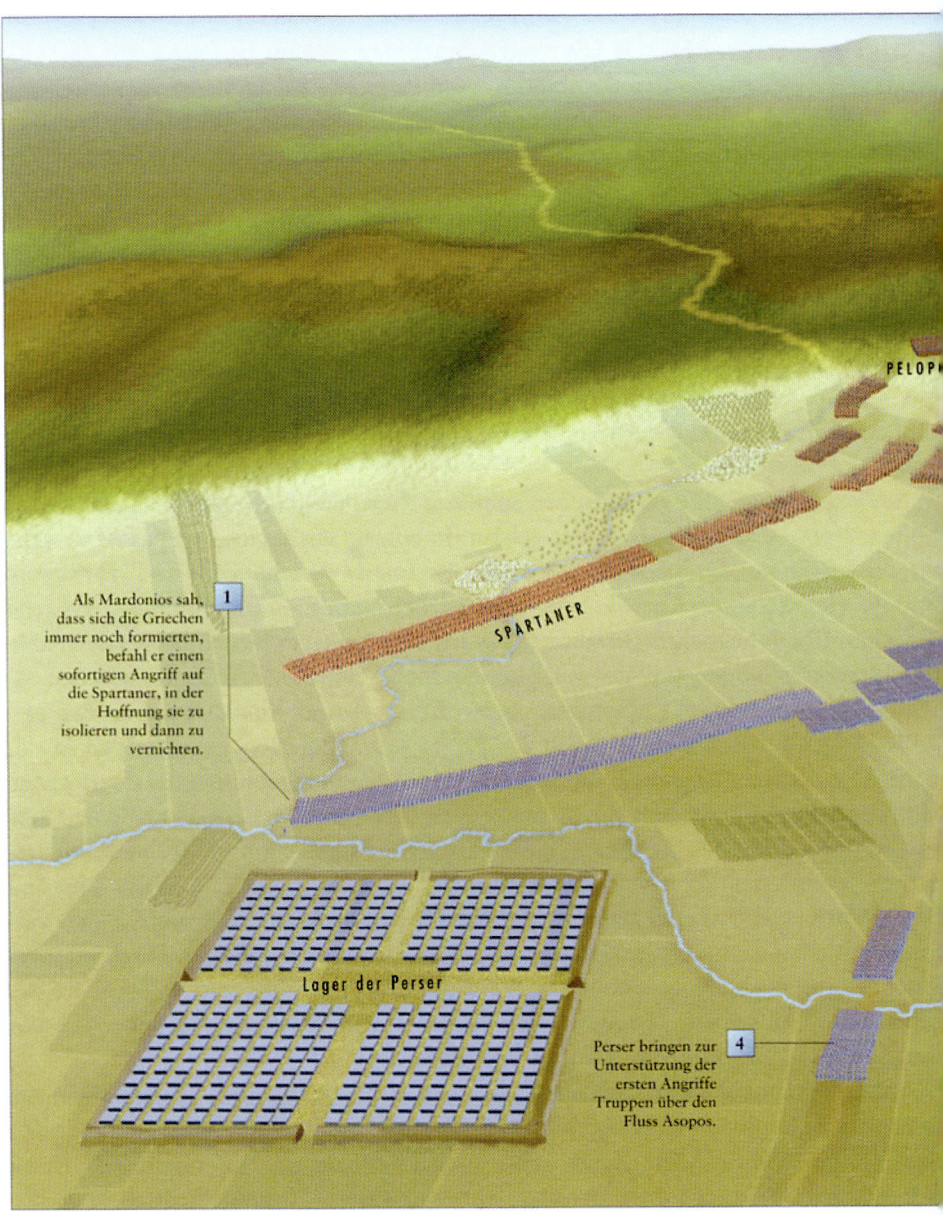

die Reichen prahlten manchmal damit, dass sie auf das Privileg der Kavallerie anzugehören verzichtet hätten und kämpften stattdessen zu Fuß als Hopliten, weil der Dienst in den Fußtruppen mehr Ansehen einbrachte als selbst die Mitgliedschaft in der aristokratischen Kavallerie.

Wenn der Dienst in den Fußtruppen der Reputation diente, so war das Rudern eine Bestätigung der Armut, Unwissenheit und niederen Herkunft. Hoplitische Fußsoldaten brachten ihre eigenen Waffen mit und misstrauten einem allmächtigen Staat; Ruderer hofften auf Ausweitung des Baus von Schiffen und Anlegestellen und daher auf eine starke Regierung, die allein die notwendigen Staatseinnahmen aufbringen konnte um die teuren Schiffe zur See fahren zu lassen. Ein Hoplit bewahrte seine Waffen über dem Herd auf und war jeden Moment zum Kampf bereit; das Ruder und der Banksitz eines Seemannes waren ohne ein staatliches Schiff wertlos. Ein Hoplit wünschte seine Gemeinschaft durch einen Tag Arbeit mit der Lanze zu verteidigen; ein Ruderer mit monatelangen Patrouillen. Und die Kosten der See-

DIE GROSSEN KRIEGE

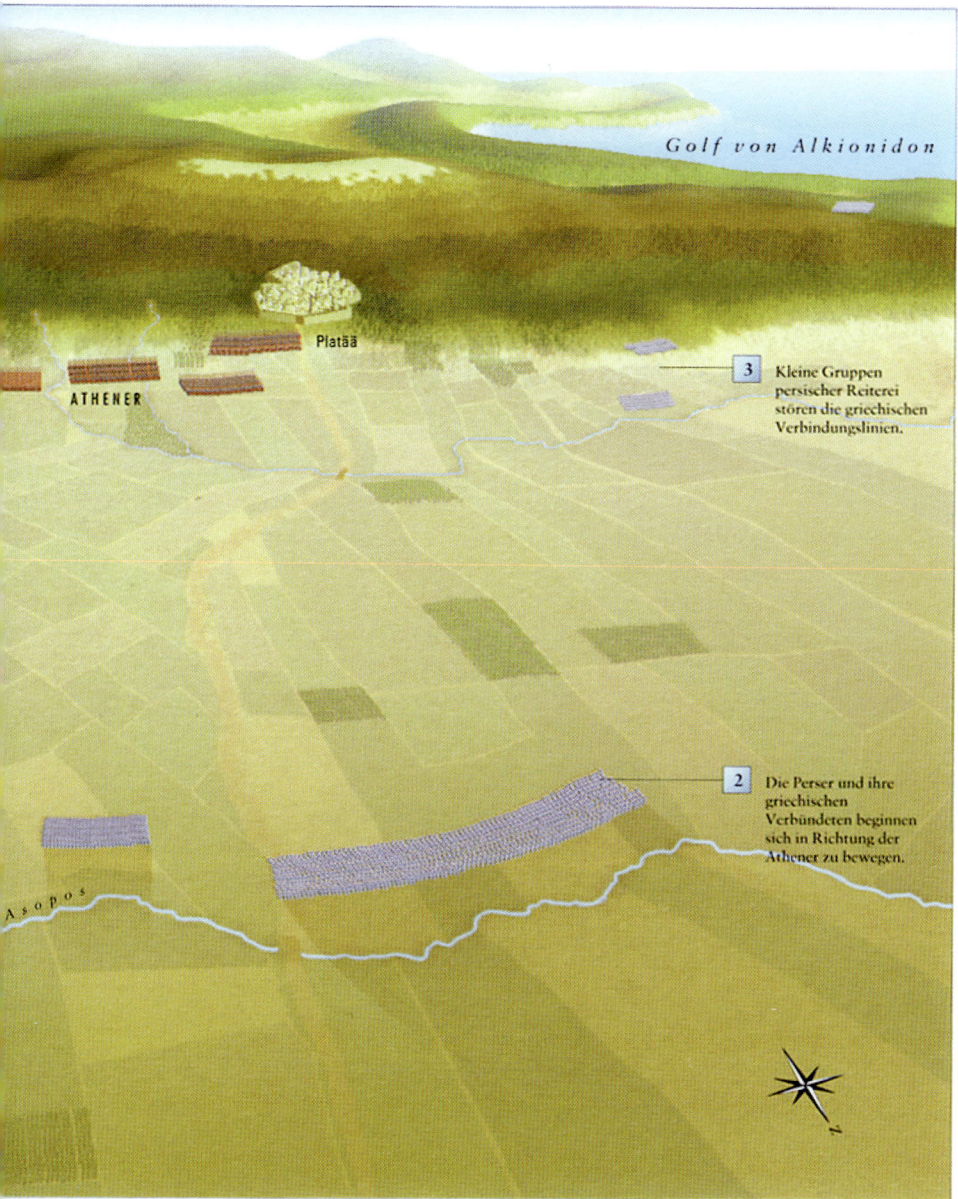

macht waren maßlos. Ein wenig mehr als 100 Arbeitstage eines Mannes erbrachten den Preis für ein komplettes Ensemble aus Rüstung und Waffen; mehr als 10 000 waren nötig um eine einzige Trireme zu bauen und auszustatten. Eine Armee von 10 000 Hopliten stellte eine Kapitalinvestition von 200 000 Drachmen in Rüstungen und Sklavendiener dar, doch eine Flotte von 100 Schiffen und deren Takelage kostete fünfmal mehr, fast eine Million Drachmen. Und während eine Hoplitenarmee für nicht viel mehr als 70 000 Drachmen Fußsold ausziehen, sich nähren, kämpfen und nach einer Woche zurück sein konnte, mochte eine Flotte von 100 Triremen, die für einen Monat auf Patrouille war, zwanzigmal mehr für Sold, Unterhalt und Proviant benötigen.

Daher stellte die Notwendigkeit die Perser auf See zu bekämpfen nicht nur die Regeln der griechischen Kriegführung auf den Kopf, sondern auch das soziale und ökonomische Gleichgewicht des Stadtstaates selbst. Die Erhöhung der Kriegsflotte – und ihrer Besatzungen – in einen gleichrangigen Stand sicherte die wachsende Ra-

PLATÄÄ PHASE II

Als die Perser kollabierten und Mardonios fiel, verloren die promedischen Griechen den Mut und die Athener erwiesen sich auf dem griechischen linken Flügel als siegreich. Ihre Belagerungstechnik war ausgezeichnet und führte dazu, dass sie schließlich das persische Lager stürmten und dafür sorgten, dass nur sehr wenige von den besiegten Invasoren jemals nach Asien zurückkehrten.

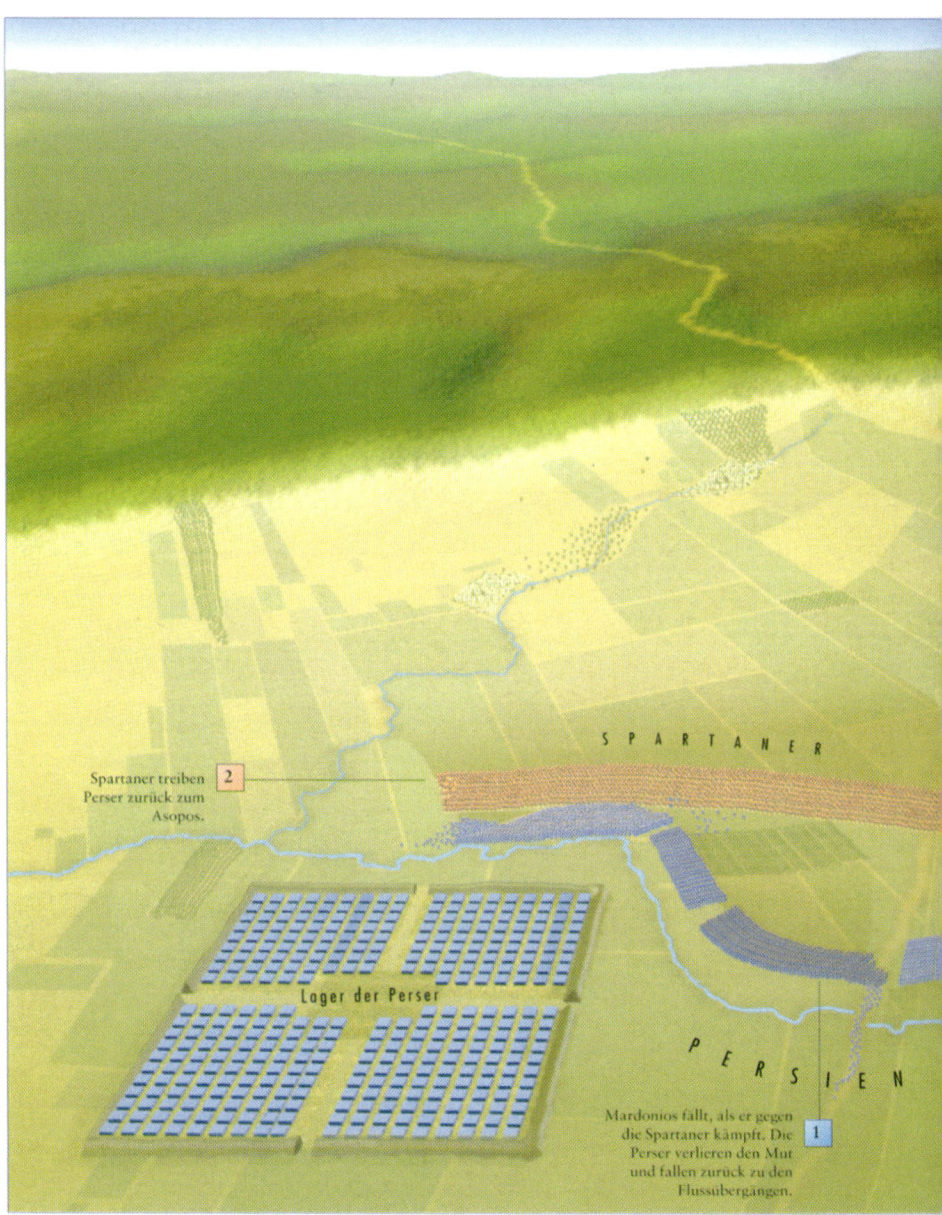

dikalisierung athenischer Demokratie für das nächste halbe Jahrhundert. In den späten 480-er Jahren hatte Themistokles die Athener klugerweise dazu bewegen können, ihre neu gewonnenen Staatseinnahmen aus dem Bergbau zu nutzen um eine Flotte aus 200 Triremen zu bauen, die ihnen eine Präsenz auf dem Meer und damit Sicherheit gegen künftige persische Angriffe von der See aus sowie eine strategische Berechtigung für die Evakuierung Attikas im Falle einer massiven persischen Okkupation bot.

Doch die Militärstrategie entsteht nicht in einem Vakuum. Themistokles war sich wohl bewusst, dass die Förderung des Dienstes zur See – bei weitem mehr als 20 000 landlose athenische Bürger mochten bei Salamis gerudert haben –, das Opfern des Umlandes von Athen, die öffentliche Finanzierung des Schiffbaus und die damit einhergehende Verkleinerung der athenischen Fußtruppen beträchtliche innere Nachwirkungen haben würden: Eine Land besitzende und konservative Minderheit konnte kein Monopol auf die Verteidigung der Stadt mehr für sich be-

DIE GROSSEN KRIEGE

Die Perser und ihre Verbündeten werden über den Fluss zurückgetrieben, wo sie sich von den siegreichen Griechen verfolgt auflösen und fliehen.

anspruchen. Von nun an meinte man in allen von Athen geführten Demokratien, dass die Seemacht, städtische Befestigungen, Wälle, die Hafen und Zitadelle verbanden, und die Beschäftigung der Armen auf den Triremen grundlegend wichtig für das Überleben von Volksregierungen seien, die Nicht-Aristokraten wie Themistokles – seine Mutter war vermutlich noch nicht einmal Griechin – zur Führung der Stadt wählten. Steuern und erzwungene Abgaben wurden für die Investitionen aufgewendet. Aufzeichnungen über die Ereignisse bei Artemision und Salamis bestätigten, dass Schiffe strategisch von unschätzbarem Wert und ihre verarmten Mannschaften kein bisschen weniger mutig als hoplitische Landbesitzer waren.

Für das bäuerliche konservative Denken war dies alles jedoch ein Greuel. Alle Philosophen beklagten die Seesiege der Perserkriege und fürchteten die Kriegslüsternheit des Pöbels in der Versammlung von Athen. Platon ging gar so weit zu behaupten, dass der beeindruckende Seesieg bei Salamis, der die westliche Zivilisation rettete, die Griechen als Volk „schlechter" machte, während Aristoteles die

Seeschlachten der Perserkriege mit dem Aufkommen der Demagogie verband. In ihren Augen war es fast besser, heldenhaft auf dem hoplitischen Schlachtfeld zu verlieren, als zur See mit Hilfe einer verarmten und schlecht gebildeten Menge zu siegen, die dafür immer mehr Ansprüche stellen und überseeisches Raubgut verlangen würde. Aristoteles meinte, dass die militärische Stärke einer Stadt nur nach der Anzahl der Hopliten, die sie ins Feld führte, berechnet werden konnte: die einzigen Soldaten, die würdig genug waren um als echte Krieger zu gelten. Die Geschichte war jedoch auf der Seite einer mehr geld- und marktorientierten Wirtschaft, des Außenhandels und erforderte eine größere Beteiligung der Landlosen. Die persische Herausforderung machte diese Wahrheit deutlich, indem sie zeigte, dass im kommenden Jahrhundert mehr als nur Hopliten gebraucht wurden um die neuen politischen und ökonomischen Bestrebungen der Griechen in der Ägäis und im Mittelmeerraum zu verwirklichen.

Nach der Niederlage seiner Flotte bei Salamis zog sich Xerxes zu seinem Palast und Harem zurück und ließ seinen Gefolgsmann Mardonios mit einer riesigen Landarmee und dem Befehl in Attika zurück, die nahe griechische Infanterie zu erledigen und dann die letzten verbleibenden freien Stadtstaaten südlich des Isthmus von Korinth unter seine Gewalt zu bringen. Zwar bedeutete der erste Sieg der Griechen gegen die Perser nun, dass man sicher vor einem Angriff im Rücken von der See aus war und dass die Eindringlinge ohne Marineunterstützung und das wachsame Auge ihres gefürchteten Königs waren. Aber das gesamte Griechenland von Athen aus nordwärts befand sich noch in persischer Hand und eine Armee von Tausenden blieb im Feld und musste vernichtet werden.

Im nächsten Sommer kam man in der hellenischen Allianz überein der Armee von Mardonios in Böotien entgegenzutreten und zog in die kleine Stadt Platää ein, und zwar mit der größten Armee, die in der gesamten Geschichte hoplitischer Kriegsführung aufgestellt wurde, einer Streitmacht von 60 000 schweren Fußsoldaten und vielleicht der gleichen Anzahl leicht bewaffneter Hilfskräfte – selbst Alexander der Große schickte niemals Streitkräfte dieser Größe ins Feld. Dennoch waren die griechischen Hopliten in der Minderheit und die Armee hatte keine Kavallerie, die in Anzahl oder Kaliber den Reitern des Mardonios glich – es blieb Philipp II. anderthalb Jahrhunderte später überlassen schwere Reiterei aufzustellen, in Rüstung und mit einer Lanze bewaffnet um berittene Bogenschützen und Speerwerfer aus dem Osten zu überwältigen. Der Kommandeur des Bündnisses, der spartanische Regent Pausanias, machte keine Anstalten, seine sich heranwälzende Infanterie auf der weiten Ebene von Böotien preiszugeben und versuchte stattdessen seine Armee an den Flanken des Berges Kithairon zu halten, wo täglich Verstärkung aus ganz Griechenland über den Berg dazuströmte und jeder Mann zu schwören hatte: „Ich werde bis zum Tode kämpfen; ich werde Freiheit über das Leben stellen."

Jede Seite versuchte sich günstige Positionen zu verschaffen. Schließlich schickten die Perser ihre Kavallerie gegen den rechten Flügel der Griechen, während die promedischen Böoter die Athener drüben zur Linken attackierten. Die Spartaner und die benachbarten Männer von Tegeia hielten wiederholten Angriffen durch Kavallerie und Bogenschützen stand und gingen dann langsam in die Offensive, brachen in die leichte Infanterie des Feindes ein, zerstörten deren linken Flügel, töteten Mardonios und bewirkten, dass die gesamte persische Linie bröckelte und sich nach Norden zerstreute. Gefallenenzahlen im Verhältnis von Tausenden zu einigen Hundert zeigten wieder einmal die Überlegenheit der hoplitischen Infanterie.

Gelehrte der Antike und der heutigen Zeit haben den taktischen Plan von Mardonios kritisiert. Nach ihrer Meinung ignorierte er die Lektionen von Marathon und ließ sich töricht auf eine offene Feldschlacht gegen schwere griechische Infanterie ein, obwohl die große Ebene von Böotien die Gelegenheit zu raschen Angriffen und plötzlichen Anstürmen der Reiterei gab, mit denen man die Griechen hätte an die Berge drücken und ihren schwachen Zusammenhalt langsam untergraben können. Doch ist die Niederlage von Invasoren fern der Heimat unvermeidlich – wie Beispiele von Hannibal bis zu den Amerikanern in Vietnam bezeugen –, wenn sie keine entscheidende Schlacht gegen die Mehrheit der Streitmacht des Invasionszieles erzwingen können.

Der Unterschied in der Führung zwischen den königlichen persischen und den gewählten griechischen Generälen war ebenfalls unverkennbar. Achaimenidische Könige, die nicht kämpften, errichteten sich selbst großartige Gräber, die von ihrer persönlichen Tapferkeit im Kampf erzählten; griechische Generäle, die in der Phalanx kämpften, wurden verspottet, mit Geldstrafen belegt, verurteilt oder des Landes verwiesen, wenn sie versuchten, irgendein persönliches Verdienst am Sieg für sich zu beanspruchen.

Mit den Ereignissen von Plataä und dem folgenden griechischen Sieg in Kleinasien am Mykale-Gebirge ging sich der Traum von der Eroberung östlicher Gebiete in Europa zu Ende. Das war kein Zufall. Plataä spiegelt den Kern des unvermeidlichen persischen Dilemmas wider: Am Ende stand die beste Infanterie der Welt ihrem Eroberungsgedanken im Weg und früher oder später musste man Tausenden griechischer Hopliten gegenübertreten, gegen sie kämpfen und sie töten. Die darauffolgende Geschichte des Stadtstaates bestätigte, dass es nirgends in der Welt eine Armee gab, die dieser Aufgabe gewachsen war.

Der Peloponnesische Krieg

In der Folge der persischen Invasion und Niederlage kehrte man, wie das nach großen sozialen und kulturellen Umwälzungen häufig der Fall ist, bewusst zur Normalität in der griechischen Kriegführung zurück. So gab es im fünften Jahrhundert eine Reihe hoplitischer „Kriege", in denen in althergebrachter Weise über die Regelung der Grenzen zwischen Stadtstaaten entschieden wurde, etwa in den traditionell kurzen Schlachten von Dipaia (471), Tanagra und Oinophyta (457) sowie Koroneia (447). Doch waren die Erfahrungen aus den Kämpfen mit den Persern nicht vergessen und die Lektionen der Siege über Xerxes verbreiteten sich langsam überall in den griechischen Stadtstaaten. Unter den neuen Realitäten gab es zwei Phänomene, die maßgeblich dazu beitrugen den scharfen Bruch mit der früheren Kriegführung der *polis* zu erklären.

Erstens bestätigte der Sieg zwei Stadtstaaten, Sparta und Athen, als die einzig berühmten und herausragenden – und beide hatten demonstriert, was militärische Gewinne einbrachten. Die spartanischen Rotmäntel hatten den gesamten griechischen Widerstand bei den Thermopylen und Plataä konzentriert und dabei angedeutet, dass ihre gefürchteten Fußtruppen sich tatsächlich aus Lakonien herauswagen und kämpfen würden – falls erforderlich bis zum letzten Mann. Auch die demokratischen Athener fühlten sich nicht wohl mit der damaligen Situation, in der es üblich war einen Krieg durch das Aufeinanderprallen von Truppen zu entschieden. Nach dem persischen Rückzug im Jahr 479 wuchs die Flotte Athens nur unter Themistokles und einigen begabten Anführern. Dank der Tribute von Vasallenstaaten in der Ägäis wurden athenische Triremen nicht aufgegeben, sondern bildeten stattdessen eine Art „gutartige" Polizeitruppe für die Verbündeten der Grie-

DER KRIEG IN DER GRIECHISCHEN ANTIKE

Der fast vollständige Verlust der verbündeten 40 000 Mann starken athenischen Armee, die sich zur Eroberung Siziliens (415 – 413) eingeschifft hatte, schwächte das athenische Reich entscheidend und sorgte dafür, dass es den Peloponnesischen Krieg nicht gewinnen konnte, der sich ein weiteres Jahrzehnt lang fortsetzte. Jahre später häuften sich Geschichten über die Exekution der Generäle Nikias und Demosthenes, die schreckliche Versklavung von etwa 7000 Gefangenen in den Steinbrüchen nahe Syrakus und dem letzten alptraumhaften Marsch, der damit endete, dass die einst

chischen in überseeischen Gebieten – zwischen 200 und 300 waren fast ständig auf Patrouille. Wie die Spartaner, so sah auch das königliche Athen kaum eine Notwendigkeit die Kriegführung auf einen einzigen nachmittäglichen Kampf um eine Grenze zu beschränken und nach seiner erfolgreichen Evakuierung vor Xerxes und der nachfolgenden Antwort auf See keinerlei Veranlassung seine Hopliten überhaupt zur Verteidigung des Ackerlandes von Attika zu riskieren.

Zweitens hatten die Erfolge nicht-hoplitischer Kräfte in den Perserkriegen bei den Griechen einen deutlichen Eindruck hinterlassen. Schiffe, leicht bewaffnete Soldaten und Reiterei waren alle auf unterschiedlichen Schauplätzen und Terrains anwesend gewesen und unterstrichen dadurch, wie anfällig und wie unzureichend die hoplitische Phalanx vor jedem Gegner werden konnte, der nicht immer willens war ihr in einer einzigen Landschlacht mit schwerer Infanterie gegenüberzutreten. Dennoch bestand das Problem der griechischen *polis* nicht nur darin derartig unterschiedliche Truppen ins Feld zu bringen, sondern vielmehr darin, mit den unvermeidlichen *sozialen* Anforderungen fertig zu werden, die den Einsatz solcher Kräfte begleiteten. Man gebe Ruderern, Plänklern oder Reiterei militärische Bedeutung und die alte agrarische Exklusivität der *polis* – d. h. der Stoff und die Ideologie der griechischen Kultur selbst – wurde in Frage gestellt, da Bauern mit schwerer Rüstung und Lanzen kein privilegierter sozialer und politischer Status mehr garantiert war.

Zwangsläufig sah das halbe Jahrhundert nach dem Ende der Perserkriege das

stolze athenische Armee im Schlamm und in den blutigen Fluten des Assinaros von den darüber liegenden Hügeln aus hingemetzelt wurde. In dieser Darstellung von Hermann Vogel werden sich zurückziehende

Wachsen des Reiches von Athen und die Schaffung von abhängigen demokratischen Satellitengebieten, was den peloponnesischen Bund dorischer Oligarchien bedrohte, der von Sparta geführt wurde. Der Militärstrategie ging es jetzt um mehr als um kleine Grenzkriege. Um mit Hilfe von Tributen, erzwungenen Abgaben der Verbündeten und geraubtem Ackerland Kapital und Macht zu erwerben war es nötig die verschiedensten Kräfte wochenlang im Ausland ins Feld zu führen.

Selbst Seestaaten wie Korinth und Syrakus fühlten sich ebenso wie die freien Bauern von Theben in den großen fünfzig Jahren des athenischen Imperialismus (479–431) unwohl und schauten – wegen des politischen Gleichgewichts – nach der spartanischen Phalanx aus. In ihren Augen gehörten die Athener nicht zu Perikles' „Schule von Hellas", die das griechische Schauspiel vervollkommnet, den Parthenon gebaut und eine dynamische Kultur aufgebracht hatte, die auf überseeischen Tributen basierte, sondern sie waren vielmehr ein unterdrückender und unberechenbarer imperialistischer Staat, dessen Kriegsflotte und Demokratie all denen Ärger garantierten, die sich Athen in den Weg stellen wollten. Nach der Niederlage Persiens glaubten die meisten Stadtstaaten naiverweise, dass Athen seine Kriegsflotte aufgeben, ohne Befestigung bleiben und zu seinem vorherigen Status als mächtige, doch ziemlich repräsentative und unter Gleichen herausragende *polis* zurückkehren und nur in Zeiten panhellenischer Gefahr führend sein würde.

Stattdessen veränderte der Sieg über die Perser die gesamte politische Lage in Griechenland und führte zu einer radikalen Umwandlung im militärischen Denken und Handeln des Westens, die anderthalb Jahrhunderte später mit Alexander dem Großen, angriffsbereit am Indus, ihren Höhepunkt fand. Während der Jahrzehnte nach den Persischen Kriegen wurden die meisten griechischen Staaten der nördlichen Ägäis, der pontischen Gebiete und der Küste Kleinasiens zu Tribut zahlenden Untertanen in Abhängigkeit von Athen. Wer dem Widerstand – Naxos, Thasos,

DIE GROSSEN KRIEGE

Kolonnen und von Panik ergriffene Hopliten durch einen Hagel von Speeren und Kavallerieangriffen vernichtet.

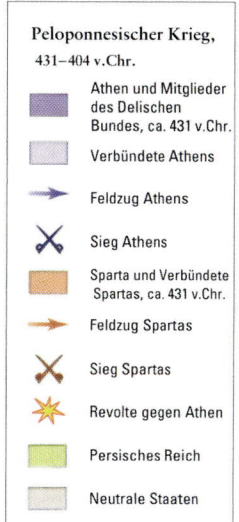

Ägina, Samos – wurde systematisch belagert, vernichtet oder gezwungen Entschädigung zu zahlen. Die athenische Demokratie war gefürchtet unter anderem wegen ihrer Belagerungskunst: Ihre Schiffe konnten jede Insel in der Ägäis mit einer Blockade belegen, während ausgebildete Ingenieure Wälle bauten um sie einzuschließen und die Armee von Bord ging um den Feind auszuhungern. Widerspenstige Untertanenstaaten sahen bald ihre Aufständischen hingerichtet, ihre wohlhabenden Klassen im Exil und den größten Teil ihres Landes aufgeteilt und den Armen Athens übergeben.

Wenige andere Staaten besaßen ausreichende Mittel oder genug fachmännisches Können für diese neue Art Krieg – die neun Monate dauernde erfolgreiche Belagerung der Insel Samos (440) kostete wahrscheinlich 1200–1400 Talente, gleichzusetzen mit mehr als acht Millionen Tagen Arbeit eines Mannes, viel mehr als die gesamten Kosten für den zwanzig Jahre dauernden Bau des Parthenon. Für dieselben Ausgaben hätten beinahe 3000 griechische Tragödien auf Staatskosten produziert werden können. Tatsächlich kostete allein die Unterwerfung von Samos die Stadt mehr als alle athenischen Dramen – die Tragödien von Aischylos, Sophokles, Euripides und Dutzende andere –, die in der gesamten attischen Dramengeschichte des fünften Jahrhunderts produziert wurden. Wenn wir die Ökonomie des alten Stils bäuerlicher Kriegführung in den ersten beiden Jahrhunderten des Stadtstaates (700–500) im Blick behalten, so beginnen wir vielleicht zu verstehen, wie das Aufkommen der imperialen Demokratie Athens die gesamte Praxis – und die Bilanz – hellenischer Kriegführung veränderte.

Zehn Jahre lang (457–447) hatte Athen Böotien unter Kontrolle gehabt, während es sechzehn Jahre lang die wachsende korinthische Flotte überwachte und den spartanischen Einfluss während dieses so genannten „Ersten" Peloponnesischen Krieges (461–446) auf die Peloponnes beschränkt hielt. In den Augen des Geschichtsschreibers Thukydides, eines konservativen athenischen Admirals im Exil, war der demokratische Imperialismus ein Furcht erregender Moloch, der durch geraubtes Kapital und die bloße Anzahl der befreiten Armen angetrieben wurde, deren logisches Bestreben auf nicht weniger als die Unterjochung Griechenlands selbst gerichtet war. Daher war der Konflikt zwischen Athen und Sparta unvermeidlich, je früher desto besser für die deklassierten peloponnesischen Bündnisstaaten, deren landbesitzende hoplitische Timokratien von den Erfordernissen der Landwirtschaft abhingen und denen die Flexibilität, die Kampfkraft und das Geld einer Seedemokratie, die ständig wuchs, fehlten. Der entscheidende Entschluss bestand, wie es Spartas Verbündete sahen, darin, entweder sofort auf Athen zu marschieren oder langsam dahinzusiechen. Und selbst im Fall eines Angriffs sicherte der hoplitische Kampf, wie er von Thebanern und Spartanern betrieben wurde, keinen strategischen Erfolg gegen die Athener.

Leider wurde der große Krieg zwischen Athen und Sparta (431–404) nicht an einem Nachmittag entschieden. Stattdessen zog sich das Töten über verschiedene Perioden und Schauplätze siebenundzwanzig Jahre lang hin. Es ist leicht zu erkennen, warum. Sparta hatte anfangs weder die Flottenstärke um das Seereich Athens zu demontieren, noch die logistische und technische Fähigkeit die Mauern Athens zu erstürmen. Es hatte kein nennenswertes Kapital, keine Söldner, Schiffe oder Belagerungsingenieure und es vertraute seit Mitte des sechsten Jahrhunderts einzig auf eine große Bündnisarmee von Peloponnesiern, die nur vor der Ernte im späten Frühjahr zum Dienst antraten.

Athen wiederum sah sich mit einem neuartigen Krieg an zwei Fronten konfrontiert, eingeschlossen von den Böotern im Norden und den Peloponnesiern im Süden. Die beiden letzteren Staaten führten eine hervorragende Infanterie ins Feld, so dass für athenische Hopliten kaum eine Chance bestand erfolgreich nach Theben oder Sparta einzumarschieren und noch viel weniger eine eindringende Armee auf der attischen Ebene zu schlagen. Dieses strategische Dilemma hatte den Bruch mit der 300 Jahre alten Tradition hoplitischen Kampfes als einziger Kriegsart zur Folge, führte alle Krieg führenden Parteien schnell zu Innovation und Adaptation und entfesselte dabei wie nie zuvor die griechische Begabung für Technologie und Taktik. Die folgende barbarische Belagerung und Zerstörung von Plataä (431–427), die Hinrichtung von Zivilisten auf Lesbos (427) und Skione (421), das Niederbrennen der Garnison von Delion (424) – ein fantastischer Flammenwerfer wurde bei der Belagerung verwendet –, das Niedermetzeln der Schuljungen bei Mykalessos (415) und der männlichen Bevölkerung von Melos (415), die schrecklichen Kämpfe rund um Syrakus (415–413) sowie die ständigen Überfälle und Plünderungen von Pylos und Dekeleia (412–404) beruhten alle auf dem Einsatz von Schiffen, Plänklern, Sklaven, List und Technik, auf dem Bau von Befestigungen, auf Nachtangriffen und auf der griechischen Erfindungsgabe beim Töten außerhalb der hoplitischen Arena.

Beide Seiten lernten schnell die „Mathematik des Krieges" kennen und verstanden, dass die Feindseligkeiten erst dann aufhören konnten, wenn die erforderliche Anzahl an feindlichen Soldaten getötet, die notwendige Anzahl an Zivilisten heimatlos und hungrig gemacht und ein ausreichender Teil des nationalen Schatzes ausgeschöpft worden war. Wenn die Renaissance des Hopliten die Einführung der dramatischen entscheidenden Infanteriekonfrontation und des plötzlichen Angriffs markierte, so eröffnet sich mit dem Peloponnesischen Krieg die ergänzende, wenn auch bei weitem schrecklichere Möglichkeit eines totalen, absoluten und gerechten Krieges in dem die politischen, wissenschaftlichen und materiellen Ressourcen einer freien Gesellschaft willentlich auf die Vernichtung der gesamten Kultur des Feindes konzentriert wurden. Vor dem Peloponnesischen Krieg war das Massaker an Zivilisten äußerst selten; als der Krieg begann, wurde es zur Normalität – und niemand tötete freimütiger als die imperiale Demokratie von Athen.

Im so genannten Archidamischen Krieg (431–421) – erst viel später verstanden Thukydides und seine Zeitgenossen ihn als erste Phase eines mehr oder weniger ununterbrochenen Kampf von siebenundzwanzig Jahren – drangen die Peloponnesier fünfmal in einem Jahrzehnt nach Attika ein, wobei sie hofften entweder athenische Hopliten zum Kampf zu bewegen oder die Landwirtschaft von Attika zu ruinieren. Athen überließ seine ländlichen Gebiete den spartanischen Invasoren und verweigerte verständlicherweise die offene hoplitische Feldschlacht mit dem spartanischen Bündnis, das aus dem Norden sowohl von böotischer Infanterie als auch Kavallerie unterstützt wurde.

Nach Perikles Meinung konnte, was bei Themistokles gegen die Perser funktioniert hatte, erst recht im Kampf gegen die einfallslosen Spartaner zum Erfolg führen – besonders weil nach dem Perserkrieg die Errichtung von Befestigungen bis hinunter zum Hafen von Piräus, der so genannten Langen Mauern, die Voraussetzung dafür geschaffen hatte, dass die Bewohner der Stadt und des Umlandes nicht mehr evakuiert werden mussten. Es gelang Tausende der konservativen Landbevölkerung zu veranlassen untätig zu bleiben und um des größeren Nutzens willen der Verwüstung ihrer Höfe von sicheren athenischen Befestigungen aus zuzusehen. Ironischerweise war allein wegen der Größe der von Sparta angeführten Invasionsarmee – Quellen nennen Zahlen zwischen 30 000 und 60 000 – die von den Peloponnesiern erhoffte Begegnung mit der athenischen Armee von beträchlich weniger als 20 000 Hopliten höchst unwahrscheinlich.

Athen, einmal belagert, führte zunehmend Nahrungsmittel und Material in seinen Hafen von Piräus ein, während es noch immer seine hervorragende Flotte aussandte um sein Seereich zu festigen und peloponnesische Unterwanderung zu verhindern. Örtliche Reiterpatrouillen trugen dazu bei die Verwüstung Attikas auf ein Minimum zu begrenzen. Von 430 bis 421 waren athenische Schiffe ständig in der Ägäis, vor der Küste des westlichen Griechenland, nördlich von Chalkidike und vor der Küste der Peloponnes aktiv, hielten die Loyalität der Verbündeten aufrecht und landeten Truppen, wo sie gebraucht wurden, um spartanische Einfälle zu neutralisieren. Aufgrund dieser aktiven Zermürbungsstrategie musste Athen die spartanische Armee oder ihre verbündete peloponnesische Flotte gar nicht besiegen. Vielmehr versuchten es sowohl die mit Scheuklappen ausgestatteten Spartaner mit dem

Schutz ihrer Verbündeten vor plötzlichen feindlichen Raubzügen zu beschäftigen und alle neutralen Staaten warnend darauf hinzuweisen, dass athenische Schiffe gleich hinter dem Horizont lagen und in einer Krisensituation viel schneller zur Stelle wären als von Lakonien heraufmarschierende Hopliten.

Diese von Perikles verfolgte Strategie der passiven Verteidigung innerhalb und der Zermürbung außerhalb Attikas war scheinbar sinnvoll. Doch sie vernachlässigte zwei entscheidende Faktoren: erstens die psychische Belastung, der die evakuierte Einwohnerschaft von Attika ausgesetzt war, und die schrecklichen Verhältnisse innerhalb der Stadt, die bald zur großen Seuche der Jahre 430–428 führte. Diese raffte ein Viertel der Bevölkerung dahin und machte ebenso viele zu empörten und elenden Flüchtlingen; zweitens das Vertrauen in die persönliche Anziehungskraft von Perikles selbst und seine Fähigkeit die expansionistischen und oft tollkühnen Träume des athenischen *dêmos* im Zaume zu halten. Sein Tod durch die Seuche 429 bei Ausbruch des Krieges sorgte dafür, dass seine Eindämmungs- und Zermürbungspolitik geändert und schließlich zu Gunsten aggressiverer Unternehmungen ganz fallen gelassen wurde. Perikles' Methode nie einen Krieg zu verlieren gefiel Demagogen und Rhetorikern wenig, die einen athenischen Triumph nicht als Schritt zum Patt im Kampf gegen die spartanische Phalanx sahen, sondern als Teil eines ehrgeizigeren Plans der totalen Eroberung.

Und zwei Ereignisse im Archidamischen Krieg erwiesen sich schnell als entscheidender als der Entschluss hinter den Mauern Athens zu sitzen oder die Meeresküste der Peloponnes anzugreifen. In einem brillanten strategischen Zug führte der athenische Demagoge Kleon Expeditionsstreitkräfte zur Besetzung von Pylos und der nahe gelegenen Insel Sphakteria vor der Westküste Messeniens (425). So wurde es möglich einen Teil der spartanischen Hopliten von den übrigen abzuschneiden – 292 wurden gefangen genommen – und es war dafür gesorgt, dass unzählige Heloten zum athenischen Schutzgebiet strömen konnten. Mit einem kühnen Streich hatte Athen die zwei schlimmsten Befürchtungen Spartas getroffen: Die Furcht vor einem Helotenaufstand und die Wahnvorstellung von der Gefangennahme und Erniedrigung seiner angeblich unbesiegbaren Hopliten. Tatsächlich drohte Athen alle Gefangenen zu töten, falls die spartanische Armee einen Fuß nach Attika hinein setzen sollte – und nach 425 tat sie dies nicht. Der Pylos-Feldzug enthüllte die ganze Anfälligkeit des Helotentums; ohne seine Hörigen hätte die Berufsarmee der Spartiaten Ackerland bestellen müssen und wäre so zu nicht viel mehr als einer gefürchteten örtlichen Schutztruppe geworden. Andere Stadtstaaten merkten sich das für die Zukunft.

Die Alternative zu passiver Verteidigung bestand in der offenen hoplitischen Feldschlacht und 424 erfuhren die Athener unglücklicherweise, wie unklug es war einer Armee vom Kaliber der Thebaner gegenüberzutreten. Um ihr Dilemma an zwei Fronten zu beenden beabsichtigten die athenischen Generäle Demosthenes und Hippokrates Böotien aus dem Norden und Süden anzugreifen, zu Lande und zur See. Dieser übermäßig ehrgeizige Plan schlug fehl – Langstreckenverbindungen waren im Krieg der Antike stets fast unmöglich – und die Armee unter Hippokrates stand schließlich allein einer überlegenen thebanischen Infanterie nahe dem kleinen Zufluchtsort von Delion in der Nähe der athenisch-böotischen Grenze gegenüber, in einer Schlacht, die Symbolcharakter für die gesamte Entwicklung hoplitischer Taktiken und Werte hatte. Hoplitenkämpfe waren nun keine eindimensionalen Kollisionen sich schwerfällig bewegender Männer in Rüstung mehr.

Der feindliche thebanische General Pagondas war sowohl aggressiv als auch so

Der Auszug in den Krieg war eine Lieblingsszene klassischer Vasenmaler, die den Abschied gewöhnlich idealisierten und personalisierten – zweifellos beeinflusst von der majestätischen Szene im Sechsten Buch von Homers Ilias, in der Hektor Abschied von seiner Frau und von seinem kleinen Sohn nimmt. Die Krieger sind in der Regel junge, kräftige Hopliten mit beeindruckender Rüstung und klaren Anzeichen von Reichtum wie dem hier abgebildeten Streitwagen. Damit wollte man zeigen, wie viel der junge Krieger für die Verteidigung seines Stadtstaates opferte. In Wirklichkeit sammelten sich die männlichen Mitglieder fast aller Familien – in Fällen höchster Dringlichkeit alle, die zwischen 21 und 62 Jahren alt waren – brachten ihre Sklaven mit, packten Proviant für drei Tage und ihre Rüstungen zusammen und zogen dann zur Agora der nahen Gemeinde, wo sich ihnen andere Bauern anschlossen.

etwas wie ein Taktiker, der seine Hopliten am rechten Flügel fünfundzwanzig Schilde tief schichtete. Obwohl der Lauf bergan führte – das Gelände sollte jetzt im hoplitischen Kampf Beachtung finden –, mähte der athenische rechte Flügel unter seinem General Hippokrates (der nach der griechischen Tradition wie alle besiegten griechischen Generäle die Schlacht nicht überleben sollte) die böotischen Verbündeten auf der anderen Seite nieder. Diese siegreichen Athener auf der Rechten zogen dann einen Kreis, und zwar so, dass die beiden Kompanien wie die Teile einer Zange zusammenstießen, „ins Chaos verfielen, sich verwechselten und so einander töteten".

Die feindlichen Böoter im Inneren des Ringes wurden vernichtet. Es waren tapfere, jedoch unerfahrene Bauern aus den Dörfern rund um Theben. Die männliche Bevölkerung des kleinen böotischen Stadtstaates Thespiai wurde durch den athenischen Angriff fast vollständig ausgelöscht – bitter für die Thespianer, da viele ihrer Vorfahren an der Seite der Spartaner bei den Thermopylen tapfer für die griechische Sache gefallen waren, ihre Stadt von den Persern zerstört sahen, sich im nächsten Jahr bei Plataä wieder versammelten, später, im Jahr nach Delion (423) ihre Stadtmauern durch ihre misstrauischen thebanischen Verbündeten geschleift sahen und noch einmal in der Schlacht von Koroneia (394) gegen die Peloponnesier bis fast auf den letzten Mann zu Grunde gehen sollten. Die Geschichte Thespiais in der Klassischen Periode ist eine jahrhundertelange Geschichte des Dahinmetzelns ihrer unter Waffen stehenden Bürger.

Inzwischen trieb auf der anderen Seite des Schlachtfeldes der thebanische General Pagondas die Athener „zunächst nach und nach" links den Berg hinunter und machte – begünstigt durch die Beschaffenheit des Geländes und die überlegene Kraft seiner Kolonne – systematisch das Schlachtfeld frei. Erst als das Blutbad unter seinen eigenen Verbündeten die Gefahr beschwor, dass athenische Hopliten von hinten heranströmten, ersann er etwas, was in der Geschichte des griechischen Kriegswesens bis dahin unerhört war. Er hielt den Druck rechts aufrecht und stellte eine Kavalleriereserve nach links um den Hügel herum ab um die Athener abzuwehren.

Für die erfolgreichen aber erschöpften Athener unter Hippokrates war der Gedanke, dass Kavallerie eine entscheidende Rolle in der Phalangenschlacht spielen sollte, überraschend, mehr noch der Eindruck, dass solche frischen Truppen hinter dem Hügel plötzlich aus dem Nichts erschienen. Mit dem Aufspießen der Böoter beschäftigt, unter Schwierigkeiten auseinander gerissen, damit sie sich nicht gegenseitig töteten, erregt von der Offenbarung, dass die Schlacht gewonnen sei, vermuteten die Athener plötzlich eine völlig neue Armee und es schwand die Aussicht auf ein Ausruhen von ihren Anstrengungen, wie erfolgreich diese auch vorher gewesen waren. Sie stürzten nun aus ekstatischem Blutrausch in tiefe Depression.

An diesem Wendepunkt rückte Pagondas wie auf ein Stichwort weiter und zerschlug die Linie der Athener vor sich. Bald war die gesamte athenische Armee „in Panik" – der einst siegreiche und grimmige rechte Flügel jetzt nicht mehr vorhanden, der linke, müde niedergeschlagen und durch den Druck der gehäuften Schilde von Pagondas Phalanx zersplittert.

Dieser Heimlauf in der Dämmerung von Delion nach Attika wurde zu einem wahren „Who's who" angesehener Athener. Es gibt reichlich Anekdoten über das Verhalten von angesehenen Bürgern während der katastrophalen, verworrenen nächtlichen Flucht vor plündernden feindlichen Reitern und Plänklern; Feinden, die sich nun ungehindert nach Attika hineinwagten. Verfolgung nach hoplitischem

Kampf sollte nun nicht mehr missbilligt werden. Platon erzählt uns in seinem *Symposion*, dass Sokrates, obwohl fünfundvierzigjährig, „ausschritt wie eine stolze Moorgans", im Rückwärtsgang mit einer kleinen Gruppe entschlossener Fußsoldaten, und damit jeden Gelegenheitsverfolger zwang, sich leichterer Jagdbeute zuzuwenden. In diesem Sinne wird die Erinnerung an ihn als ein Muster mittelständischer Hoplitentugend bewahrt und es ist unmöglich sich den Begründer der westlichen Philosophie entweder als berittenen Großherren oder als geschickten Bogenschützen vorzustellen – oder tot, fünfundzwanzig Jahre vor seiner berühmten Verurteilung. In einem anderen Dialog Platons fügt Laches, der vielleicht näher an die Fünfzig heran war, hinzu, dass er Sokrates begleitet und das Gefühl gehabt hätte, dass, wenn andere Athener der Entschlossenheit des Philosophen nachgeeifert hätten, die Armee gerettet worden wäre (mehr als 1000 Athener starben, die meisten auf der panikartigen wilden Flucht). Es wird auch berichtet, dass der 26-jährige Alkibiades durch die aufgelösten Reihen ritt um Hopliten wie Sokrates zu helfen, die von leicht bewaffneten Soldaten bedrängt wurden. Platons Stiefvater Pyrilampes, 424 fast 55 Jahre alt, wurde durch einen Speer verwundet und dann gefangen genommen, als er zum Parnass flüchtete.

Militärhistoriker haben die ehrgeizigen strategischen Pläne der Athener beschrieben und sind beeindruckt von den taktischen Innovationen der Thebaner bei Delion, die einen Neubeginn im hoplitischen Kampf bedeuteten: Gelände, Reserven, eine größere Schildtiefe und Reiter waren nun ebenso wichtig wie die Nerven und Muskelkraft der Infanterie der Landbevölkerung. Vieles aus dem späteren Schlachtplan des thebanischen Generals Epaminondas – tiefe (d.h. um einige Reihen stärkere) Kolonnen, enges Zusammenspiel von Kavallerie und Infanterie – gab es hier schon fünfzig Jahre früher. Doch im kollektiven Gedächtnis der Athener blieb Delion einfach ein schwarzer Tag, an dem Hunderte ihrer angesehensten Persönlichkeiten in einem verzweifelten nächtlichen Lauf Richtung Heimat durchbohrt und niedergemäht worden waren. Und die Wellen von Delion spürte man in Athen – und insgesamt in der westlichen Welt – über Jahrhunderte. Wäre Alkibiades bei Delion getötet oder entehrt worden, so wären die Athener neun Jahre später niemals nach Sizilien ausgezogen und hätten so wahrscheinlich den Peloponnesischen Krieg nicht verloren. Wäre Sokrates ein bisschen weniger gewandt gewesen und beim Rückzug gefallen, so wäre die Entwicklung westlicher Philosophie radikal geändert worden. Die großartige Tragödie des Euripides, *Hiketiden* (Die Schutzflehenden), die im folgenden Jahr in Athen verfasst wurde, wurde durch die abscheuliche thebanische Behandlung der athenischen Toten bei Delion veranlasst. Und in Theben vollzog sich im Stadtzentrum eine künstlerische und architektonische Renaissance als Folge des Verkaufs von Kunstgegenständen, die von den gefallenen und sich zurückziehenden Athenern erbeutet worden waren.

Strategisch bedeutete jedoch der thebanische Sieg bei Delion wenig für die spartanischen Kriegsziele. Spartas Heloten desertierten nach wie vor und Sparta hörte auf, Hopliten nach Attika hineinzuschicken, die weder die athenische Armee attackieren noch die Stadt wirtschaftlich schwächen konnten. Einst hatte man sich vorgestellt, dass alle griechischen Bauern kämpfen würden, wenn sie sahen, wie ein paar Hektar ihres Getreides angezündet, ein paar Rebstöcke niedergetrampelt oder Olivenbäume umgehauen wurden. Solche Verwüstungen waren in der Kriegführung der Griechen der traditionelle Auslöser um die offene Feldschlacht zu veranlassen, in der die Spartaner so überragend waren. Seit fast drei Jahrhunderten war es die Vorstellung jeder griechischen Armee gewesen in die feindliche Ebene einzumarschieren und den Zeitpunkt des Ansturms auf die Maireife von Weizen und Gerste abzustimmen. Wenn alles gut ging, konnten die Eindringlinge, kurz bevor das Getreide geerntet werden sollte, ankommen und die Bauern mit dieser seltsamen Art von landwirtschaftlichem Poker zwingen entweder zu kämpfen um die Arbeit eines Jahres zu schützen oder zuzusehen, wie die Nahrungsmittelversorgung ihrer Stadt binnen Minuten in Flammen aufging.

Doch in der Vergangenheit war Verwüstung für den Krieg ein Katalysator gewesen und keine umfassende Strategie um einen Feind auszuhungern, besonders nicht einen Gegner, der so flexibel und hartnäckig war wie Athen. Und das Problem be-

stand nicht nur darin, dass Athen auf dem Seeweg über Piräus versorgt werden konnte oder dass athenische Reiterpatrouillen plündernde Trupps behinderten. Dies waren Probleme, die der bisher nicht erprobten Taktik der systematischen Zerstörung der landwirtschaftlichen Infrastruktur eines ganzen Landstriches innewohnten. Die Spartaner lernten schnell, dass es schwierig war die Kornfelder genau im Augenblick ihrer größten Empfindlichkeit zu erreichen. Drang man zu zeitig ein, war das Korn noch grün und nicht brennbar, was das zeitaufwendige und höchst uneffektive Verfahren des Niedertrampelns und Abhauens auf weit verstreuten Parzellen erforderte. Kam man zu spät, so hatten die Verteidiger mit übergroßem Eifer die Ernte hinter die Stadtmauern gebracht; dem Feind blieben dann nur Stoppeln, in denen er ein wenig Proviant suchen konnte. Und bäuerliche Hopliten aus der Peloponnes mussten ihr eigenes Getreide genau in der Zeit ernten, in der sie sich meilenweit entfernt in Attika befanden. Feindliche Reiter, die gegen Hopliten in Formation unwirksam waren, wurden zu gefährlichen Gegnern, wenn sie Fußsoldaten niederritten, die in einzelnen Grüppchen zu zweit oder zu dritt plünderten und verwüsteten.

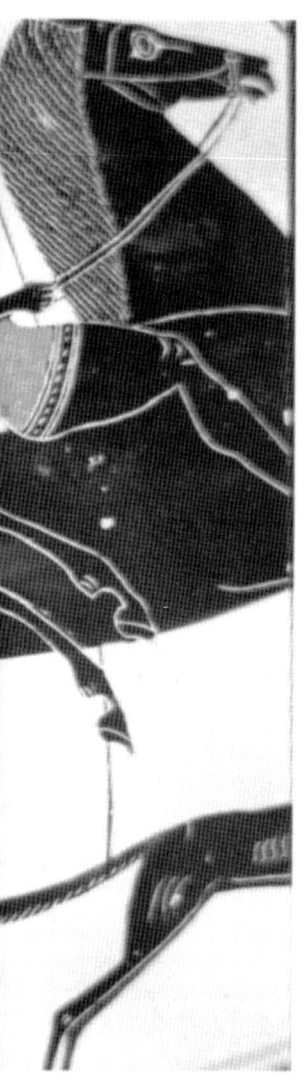

Griechische Reiterei wurde ursprünglich mit dem Adel assoziiert, der allein teure Reittiere halten konnte. Auf dieser schwarzfigurigen Vase aus dem sechsten Jahrhundert ziehen leichte Reiter stolz ohne Rüstung und Schilde oder gar Beinschienen, Schuhe oder schwere Helme aus, was auf ihre unbeschwerte Hilfsrolle auf dem Schlachtfeld verweist. Doch im vierten Jahrhundert begannen alle Armeen die Notwendigkeit von Hilfstruppen zu erkennen. Bald sollte das Bild eines elitären Kriegers weichen und durch Szenen mit Reitern in Rüstung inmitten des Schlachtgetümmels ersetzt werden.

Zwar hat man von Überfällen der Spartaner auf Häuser, Obst- und Weingärten gelesen, doch auch hier war genaue Zeitplanung entscheidend. Am besten war es genau zur Trauben- oder Olivenernte anzukommen – wie es die Spartaner 424 in Akanthos im nördlichen Griechenland taten –, wo die Besatzung das Pflücken vereiteln und so den Verlust einer gesamten Ernte bewirken konnte, was die Kapitulation einer gesamten *polis* erforderlich machte, die vom Weinbau abhängig war. Wein- und Obstgärten konnten abgehauen und gelegentlich auch angezündet werden, wenn es genügend trockenen Brennstoff in der Nähe gab, doch dies erforderte enorme Anstrengungen und selbst dann schwächte es den Baum oder Weinstock allenfalls und tötete ihn nicht ab. Es hatte den Verlust der Jahresernte zur Folge, nicht die Zerstörung von landwirtschaftlichen Investitionen über Generationen. Häuser wurden, wie im böotischen Plünderungszug durch Attika im letzten Teil des Peloponnesischen Krieges, geplündert und niedergerissen. Doch meistens war der wertvolle Holzbau schon evakuiert worden und es blieben nur die Mauern aus Schlammziegeln und die Dachschindeln übrig, die nicht brennbar waren und durch Verarbeitung einheimischen Tons leicht ersetzt werden konnten. Kurz, die Spartaner hatten, gemessen an einem Jahrzehnt Krieg gegen die Athener, in Attika sehr wenig erreicht. Die Verluste, welche die Athener erlitten – und diese waren beträchtlich – waren auf die nicht vorhergesehenen Folgen der Seuche von 430–428 und die Gefallenen der Infanterie bei Delion zurückzuführen.

Verwüstung war eine strategische Möglichkeit bei allen großen Invasionen in der griechischen Geschichte, bei denen der Krieg über eine einzige Hoplitenschlacht hinausging und in den Bereich ökonomischer Kriegführung eintrat – bei den Einfällen der Perser 480–479, den Angriffen der Spartaner während des Archidamischen Krieges 431–421, der Besatzung Attikas während des Dekeleischen Krieges 413–404 und den vier Märschen des Epaminondas in die Peloponnes von 371–362. Aber selbst in diesen Fällen wurden zwar Ernteverluste registriert und blieb das vorwiegend agrarische Wesen der antiken Gesellschaften unbestritten, doch spielte der landwirtschaftliche Schaden für den endgültigen Ausgang des Krieges keine Rolle. Die Perser wussten, dass sie um zu gewinnen die griechische Flotte und Armee bei Salamis und Plataä schlagen mussten statt zu versuchen die Stadtstaaten auszuhungern, indem sie die Landwirtschaft Griechenlands angriffen. Während des Peloponnesischen Krieges strebte König Archidamos zuerst danach Hopliten in offenem Gelände zu begegnen und nicht verlassene Farmen zu ruinieren. Die spartanische Festung bei Dekeleia war wertvoll – aber nicht entscheidend für den späteren spartanischen Erfolg – wegen der enormen Plünderungen, Desertionen von Sklaven, politischen Intrigen und der Verhinderung des Zuganges nach Attika. Die Thebaner zerstörten die Hegemonie der Spartaner, indem sie die Oberhoheit für befestigte Staaten wie Messena, Megalopolis und Mantineia übernahmen, nicht indem sie die Spartaner durch die Zerstörung von Wein, Korn und Bäumen aushungerten.

Als der spartanische Unruhestifter Brasidas und sein athenisches Gegenstück Kleon – für den Komödiendichter Aristophanes Mörser und Stößel dieses höllischen Krieges – bei einem Aufklärungsvorstoß im Norden nahe Amphipolis getötet wurden, erkannten beide Seiten die Aussichtslosigkeit des Konfliktes und der so genannte Archidamische Krieg (431–421) endete mit einem Patt. Die Athener übergaben alle spartanischen Gefangenen, die sie auf Sphakteria genommen hatten, und bauten ihre dortige Basis ab, wodurch sie das Gespenst eines Helotenaufstand ein wenig vertrieben. Sparta und Theben beendeten ihrerseits ihre Invasionen nach Attika und alle Parteien einigten sich den Vorkriegszustand wieder herzustellen. Keine Seite erlangte großen strategischen Vorteil durch die zehn Jahre des Tötens und der Zerstörung. Für Athen waren die Kosten für die Bemannung der Flotte und die Durchführung von Belagerungen und Überfällen enorm; für dieselben Kosten, die für das Führen des Krieges notwendig gewesen waren, hätte die Stadt *jedes Jahr zwei* neue Parthenons bauen können. In der Zukunft würde ein Sieg einfallsreichere Strategie, größere Mannschaftsstärke und zusätzliche Quellen für finanzielles Kapital erfordern. Sowohl in Sparta als auch in Athen blickten Pragmatiker, voller Unruhe nach einem neuen Krieg strebend, zum ersten Mal nach dem Gold Persiens.

In den späteren Ersatzkriegen während des so genannten Nikiasfriedens zwischen 421 und 415 setzte Athen ironischerweise seine Hopliten in kombinierten Seeoperationen ein, während Sparta und seine Verbündeten rechtzeitig eine kompetente Flotte aufbauten; während des gesamten Peloponnesischen Krieges gab es nicht mehr als drei oder vier Hoplitenschlachten im alten Stil. Und selbst diese Gefechte bei Delion, Solygeia, Mantineia und Syrakus spielten keine Rolle, als es darum ging den Krieg zu einem entscheidenden Ende zu bringen. Beide Kampfeslustigen wandten sich nun einer Reihe von Nebenschauplätzen in der ägäischen Welt zu, hetzten Verbündete auf und erkundeten neue Bündnisse, bis die Feindseligkeiten wieder aufgenommen wurden. Persien konspirierte um dem Imperialismus Athens Einhalt zu gebieten und Ionien zurückzugewinnen, indem es die Schaffung einer spartanischen Flotte subventionierte – eine Armada von 500 peloponnesischen Schiffen wurde avisiert –, was Athen veranlasste seine Anstrengungen zu verstärken die Peloponnes wachzurütteln. Im Jahr 418 leitete der brillante, aber rücksichtslose athenische General Alkibiades eine große Allianz peloponnesischer Staaten in die Wege um die Hegemonie Spartas in Mantineia herauszufordern. Trotz der Tapferkeit der Argiven und Manteianer zerschmetterte Sparta den Aufstand mit seinem gefürchteten Angriff auf die Rechte durch seine Elitetruppe der Spartiaten. Die Peloponnes war sicher; Oligarchen in Argos wendeten sich nun der spartanischen Sache zu und die Athener gaben jegliche weitere direkte Konfrontation mit der spartanischen Infanterie auf. Die Staaten der Peloponnes, welche die Unabhängigkeit anstrebten, würden ein halbes Jahrhundert auf die Ankunft des Epaminondas und seiner thebanischen Bauern warten müssen.

Athenische Strategen suchten anderswo Aggressionsmöglichkeiten. Sizilien erschien ein logischer Gewinn zu sein; seine große Kriegsflotte forderte die athenische Seeherrschaft heraus und seine Söldner und Transportschiffe hatten gelegentlich den Peloponnesiern Hilfe geleistet. Außerdem versprach aus Sicht der Versammlung von Athen die Eroberung von Syrakus, der größten Stadt Siziliens, reiche Kriegsbeute und zusätzliche Staatseinnahmen. Einige sprachen sogar von Sizilien als Sprungbrett für künftige Vorstöße gegen Karthago. Diese stürmischen Verfechter einer solchen Unternehmung – angeführt von dem seit Delion berühmten Alkibides – kümmerte es wenig, dass Syrakus 1280 km entfernt war, reichlich finanzielle Reserven, eine gute Reiterei und eine hervorragende Flotte besaß, und noch viel weniger, dass es ein demokratischer Staat war – oder dass in der Nähe an beiden heimatlichen Fronten unbesiegte spartanische und thebanische Fußtruppen verblieben waren und eine größer werdende peloponnesische Flotte nun die athenischen Gewässern der Ägäis befuhr. Thukydides liefert eine ambivalente Einschätzung der Unternehmung (415–413), in der er das tollkühne Streben hervorhebt, das so typisch für die imperiale Demokratie war, und sich doch als Mann des Militärs vom bloßen Ausmaß der Operationen deutlich beeindruckt zeigt. Er bemängelt fehlende heimatliche Unterstützung für das Unterfangen, aber in Wahrheit entleerten die Athener ihre Stadt und sandten zusätzlich gute Männer und *matériel* aus, die in einer Sache verloren gingen, die von Anfang an eine schlechte Idee gewesen war.

In zwei Armadas kämpften 40000–60000 Athener und ihre Verbündeten – eine größenwahnsinnige Idee, das gesamte Reich unter Waffen – mehr als zwei Jahre lang gegen die einzige andere große Demokratie in der griechischen Welt. Mit Hilfe der neuen peloponnesischen Flotte koordinierten die Syrakuser die Verteidigung Siziliens, zerstörten alle athenischen Schiffe, nahmen alle Angehörigen der eindringenden Armee gefangen oder töteten sie und richteten die athenischen Generäle hin. Es war die kostspieligste Expedition in der Geschichte der Kriegführung der Griechen in der Klassik, die 20 000 000 Drachmen verschlang – genug um *alle* Denkmale und Tempel auf der Akropolis von Athen zu bauen und noch einige dazu.

Fast 40 000 von denen, die mit dem Schiff hinfuhren, fielen entweder oder wurden versklavt – eine Verlustrate, die vierzig Mal höher war als beim athenischen Hoplitendesaster bei Delion. Thukydides nennt das athenische Debakel eine regelrechte militärische Ausrottung. „Die Athener", so sagt er von ihrer Katastrophe auf Sizilien, „wurden auf allen Gebieten und insgesamt geschlagen; alles, was sie erlitten, war groß; sie wurden vernichtet, wie man so sagt, in einer totalen Vernichtung, ihre Flotte, ihre Armee – alles wurde vernichtet und nur wenige von vielen kehrten heim."

Sparta belegte sofort systematisch Dekeleia, das 24 km von Athen entfernt war, um Desertionen aus dem ländlichen Attika und örtliche Störungen des Handels zu fördern, während es ständigen Druck ausübte um Tribut zahlende athenische Verbündete in der Ägäis abzuwerben, die der Lebenssaft der finanziellen und militärischen Reserven der Stadt waren. Die Spartaner waren jetzt das ganze Jahr über in

Attika und hatten klugerweise mehr Interesse an Plünderungen, Sklavendesertionen und politischen Aufständen als am Abhacken von Bäumen in der vergeblichen Hoffnung auf eine athenische Reaktion mittels Infanterie. Damit Wirtschaftskrieg in der antiken Welt wirksam funktionierte, mussten feindliche Truppen täglich anwesend sein und verhindern, dass die Bauern zu ihrer Ernte gelangten, flüchtigen Sklaven Zuflucht bieten und sowohl einen Umschlagplatz für gestohlenes Eigentum als auch eine Basis zur Unterstützung für Verräter und Aufständische bereitstellen. In diesem Sinne richteten die Spartaner im ersten Jahr ihrer Okkupation von Dekeleia (415) mehr wirtschaftlichen Schaden an als während aller Invasionen des Archidamischen Krieges (431–425). Und während die athenische Flotte noch für ein weiteres Jahrzehnt der vereinigten peloponnesischen Armada widerstand und Armee und Reiterei die feindlichen Fußtruppen aus der Stadt selbst heraushielten, bestand nach Sizilien und Dekeleia nie ein Zweifel über das Ende. Nach zwei oligarchischen Umstürzen 411 und 404 innerhalb der Stadt und dem Verlust der gesamten Flotte bei Aigospotamoi (404) war Athen erschöpft, moralisch, geistig und materiell.

Der Peloponnesische Krieg war nicht nur ein Beispiel der zerstörerischen Wirkung und Brutalität der westlichen Kriegführung, wenn sie auf kulturelle Zurückhaltung verzichtete, sondern, wie Thukydides vermerkte, „ein harter Lehrer" in Sachen menschlichen Verhaltens. Die drei Jahrhunderte währende Tradition der Infragestellung von Autorität und der Untersuchung der Logik des Krieges durch eine freie griechische Bürgerschaft lebte nun wie nie zuvor wieder auf, was dafür sorgte, dass dieser neuartige Krieg in allen Genres der klassischen Literatur – meist nicht zustimmend – betrachtet wurde, vom Drama über die Geschichtsschreibung bis zur Philosophie. Man bedenke auch, dass in fast allen Stadtstaaten Generäle und Kommandeure gewählte Offiziere waren und unter ständiger ziviler Kontrolle standen, abhängig von den Launen der öffentlichen Meinung. Alle angesehenen Generäle – Pausanias, Miltiades, Themistokles, Aristides, Kimon, Perikles, Alkibiades, Lysander und Epaminondas – wurden an irgendeinem Punkt ihrer Laufbahn entweder ins Exil geschickt, entlassen, öffentlich angeklagt oder mit Strafen belegt. Die acht athenischen Generäle, die für den *Sieg* in der Seeschlacht bei den Arginusen (406) verantwortlich waren, wurden hingerichtet, weil sie es versäumt hatten Überlebende von ihren eigenen unbrauchbar gewordenen Triremen zu bergen. Die Kritik am Krieg und die Führung des Kampfes waren im antiken Stadtstaat kein ungefährliches Spiel.

Die griechische Literatur hatte schon immer diese zivile Kontrolle widergespiegelt. Oft begegnet man in der Literatur allgemeinen Klagen über die schrecklichen Kosten des Kämpfens und dem Widerwillen gegen organisiertes Blutvergießen. So sagt Homers Zeus zu Ares, dem Kriegsgott: „Für mich bist du der verhassteste aller Götter, die den Olymp bewohnen. Stets sind deinem Herzen der Streit lieb, Kriege und Schlachten." Der bejahrte Nestor sagte später in der *Ilias* fast dasselbe über Kämpfe zwischen Griechen: „Außerhalb aller Brüderlichkeit, vogelfrei, heimatlos soll der Mann sein, den es nach all den Schrecken des Kampfes unter seinen eigenen Leuten gelüstet." Gefühle, die seltsam anmuten in einem Gedicht, das doch eigentlich den kriegerischen Heldenmut ehrte. Die Griechen glaubten, dass der Krieg dem Menschengeschlecht gewissermaßen im Blut liege und Teil der zivilisierten Kultur selbst sei; doch bedeutete dieser Pessimismus nicht, dass sie bestimmte Kriege für besonders klug, menschlich oder notwendig hielten.

Archilochos von Paros, der Dichter aus dem siebenten Jahrhundert, war in seiner Abneigung gegen Kampf bis zum Tod unbeschwerter: „Irgendein Barbar schwenkt meinen Schild, da ich gezwungen war, dieses wunderbare Ausrüstungsstück unter einem Busch liegen zu lassen. Doch ich entkam; was macht es also? Soll der Schild dahingehen. Ich kann mir einen neuen kaufen, der genauso gut ist." Viele Hopliten stimmten dem sicher zu. Die Dichterin Sappho wandte sich gegen die Sicht vor allem der Männer, die zu viel Gewicht auf militärisches Leben legten: Der schönste Anblick waren nicht Reiter, Fußsoldaten oder Schiffe – sondern „ich sage, sie, die man am meisten liebt, ist die Lieblichste". Pindar, der thebanische Dichter des frühen fünften Jahrhunderts, sah ihm Töten nichts Ruhmreiches. Stets Realist, warnte er, der Krieg sei „für den eine süße Sache, der ihn nicht kennt, aber für den, der ihn probiert hat, ist er ein Ding der Furcht". Für Herodot, dessen Geschichtsschreibung ein Loblied auf die Verteidigung des Heimatlandes der Griechen ist, war der Krieg ein perverses Zerrbild, in dem Väter Söhne begruben, statt um-

Griechische Armeen opferten verschiedenen Göttern Tiere – meist Schafe und Ziegen –, bevor sie Flüsse überquerten, auf den Feind trafen oder über das Schlachtfeld hinweg angriffen. Ob das geschlachtete Tier eine Dankesgabe war oder in der Hoffnung auf einen guten Ausgang der Schlacht getötet wurde, war wenig bedeutsam. Der Seher heiligte gewöhnlich alles, was schließ-

gekehrt. Sophokles, Admiral während der brutalen Belagerung von Samos 440, lässt in seiner Tragödie *Ajax* den Chor schreien: „Wer es auch war, der Griechenland zuerst den allgegenwärtigen Krieg mit seinen abscheulichen Waffen enthüllte, ich verfluche ihn! Hätte doch der Himmel oder das unbefangene Haus des Hades ihn vorher hinweggenommen. Er hat Leid über Leid auf Generationen gebracht, denn er war ein Zerstörer des Menschen." Bei ihrer Entstehung war die westliche Kriegführung scharfer Kritik, ständiger Überprüfung und öffentlichen Versuchen ihr ein Ende zu bereiten ausgesetzt.

Doch als der Peloponnesische Krieg sich hinzog, erreichten die traditionellen Be-

lich auf den Schlachtfeld geschah. Daher erachteten es nur wenige siegreiche Armeen für notwendig sich bei den Göttern zu entschuldigen und noch viel weniger ließen sie sich einen sicheren Sieg entgehen, nur weil die Zeichen vor der Schlacht „ungünstig" waren.

schwerden in Athen neue Stufen der Leidenschaft und des Zorns gegen eine vergebliche Zermürbungspolitik, die für beide Seiten keinen klaren Sieg bringen konnte. Thukydides verzeichnet einfühlsam die Verbitterung der Bürger des ländlichen Attika, die nach Hause zu ihren Gehöften zurückzukehren und die Kampfhandlungen mit den spartanischen Eindringlingen beendet zu sehen wünschten, und gibt eine absichtlich bildhafte Beschreibung der Vernichtung der kleinen griechischen Gemeinden von Mykalessos und Melos. In ähnlicher Weise kreisen die Komödien des Aristophanes *Die Acharner*, *Der Friede* und *Lysistrate* alle um einfache Bauern oder vernachlässigte Frauen, die als einzige genug Verstand haben um zu erkennen, dass die Kämpfe des Peloponnesischen Krieges sofort auf jede mögliche Weise beendet werden mussten. In diesen Stücken sind „Verträge", „Friede" und „Versöhnung" beinahe göttliche Begriffe, die mit Speise, Trank, Sexualität, Singen, Tanzen in Zusammenhang stehen und griesgrämige und raublüsterne Magistraten, Politiker und Waffenverkäufer, die vor dem Publikum namentlich verhöhnt und verspottet werden verzweifeln lassen.

Euripides' Drama *Troerinnen* wurde 415 verfasst, direkt nach dem Gemetzel der Athener an den Meliern, am Vorabend der großen Expedition nach Sizilien und deren Katastrophe. Der Dramendichter lässt Kassandra die griechische Invasion Trojas aus unterschiedlichen moralischen Gründen verdammen; ihr beißender Urteilsspruch kann Euripides' eigene offensichtliche Abneigung gegen die athenische Verderbtheit im anhaltenden Konflikt mit Sparta und seinen Verbündeten kaum verhehlen.

Philosophen des vierten Jahrhunderts beklagten weiterhin die radikalen Veränderungen in der griechischen Kriegführung, die durch den Peloponnesischen Krieg beschleunigt wurden. Platons Sokrates erhebt Einspruch gegen die ständige Verwüstung griechischen Landes und Eigentums und das Entkleiden von Toten, während Xenophon, Veteran einer panhellenischen Söldnerexpedition nach Asien, in seinen philosophischen Werken Alternativen zu Kampfhandlungen erkundete. Sowohl er als auch Aristoteles waren besorgt wegen der finanziellen Kosten, die ausgedehnte Belagerungen und Seekampagnen verursachten. Und Mitte des vierten Jahrhunderts prangerten athenische Redner wie Isokrates den Krieg in Griechenland insgesamt an. In verschiedenen Reden verlangte er nach einem „Allgemeinen Frieden", in dem anstrengendes Töten enden würde, was eine Erholung des Staates vom Bankrott und Rückkehr des Wohlstandes erlauben würde. Viel besser war es die Perser zu strafen, die viele der Kräfte im Peloponnesischen Krieg finanziert hatten, als griechische Landsleute zu töten – Platon hatte vorher bemerkt, dass Griechen und Barbaren „natürliche Feinde waren", nicht streitende Vettern.

Zu dem Zeitpunkt, da der Peloponnesische Krieg beendet war, hatten sich die einstigen Krieg führenden Staaten radikal verändert – die Spartaner waren nun eine Seemacht, die Athener Meister seegestützter Infanterieoperationen. Die anfängliche Führerschaft – Archidamos in Sparta, Perikles in Athen – war ebenso wie Tausende Zeloten längst tot und die ursprünglichen Ursachen des Konfliktes weitgehend vergessen bei denen, die mit dem Kampf fortfuhren. Dieser endlose Kreislauf aus Herausforderung-Reaktion-Gegenreaktion nahm ein siebenundzwanzig Jahre währendes Eigenleben an und so ging die alte hellenische Vorstellung verloren, dass der Krieg der *polis* diente, statt die *polis* dem Krieg. Kurz, der Peloponnesische Krieg war wie eine breite Leinwand, auf der das Beste und das Schlechteste westlicher Kultur mit breiten Strichen mit einem Mal Gestalt gewann: die erschreckende Gabe der Griechen, erfinderisch immer mehr Wege zu finden um Soldaten und Zivilisten zu töten und gleichzeitig ihre verblüffende Neigung die Freiheit, den Mut und die Brillanz ihrer besten Köpfe einzusetzen um genau diese abgrundtiefe Dummheit zu beklagen.

Eine denkwürdige Armee

Welche militärischen Lektionen konnte man nun aus dem Peloponnesischen Krieg lernen? Dass er Geld kostete. Ein einziges Jahr Krieg im Stile Athens zu Land und zur See konnte die Mehrheit der griechischen Stadtstaaten finanziell ruinieren. Tempel wie die für Apollo in Brassai, Aphaia auf Ägina oder Apollo bei Delphi erforderten eine komplizierte Finanzierung und brauchten Jahre zu ihrem Bau; dennoch hätten allein die Athener alle drei mit dem, was sie in jeder Saison während des Peloponnesischen Krieges ausgaben, in einem einzigen Jahr bauen können. Aristophanes beklagte sich bitterlich über den athenischen Wohlfahrtsstaat, der die Behinderten, Arbeitslosen, Armen und Alten (5000 bis 10 000 Menschen?) bezahlte, damit sie als Geschworene fungierten, das Theater betreuten oder Regierungsbeamte wurden. Doch für den Preis der Sizilienexpedition hätte Athen die gesamte Einwohnerschaft von 40 000 Bürgern zu vollem Lohn anheuern können, um sie ein Jahr lang herumsitzen und nichts tun zu lassen – und in diesem Tausch hätte man sie auch in Sicherheit behalten und noch Geld gespart.

Auf rein taktischer Ebene wurde gezeigt, dass der Überraschungsangriff immer noch eine drastische Möglichkeit war die Fußtruppen eines Gegners zu vernichten, wie die Kämpfe sowohl bei Delion (424) als auch bei Mantineia (418) gezeigt hatten. Solche dramatischen und schrecklichen Gefechte, in größerem strategischen Kontext angewandt, sollten Markenzeichen der westlichen Kriegführung bis weit nach dem Tod Alexanders bleiben. Hoplitische Helme und Körperschutz waren nun leichter und Manöver – zumeist simple Versuche der Umfassung und des Einsatzes von Reservekräften – machten die offene Feldschlacht zu mehr als einem einfachen Aufeinanderprallen schwerer Infanterie. Dennoch gab es nur wenige Staaten, die überhaupt noch bereit waren, ihre gesamte Verteidigung der schweren Infanterie anzuvertrauen. Der Sieg Spartas bedeutete für jeden Hoplitenkampf, in offener Feldschlacht auf die gefürchtete spartanische Phalanx zu treffen – tatsächlich beschwor jeder größere hoplitische Konflikt im vierten Jahrhundert bis zur Schlacht von Chaironeia das unangenehme Gespenst des Ansturms auf die Linie der spartanischen Rotmäntel herauf.

Wenn auch Hopliten offene Feldschlachten gewinnen konnten, so wurden Kriege doch durch Materialreserven und Engagement entschieden – und beide waren nicht mehr dasselbe wie zuvor. Als erst einmal die Verbindung zwischen Bürgerschaft und Militärdienst zerstört war, zogen es viele griechische Armeen vor die Infanterie durch flexiblere Leichtbewaffnete und Männer mit Fernwaffen zu verstärken. Kulturelle und soziale Bedenken waren zweitrangig gegenüber dem Töten des Feindes auf wirksamste Weise. Das Vermögen der Athener die spartanische Invasion im Archidamischen Krieg von ihren Mauern fernzuhalten und auf der anderen Seite die Uneinnehmbarkeit der spartanischen Festung bei Dekeleia bewiesen, dass vor der Zeit der schweren Artillerie befestigte Positionen im Angriff nahezu uneinnehmbar waren und als Basen für kombinierte Operationen genutzt werden konnten, die mehr waren als einfache passive Verteidigung. Auf der anderen Seite musste der Angriff auf einen Feind innerhalb einer Befestigung nicht durch Hopliten erfolgen, die das Bollwerk über Leitern erklommen, oder durch das Abhacken von Bäumen auf der Ebene, sondern indem man eine völlig neue Generation von Belagerungsmaschinen baute, deren komplizierter Aufbau und Mobilität – zu unverschämten Kosten – darauf zielten immer längere, höhere – und teurere – Mauern niederzureißen.

Außerdem waren während des gesamten Peloponnesischen Krieges von beiden Seiten die Armen und Sklaven sowie Söldner zum Einsatz gekommen. Der spartanische General Brasidas hatte im nördlichen Griechenland 1700 Hopliten eingesetzt, die befreite Heloten waren, und die Mannschaften der athenischen Triremen bestanden ausschließlich aus Landlosen. In den späteren Tagen des Krieges wurden alle Triremen zunehmend durch Sklaven verstärkt, vielleicht bis zu einem Verhältnis von mehr als der Hälfte leibeigener Ruderer. Im Jahr 390 waren schon mehr befreite Heloten in der spartanischen Armee als spartiatische Gleiche. Reine militärische Notwendigkeit, nicht abstrakte Begriffe wie Landwirtschaft oder Bürgerrecht, bestimmten jetzt, wie und wann ein Stadtstaat kämpfte und was für die Erneuerung des Militärwesens nötig war. Dabei wurde aber auch die Vorstellung untergraben, dass die *polis* billig durch eine Gemeinschaft aus freien Bauern mit Bürgerrechten verteidigt werden sollte.

Die griechischen Staaten hatten keine Lösung für die neuen Widersprüche des Peloponnesischen Krieges. Angeheuerte Soldaten, die sich entwickelnde Wissenschaft der Logistik und die Technologie der Belagerungsmaschinen und Befestigungen kosteten weitaus mehr als eine Kolonne Hopliten – und bedeuteten Steuern, für den agrarischen Stadtstaat ein altes verhasstes Thema. Doch diejenigen, die zum allgemeinen Dienst in den Fußtruppen verpflichtet waren, stellten jetzt eine kleine Minderheit der ansässigen Bevölkerung dar und waren nicht erpicht darauf außerhalb der Grenzen ohne Geld zu kämpfen – und das Mustern von Hopliten konnte ohnehin die Sicherheit des Stadtstaates nicht mehr garantieren.

Ein brutaler Kreislauf kam nun in Gang: Einkommen, Eigentum und Verbrauchssteuer wurden erhöht um für die militärischen Ausgaben aufkommen zu können. Dies schwächte seinerseits die agrarische Struktur der *polis*, was bedeutete, dass noch weniger freibäuerliche Hopliten für den Militärdienst zur Verfügung standen. Die Armeen wurden dann immer mehr zu Söldnerarmeen – was noch mehr Geld von den hart arbeitenden Bauern verlangte. Bauern verließen das Land um der Armee beizutreten, da sie lieber Sold empfangen als Steuern zahlen wollten – ein Kreislauf, der sich auch in den letzten beiden Jahrhunderten der Römischen Republik wiederholen sollte, als sich der Krieg über die örtlichen Grenzen hinaus in ähnlicher Weise so entwickelte, dass er kaum noch egalitären Interessen diente. Infolge dieser dramatischen Revolution in der Kriegführung

Der Schild sagt viel über die Natur der hoplitischen Kriegführung aus. Seine beachtliche Größe und sein großes Gewicht erforderten den vollen Einsatz des linken Armes, was den Gebrauch von Piken ausschloss, für die man beide Hände gebraucht hätte; die feste und schwere Eichenkonstruktion des Schildes sorgte auch dafür, dass der Krieger nur eine relativ kurze Zeit in der Schlacht aktiv sein konnte. Der Armring (porpax) und der Handgriff (antilabê), die hier gezeigt werden, erlaubten es den 20 Pfund schweren Schild mit dem einen Arm in Brusthöhe zu halten. Seine gewölbte Form ermöglichte, dass der obere Rand auf der Schulter ruhte, wenn der Hoplit in den inneren Reihen nach vorn drückte. Moderne Simulationen beweisen, dass nur wenige Männer in der Lage sind, Schilde von 20 Pfund länger als ein paar Minuten vom Körper entfernt zu halten.

DIE GROSSEN KRIEGE

bewegte sich die griechische Gesellschaft nach und nach auf eine Kultur zu, der zwei statt drei Klassen angehörten: die wenigen, die das Land besaßen, und die vielen, die es bearbeiteten und für andere schützten.

Neue archäologische Karten der ländlichen Gebiete Griechenlands bestätigen einen schrittweisen Rückgang der ländlichen Bevölkerung gegen Ende des vierten Jahrhunderts – ein Trend, der nicht durch den Verlust der Höfe während des Peloponnesischen Krieges begonnen hatte, sondern vielmehr durch die feineren und schleichenderen Praktiken, die während dieses Konfliktes eingeführt wurden. Im Wesentlichen verlief die griechische Geschichte jetzt rückwärts: Kriege im vierten Jahrhundert wurden zunehmend um Raubgut und Autokratie von Eliten, denen Arme und Söldner folgten, geführt – das war genau die Situation aus der Zeit einige Jahrhunderte zuvor, die der Stadtstaat und seine hoplitische Agenda einst überwunden hatten. Es war daher kein Wunder, dass massive hellenistische Gräber

für die Kriegstoten selten auf öffentliche Veranlassung oder die einer Gemeinde errichtet wurden, sondern unwahrscheinlich kostenaufwendige und protzige Privattempel und Altäre für einige wenige Autokraten waren – dies alles bedeutete eine Rückkehr zum Säulen- und Kammergrab und zur Tholos aus Zeiten vor der *polis*.

Auf strategischer Ebene verfeinerte die wachsende Grausamkeit des Peloponnesischen Krieges die Fähigkeiten der griechischen Armeen und Kriegsflotten in einem Maße, das im Mittelmeerraum seinesgleichen suchte. Tatsächlich blieb die persische Einmischung auf Kapitaltransfer beschränkt und beinhaltete keine militärische Unterstützung, die wahrscheinlich wenig nützlich gewesen wäre. Es starben wesentlich mehr Griechen im Peloponnesischen Krieg als in allen Schlachten zu Lande oder zur See von den Persern getötet wurden, von Marathon 490 bis hin zu Alexanders endgültigem Triumph bei Gaugamela 331. Mit dem peloponnesischen Krieg setzte sich eine allgemeine Erkenntnis durch, die bis weit in die heutige Zeit hinein gelten sollte: Die wahre Gefahr für eine westliche Armee war stets eine andere westliche Armee.

Die Komplexität der neuen hellenischen Art des Krieges wurde deutlich, als die Feindseligkeiten endeten. Im Jahr 401 stellte der Anwärter auf den persischen Thron, Kyros der Jüngere, fast 10 000 griechische Söldner ein – meist ausgebildete arbeitslose Veteranen aus Arkadien und Achäa in der Peloponnes – um seine Thronfolge zu sichern. Xenophons bemerkenswerter Augenzeugenbericht, die *Anabasis* („Hinaufstieg"), beschreibt ihren Zug über 2400 km nach Babylon, das überragende Können der Hopliten in der nachfolgenden verlorenen Schlacht bei Kunaxa (401) – Kyros vereitelte den Sieg der Griechen durch einen übereilten tödlich endenden Angriff auf seinen verhassten Bruder Artaxerxes – und den heroischen Rückmarsch über 3200 km durch Medien, Karduchien, Armenien zurück in die Sicherheit von Byzanz.

Der überraschende Erfolg der Zehntausend bei ihrem Marsch direkt durch persisches Territorium machte griechischen Militärköpfen einige Dinge klar: Erstens, griechische Soldaten waren im Stande sich vom reichen persischen Land zu ernähren und in Zeiten des Zwanges ziemlich systematisch – und demokratisch – geschickte Gruppen zur Nahrungssuche und -beschaffung zu organisieren, die Tausende über Monate im Feld ernähren konnten; zweitens, die Schlacht bei Kunaxa und ihre Nachwirkungen bewiesen, dass keine Infanterie der Welt einer Hoplitenphalanx widerstehen konnte, die an den Flanken geschützt war; und drittens, Griechenland besaß Leichtbewaffnete und Reiter, die bei entsprechender Ausbildung und Integration in die schweren Fußtruppen Hopliten verstärken und schützen konnten, die in schwierigem Gelände und gegen eine Vielfalt feindlicher Bogenschützen, Kavallerie und Irregulärer marschierten. Der Erfolg der Zehntausend unterstrich, dass das griechische Militär ohne ethischen Zügel des Agrarianismus jetzt der allgemeinen hellenischen Dynamik in Wirtschaft und Wissenschaft, die sich schon seit einem Jahrhundert im Mittelmeerraum hervorgetan hatte, ein Partner sein konnte.

Innerhalb von drei Jahren gelangten die Spartaner auf persisches Territorium, scheinbar um die Freiheit der ionischen Griechen zu sichern. Tatsächlich begannen ihre integrierten hoplitischen und berittenen Streitkräfte, unterstützt von den Resten der Zehntausend, die Satrapien des Großen Königs entlang der Ostküste der Ägäis zu plündern, in Vorbereitung der erwarteten entscheidenden Kraftprobe mit Artaxerxes' großer Armee. Im Jahr 396 waren die Peloponnesier schon dabei unter dem Kommando des spartanischen Königs Agesilaos weitere große Angriffe gegen das Innere Persiens zu planen. Persien hatte jedoch bald eine neue athenische Flotte finanziert, die im August 394 vor Knidos im südwestlichen Kleinasien einen nachhaltigen Sieg über die peloponnesischen Schiffe errang. Zusätzlich hatte das persische Gold zur Organisation eines hellenischen Bündnisses gegen Sparta daheim in Griechenland beigetragen, das drohte in Abwesenheit der in Übersee kämpfenden Hauptstreitmacht des Agesilaos in die Peloponnes einzudringen.

Agesilaos war gezwungen seine spartanischen Hopliten zurückzuziehen um die griechischen Armeen auf dem Festland zu treffen und Persien für das nächste halbe Jahrhundert vom Gespenst der griechischen Invasion zu befreien. Am Fluss Nemeia nahe Korinth (394) verteidigten die heimische spartanische Armee und ihre peloponnesischen Verbündeten eine Koalition aus Argivern, Korinthern, Thebanern und Athenern in der größten Hoplitenschlacht seit Plataä. Und Wochen später wiederholte Agesilaos bei seiner Rückkehr aus Kleinasien den Ausgang der Schlacht von Nemeia; seine zurückkehrenden Expeditionsveteranen trafen die Thebaner bei Koroneia in Böotien in einem Angriff Mann gegen Mann, bei dem erfahrene Berufssoldaten zähen Bauern gegenüberstanden – „eine Schlacht wie keine andere unserer Zeit", bemerkte der Geschichtsschreiber und möglicherweise Augenzeuge Xenophon. Im Jahr 387 schlossen Persien, Theben, Athen und Sparta Frieden und der so genannte Korinthische Krieg war beendet. Die Unfähigkeit der Spartaner mit der alten athenischen Überseehegemonie der Griechen fertig zu werden war klargestellt; dennoch erhielt Spartas meisterliche Umsetzung der konservativen Grundsätze hoplitischen Kampfes noch für einige Zeit ihr oligarchisches Bündnis in der Peloponnes intakt.

Zwar hatte Sparta den Peloponnesischen Krieg gewonnen und sich für das nächste Vierteljahrhundert als unschlagbar im Hoplitenkampf erwiesen. Doch sein Polizeistaat war weniger als die anderen großen Stadtstaaten fähig das Erbe entweder der athenischen Hegemonie oder die geistige Führerschaft Griechenlands zu übernehmen. Seine Wirtschaft basierte nicht auf Geld und seine hoplitische Einwohnerschaft war zahlenmäßig gering und ging zurück – und der Krieg verlangte jetzt Geld und große Zahlen, nicht nur Nerven und Muskeln. Kontrolle über die zunehmend ruhelosen Heloten bedeutete, dass Expeditionen nach Möglichkeit kurz sein mussten. Damit sie die strenge Disziplin aufrechterhalten konnten, durften sie nicht für lange Zeit im Dienst sein. Dennoch waren im Durchschnitt in den Jahrzehnten, die dem Peloponnesischen Krieg folgten, zwanzig oder mehr ihrer besten Generäle nunmehr fern von Sparta stationiert, manche sogar fünf bis zehn Jahre hintereinander. Kontakt mit überseeischem Gold, Luxus und Handel konnte das Festhalten der Kommandeure am Lakonismus nur untergraben – die Bestechlichkeit angesehener spartanischer Bürger wie Lysander war tatsächlich ein beliebtes festes Klischee in der griechischen Literatur des vierten Jahrhunderts.

Dennoch blieb die größte Schwachstelle im gesamten militärischen System Spartas die geringe Mannschaftsstärke. Aristoteles merkt an, dass es schon Ende des vierten Jahrhunderts nicht mehr als 1500 spartiatische Vollbürger gab, obwohl der Landstrich Lakonien 30 000 hätte versorgen können – jede andere Klasse in Lakonien und Messenien vermehrte sich, nur nicht die Gleichen, die, wenn sie in den

Diese Nachbildung eines archaischen Hopliten aus dem achten und siebenten Jahrhundert vermittelt uns einen Eindruck davon, wie schwer eine vollständige Rüstung gewesen sein muss. Helm, Brustpanzer, Armschützer, Schild, Gürtel, Beinschienen, Oberschenkel-, Knöchel- und Fußschützer sowie ein Schutz für den Unterarm gaben ihm zusammen mit Lanze und Schwert beinahe absoluten Schutz vor Angriffen durch Geschosse und Lanzen, jedoch zum Preis 31,5 kg, die unter der Sommersonne zu tragen waren. Armschützer mögen nur am rechten Arm getragen worden sein, da der Schild für den Schutz der gesamten linken Seite sorgte. Die Krone (nicht im Bild) reichte 30 cm oder weiter nach oben und trug ebenfalls zur Schwerfälligkeit des Hopliten bei. Man weiß nicht, wie oft die Kampfhandlungen zu einem Schwertkampf verkamen, aber die hölzernen Lanzen der ersten Reihe müssen in großer Zahl unter dem Schwung der anrennenden, zusammenprallenden Kolonnen gebrochen sein. Im Unterschied zu römischen Legionären waren die Hopliten im Angriff mit dem Schwert nicht geschult und ihre Messer und kurzen dolchartigen zweischneidigen Schwerter waren in Form und Ausführung der römischen Hieb- und Stichwaffe, dem gladius, unterlegen.

DER KRIEG IN DER GRIECHISCHEN ANTIKE

Phalangen in der mittelalterlichen Schweiz, in Deutschland und Italien entsprachen den Formationen der makedonischen Phalangiten, nicht der griechischen Hopliten. Als der plumpe 90 cm große und 9 kg schwere konkave Schild aufgegeben wurde, konnten die Phalangiten beide Hände benutzen um eine viel längere und schwerere Pike (sarissa) zu tragen. Die Typen der ersten Generation solcher Waffen waren zwischen 4,80 und 5,40 m lang oder etwa dreimal so groß wie der Soldat. Jede Lanze mit einer Länge von mehr als 4,50 m erforderte zwei Hände und hat die Tendenz sich zu biegen und durchzuhängen, selbst wenn sie aus erlesenem Hartholz wie Esche oder Kornelkirsche gefertigt ist. Der große eiserne Kopf wurde von einem ebenso deutlich ausgeprägten Enddorn ausbalanciert und wir können annehmen, dass die meisten sarissas in Aktion eher gebogen als absolut gerade waren und mit noch größerer Häufigkeit brachen als hoplitische Lanzen.

Zwanzigern waren und hätten heiraten und Familien gründen können, auf Patrouille oder in den Kasernen waren.

In der chaotischen Welt Griechenlands im vierten Jahrhundert konnten Feldzüge Monate dauern und die Allgegenwart von neuer Technik und Söldnern erschöpfte menschliche und finanzielle Reserven in astronomischer Geschwindigkeit. Sparta jedoch versuchte sein strenges Kasernenleben zu erhalten. Dazu gehörte, dass alle Jungen über sieben Speisegesellschaften beitraten und Heiratsalter durch vorgeschriebenen Drill und Teilnahme an Feldzügen weiterhin nach oben geschoben wurde. Ständige Kämpfe in den sechzig Jahren, die dem Ausbruch des Peloponne-

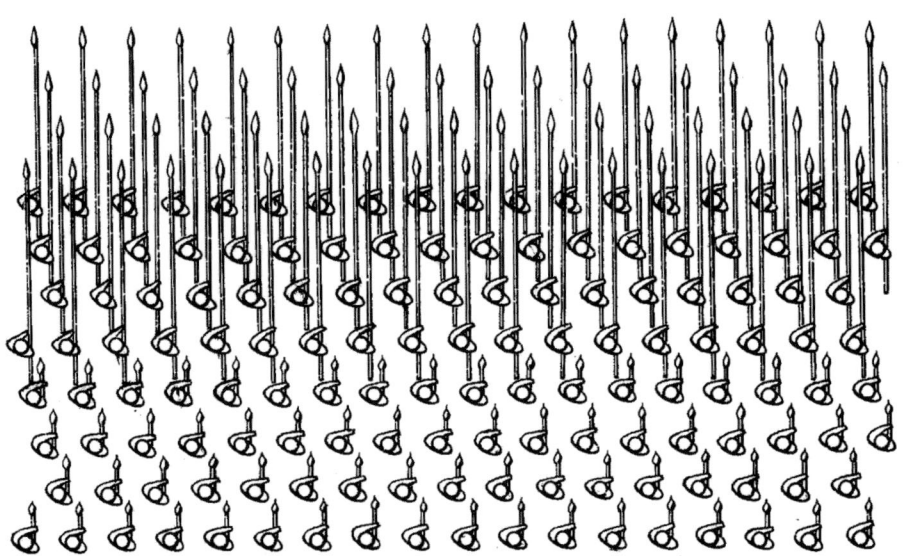

sischen Krieges folgten, hatten das Reservoir an Männern im militärtauglichen Alter rein durch den Verschleiß in ständigem Dienst außer Landes reduziert. Selbst seine Fußtruppen bestanden im vierten Jahrhundert mehrheitlich aus Verbündeten oder waren mit Lakoniern von niederem Stand ergänzt. Das Verhältnis von Spartiaten zu den anderen in der Phalanx betrug annähernd eins zu fünf und – schlimmer noch –, die meisten dieser raren Gleichen waren an den empfindlichsten Positionen der Linie eingesetzt, wo Verluste am wahrscheinlichsten waren, entweder um den König herum oder als Rottenführer und Frontlinienhopliten.

Unter den neuen Regeln griechischer Kriegführung bedeutete militärische Überlegenheit also ganz klar Mannschaftsstärke und Kapital, was erklärt, warum im Jahr 377 die nicht zu unterdrückende athenische Seedemokratie wieder auflebte und ein zweites, wenn auch weniger imperialistisches, Seebündnis unter Kontrolle hatte.

Dennoch lag die wirkliche Macht in Griechenland für beinahe ein Jahrzehnt (371–362) auf der anderen Seite der attischen Grenze in Theben. Dessen plötzliche Bedeutung bedarf der Erklärung. Das thebanische Militär operierte in einer paradoxen Situation, bestimmt von einem reaktionären Vertrauen auf Hopliten und der unmerklichen Verfeinerung der Taktik und Strategie hoplitischer Kriegführung, die der alten Waffe eine tödliche neue Zerstörungskraft verleihen konn-

DIE GROSSEN KRIEGE

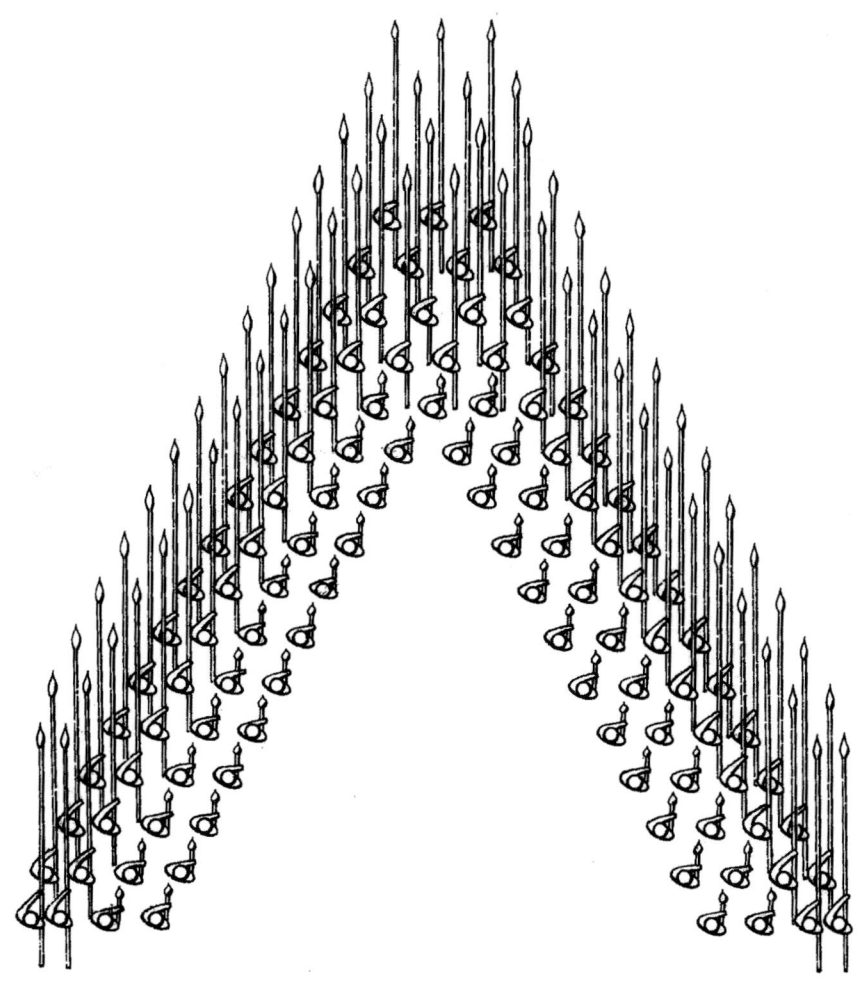

Taktische Handbücher und einige unserer antiken Berichte erwähnen eine rhombische Formation, die wirksam war, wenn entweder schwere Reiterei oder Pikeniere der Fußtruppen ihren ersten Angriff auf einen kleinen Punkt in der feindlichen Linie konzentrieren wollten. Der Einsatz aller Arten von Phalangiten, Reservisten, spezielle Formationen massierter Fußsoldaten und die Reduzierung der schweren Rüstung, womit man sowohl größere Beweglichkeit als auch den Einsatz von Piken ermöglichen wollte, sind das Erbe des hellenischen Zeitalters, das Form und Funktion der klassischen Phalangen ohne ihren zivilen Ethos übernahm, der Zeit, Ort und Zweck massierter Kämpfe auf eine Art kontrollierte, die militärisch nicht immer effektiv war.

ten, wenn sie unter sorgfältiger strategischer Planung von Zeit und Raum eingesetzt wurden.

In diesem Zusammenhang muss man sich zum Ersten unbedingt ins Gedächtnis rufen, dass Böotien aus einer Reihe riesig großer und fruchtbarer Ebenen bestand. In den 370-er Jahren wurden seine zahlreichen autonomen Stadtstaaten zum Bund vereint und so fasste die gesamte Region zum ersten Mal in der griechischen Geschichte ihre materiellen und menschlichen Ressourcen zu einer natürlichen und demokratischen Einheit zusammen. Die Böoter standen unter nominaler Führerschaft Thebens, ihre landwirtschaftliche Fläche war reicher und ausgedehnter als die Attikas und ihre Bevölkerung war mit beinahe 100 000 größer als die Lakoniens – und sie sahen keinen Grund politische Unterwerfung dem einen oder dem anderen gegenüber zu tolerieren.

Überdies hatte der hartnäckige Glaube Thebens an die Hopliten eine gewisse Logik. Kriegsflotten, Befestigungen, Belagerungskunst, Söldner und Soldaten mit Fernwaffen waren teuer und größtenteils notwendig für Feldzüge außerhalb der schützenden Ebenen des griechischen Festlandes. Wenn jedoch die Strategie eines Staates größtenteils defensiv war – oder wenn man sich auf Märsche von einigen Tagen Entfernung von daheim beschränkte –, dann waren traditionelle Hoplitenarmeen noch immer unbesiegbar und extrem billig. Selbst wenn andere Stadtstaaten sich nicht an die alten Regeln hielten, würden alle potenziellen Eindringlinge schließlich die Ebene Böotiens überqueren und darauf die thebanische Phalanx zu ebener Erde treffen müssen. Auf zugänglichem Flachland wie Böotien – die großen Schlachten der griechi-

127

Hier beseitigt ein Handwerker Unregelmäßigkeiten von einem soeben gegossenen bronzenen korinthischen Hoplitenhelm. Die Herstellung von Rüstungen ist ein beliebtes Thema der klassischen Vasenmaler, denen nicht nur die zentrale Stellung militärischer Ausrüstung im griechischen Leben bewusst war, sondern die auch ein Gespür für die künstlerische Schönheit der hoplitischen Rüstung hatten. Eine voll ausgerüstete Phalanx in Bewegung war wie eine Trireme mit Rudern und nicht nur ein Instrument des Todes, sondern für sich genommen ein schrecklich schöner Anblick. Die Griechen trugen keine regelmäßige Kriegsbemalung und gingen nicht mit blutigen Andenken an frühere Tötungen in die Schlacht, sondern ihre Rüstung war sorgfältig gearbeitet und poliert. Sie wollten Stolz auf ihre Familie und auf ihre Nation, sie wollten Gruppensolidarität ausstrahlen und den Feind beeindrucken und in Schrecken versetzen.

schen Geschichte von Plataä bis Chaironeia wurden alle dort geschlagen – war der Einsatz von Fußvolk in Massen immer noch sinnvoll.

Die Schwierigkeit bestand darin die alte Phalanx taktisch vor den neuen Herausforderungen verbundener Waffen zu schützen und dafür zu sorgen, dass der alte Glaube der Böotier an die Notwendigkeit eines allgemeinen Militärdienstes stark blieb. Die Thebaner schafften unter der Führung der gewählten Generäle Epaminondas und Pelopidas beides hervorragend. Das föderale System der repräsentativen und verfassungsmäßigen Regierung minderte innere Kämpfe, und so steuerten die meisten umliegenden agrarischen Gemeinden bereitwillig ihre bäuerlichen Hopliten zur böotischen Sache bei.

Zweitens strebte man mit taktischen Innovationen danach die Kräfte zu verstärken, welche den böotischen Fußtruppen innewohnten, die in der Antike berühmt für Muskelkraft und kämpferische Wildheit waren. Seit der Schlacht bei Delion (424) waren die Kolonnen der Thebaner stärker als der hoplitische Standard von acht Schilden, nämlich zwischen sechzehn und fünfundzwanzig, und bei Leuktra fünfzig Mann tief. Zwar lagen die Flanken einer solchen massiven Phalanx durch die tiefere Kolonne offener. Auch wurde die initiale Tötungskraft offensiver Waffen reduziert, da mehr Lanzenträger aus den ersten drei Reihen (die allein den Feind beim Eröffnungsangriff erreichen konnten) herausgenommen und nach hinten versetzt wurden. Dafür gewannen die Thebaner mit dieser Masse von Schilden eine enorme Stoßkraft und die Idealvorstellung von einem Angriff war, dass dank des Drucks ihrer Körper böotische Freibauern ein Loch schlagen und dann direkt durch den Feind stoßen sollten, bevor sie an den Flanken überwältigt wurden. In der klassischen Sprache der Taktik verfeinerte Epaminondas die Tradition der Anwendung gleichen Druckes entlang der Schlachtlinie zu einer Konzentration der Kraft auf den linken Flügel in der Erkenntnis, dass in vergangenen Schlachten der Sieg ohnehin an den seitlichen Spitzen errungen wurde.

Eine tiefere Phalanx verstärkte auch den Eindruck von kämpferischem *élan*, da es den Thebanern in dieser Masse oft deshalb gelang die feindlichen Reihen zu durchbrechen, weil sie davon überzeugt waren es auch zu können. Im Gegensatz zu den geschulteren Spartanern, die zum Flötenspiel marschierten und deren Drill ihnen komplizierte Richtungsänderungen und Flankierungsbewegungen ermöglichte, fand die Amateurhaftigkeit der böotischen Bauern einen natürlichen Ausdruck in reiner brutaler Kraft und dem rollenden Schwung des massiven Angriffs. Die besten Veteranen der Menge bemannten dabei die vordere Kante der Phalanx und hielten die Rückfront zusammen, während jene, die kräftig, aber weniger erfahren waren, aus der Mitte heraus schoben.

General Epaminondas fügte noch ein paar wichtige ergänzende taktische Elemente hinzu. Die thebanische Masse und die kämpferische Elite wurden in der böotischen Schlachtlinie links aufgestellt, *nicht* rechts um die gegenüberstehende königliche Elite auf der Rechten der spartanischen Phalanx zu zerschlagen – die Geschichte der offenen böotischen Feldschlacht des vierten Jahrhunderts ist zumeist eine Geschichte des Kampfes gegen Spartaner –, was die Moral der gesamten Peloponnesischen Armee zerstörte und womit sie den Spartanern, wenn sie den Feind durch Einleitung einer flankierenden Bewegung aufzurollen versuchten, zuvorkommen konnten. Zusätzlich sorgten spezialisierte Kontingente auf der Rechten und der Einsatz integrierter Kavallerietaktiken dafür, dass die einheimischen Böoter ihre neuen schwerfälligen und unbeholfenen Kolonnen vor leicht bewaffneten Plänklern und Peltasten des Feindes beschützen konnten. Es war Tradition, dass Pelopidas die Heilige Schar als „Schneide" der Schlachtlinie anführte – anscheinend waren diese erlesenen und ziemlich fanatischen Soldaten der Keil, der den Weg für die Masse dahinter bereitete. Spezialisierte *hamippoi* oder Leichtbewaffnete, die dafür ausgebildet waren an der Seite von Reitern zu kämpfen, schützten die Flanken und verliehen dem Angriff von Reitern Flexibilität.

Das Ergebnis war die Entstehung der tödlichsten Infanterie in der Geschichte der griechischen Kriegführung in der Klassik. Bei Leuktra führte die thebanische Phalanx 371 ihre zahlenmäßig unterlegenen Böoter direkt durch die Spartaner hindurch, tötete König Kleombrotos, vernichtete 400 der elitären und zunehmend seltenen Spartiaten und weitere hunderte ihrer lakonischen und peloponnesischen Bündnispartner. Fast alle der Gleichen, die sich auf dem rechten Flügel der Spartaner der thebanischen Dampfwalze – achtzig Schilde in der Breite, fünfzig in der Tiefe – entgegenstellten, ließen ihr Leben. Da Sparta ohne Ummauerung geblieben war und seine Verteidigung ausschließlich dem Kampfesmut eben dieser Hopliten oblag, gab es nun theoretisch nichts mehr, was den Ansturm der Thebaner auf die Straßen von Sparta selbst verhindern konnte.

Abermals waren die thebanischen Taktiken bei Leuktra nicht revolutionär, wie das Historiker gewöhnlich behaupten, sondern einfach zweckmäßig und dem nationalen Charakter und den beschränkten strategischen Ambitionen der Thebaner angepasst. Tatsächlich schrieb das thebanische Gesetz seinen Generälen im Feld nur eine einjährige Amtsdauer vor, da man sich nicht einmal vorstellen konnte, dass eine böotische Armee jemals länger als zwölf Monate außer Landes bleiben müsse. Auch der zusätzliche Einsatz thebanischer Reiter bei Leuktra war nicht neu. Kavallerie war vordem in sehr engem Zusammenspiel mit Infanterie bei Delion (424), von den Syrakusern auf Sizilien (413) und den Spartanern in Kleinasien eingesetzt worden. Außerdem war das Experimentieren mit Phalangen, deren Tiefe den Standard von acht Schildern übertraf, in griechischen Schlachten seit fünfzig Jahren von Delion (424) bis Koroneia und Nemeia (394) eine häufige Erscheinung. Und gelegentlich waren überlegene Truppen auf die linke Seite gestellt worden um die elitäre Rechte des Feindes zu schlagen, so bei Solygeia (426), Olynth (382) und Tegyra (375). Epaminondas war kein Genie, sondern eher ein eifriger Studierender der Kriegstaktik, der bei Leuktra taktische Verbesserungen eingliederte, sie jedoch nicht erfand.

Es gab auch noch nicht einmal eine Garantie dafür, dass solche „Neuerungen" für sich genommen taktisch immer sinnvoll waren. Tiefe Phalangen waren – wie Kolonnen überall – leicht einzuschließen. Es war nie garantiert, dass zusätzliche Schilde hinten stets zu entsprechender Stoßkraft führten oder gar den Verlust an initial wirksamen Lanzen in der todbringenden Zone ausglichen. Das Problem des richtigen Verhältnisses zwischen Tiefe und Breite, bei dem eine Armee das vollkommene Gleichgewicht zwischen Schildstoß und initialer Lanzenkraft sowie zwischen Solidarität und Flexibilität erreichte, wurde bis zu Alexander, dem die Herstellung eines stimmigen Ganzen aus vielschichtigen Streitkräften leichter Infanterie und Kavallerie gelang, nie richtig gelöst. Die Streitkräfte schlossen eine sechzehn Mann tiefe Phalangitenkolonne ein, eine Masse, die von einem General geführt wurde, der die Gefahren kannte, die sich aus dem Einsatz einer Kolonne mit empfindlichen Flanken ergaben, deren Männer auch leichte Ziele für Angreifer mit Fernwaffen darstellten. Und schließlich hatte ein General auf der linken Seite der Schlachtlinie theoretisch eine Chance von nicht mehr als fünfzig zu fünfzig, den Zusammenprall zu überleben – eine Armee, die „den Kopf der Schlange zertreten" wollte, konnte ebenso gut ihren eigenen charismatischen Anführer verlieren wie den feindlichen töten.

Was Leuktra jedoch zeigte, war, dass die Ideen des Epaminondas – wenn es denn tatsächlich allein seine waren (andere Generäle beanspruchten bald dieselbe Anerkennung für den Sieg) – sich wunderbar für einen bestimmten Punkt in Zeit und Raum der thebanischen Geschichte eigneten: Hochgradig motivierte bäuerliche Soldaten in der Defensive, die sich hinter einem demokratischen Anführer versammelten und von einem neuen Gefühl der politischen Gemeinschaft angefeuert wurden, waren eine natürliche Motivation. Neun Jahre später bei Mantineia (362) kehrte sich jedoch dieselbe Taktik gegen die Thebaner, als Epaminondas selbst im Augenblick des Triumphes auf dem rechten Flügel fiel und der Versuch des endgül-

tigen Vernichtungsschlages gegen die Elite des Feindes dieses bedeutende Talent Thebens das Leben kostete. Der Tod des Epaminondas bei Mantineia beschränkte die thebanische Phalanx im Grunde auf eine wirkungsvolle, jedoch begrenzte Rolle der Verteidigung der Grenzen Böotiens – und es besagt viel, dass nachfolgende griechische Generäle wie zum Beispiel Alexander ihre Armeen für gewöhnlich vom rechten statt vom linken Flügel her anführten und mit Kolonnen, die sechzehn statt fünfzig Mann tief waren.

Zunächst aber setzte der überraschende Sieg bei Leuktra dem Mythos der Unbesiegbarkeit Spartas ein Ende und führte eine Dekade thebanischer Hegemonie (371–362) in Griechenland ein, was im Zwielicht der militärischen Tapferkeit des Hopliten ein letztes Erstrahlen zur Folge hat. Nach Leuktra führte Epaminondas trotz des Widerstandes aus dem konservativeren Komitee der Generäle im Winter 370 mehr als 40 000 Landwirte und deren Verbündete auf einem massiven Kreuzzug nach Lakonien hinein. Und ein Kreuzzug war es, denn die Böoter waren fest

Das Erscheinen des Hopliten im achten Jahrhundert leitete eine kulturelle Revolution ein, die zum ersten Mal die Überlegenheit von Fußvolk gegenüber Reitern bedeutete – ein Kennzeichen westlicher Militärpraxis für das nächste Jahrtausend. Pferde konnten einfach nicht durch eine Wand aus Lanzen stürmen. So glichen Solidarität und Disziplin der mittleren Klassen nun den Reichtum und die Ausbildung berittener Großherren aus. Aristokratische Kavallerie in Griechenland und Reiter im Allgemeinen lernten, dass die Lanzen und Piken der Hopliten und Phalangiten tödlich waren. Diese unumstößliche Wahrheit hatte Folgen für soziales Prestige und politische Macht.

entschlossen auf die einzige vorstellbare Weise für immer die Bedrohung einer Invasion durch Sparta zu beenden und dieser Versuch bestand darin die spartanische Armee im Feld zu zerschlagen und daraufhin die messenischen Heloten und die peloponnesischen Bündnispartner vom Joch Spartas zu befreien. Vor Epaminondas war Sparta wiederholte Male in das ländliche Böotien eingedrungen – viermal allein im vorangegangenen Jahrzehnt; nach 370 stellte es niemals mehr eine ernst-

Vasenmalereien zeigen zwei beliebte Ziele für den Angriff mit der Lanze: Lenden und Oberschenkel. Beide Körperregionen, die unter dem sich bewegenden Schild oft unbedeckt blieben, wurden von Lederklappen (pteruges), die an den Brustpanzer angeheftet waren, unzureichend geschützt. Vorrückende Hopliten hielten beim ersten Angriff und der späteren kurzen Verfolgung die Lanze im Unterhandgriff; wenn sie in Formation standen oder gezwungen waren, stehen zu bleiben und Angreifer abzuwehren, wurde der Überhandstoß bevorzugt. Die sich gegenüberstehenden Krieger unterschieden sich nur wenig in ihrer Ausrüstung (Kronen, Schildinsignien, Ziermuster), daher waren im Handgemenge Verwechslungen und Verwirrungen häufig.

hafte Expedition gegen irgendjemanden außerhalb der Peloponnes auf. Vor Epaminondas blieb die spartanische Politik in Messenien unangefochten; nach 370 zeigte sich jenseits der Grenze drohend eine riesige autonome Stadt chauvinistischer und kampfeslustiger ehemaliger Heloten. „Die Natur", frohlockte der griechische Redner Alkidamas über die Befreiung Messeniens, „hat keinen Menschen zum Sklaven gemacht."

Epaminondas – sein Leben bleibt geheimnisvoll, verhüllt von Lobreden aus zweiter Hand, die seine Selbstlosigkeit bezeugen – wusste, dass jetzt der richtige Augenblick für seine bäuerlichen Hopliten gekommen war – freie Völker, die vom Sieg erregt und vom Gefühl ihrer eigenen Unbesiegbarkeit auf dem Schlachtfeld erfüllt waren. Die Fußsoldaten, die diesem bemerkenswerten Mann nach Süden folgten, fegten Widerstand am Isthmus von Korinth hinweg und erreichten kurz darauf das Umland von Sparta selbst, verwüsteten das Land und widerlegten somit die Behauptung Spartas auf ewig *aporthetos* oder „ungeplündert" zu bleiben. Plutarch behauptete, er wäre seit 600 Jahren der erste Fremde, der nach Lakonien einmarschierte. Allein der angeschwollene Fluss Eurotas und die Enge der Straßen Spartas bewahrten die Spartaner vor diesem besessenen Nordländer, der bestrebt war die Stadt zu zerstören.

Als der spartanische König Agesilaos sich den Eindringlingen nicht zur offenen Feldschlacht stellte, verließ Epaminondas Sparta, bewegte sich nach Norden zurück und dann westlich nach Messenien – eine Idee, die Liddell Hart einst als klassisches Beispiel für „die große Strategie indirekter Annäherung" zitierte. Es gab jetzt keine Armee in Griechenland mehr, die ihn aufhalten konnte, und keine, die es hätte wagen wollen, wenn sie gekonnt hätte. Für die Spartaner, die sechzig Jahre früher das attische Land verwüstet und die Athener für ihren „feigen" Rückzug hinter ihre Stadtmauern geschmäht hatten, war es in der Tat bitter hilflos zuzusehen, wie ihr eigenes Eigentum nun von Soldaten geplündert wurde, die besser waren als sie. Noch verletzender war die Erkenntnis, dass eine Herausforderung dieser wilden thebanischen Hopliten eine ruhmreiche, jedoch sichere Niederlage für die Spartiaten bedeutete, welche die Schande von Leuktra im Jahr zuvor überlebt hatten.

Epaminondas erklärte Messenien zum ersten Mal in fast drei Jahrhunderten für „frei" und autonom und organisierte schnell die Gründung der riesigen befestigten Hauptstadt Messene, von nun an die Bastion eines freien messenischen Volkes, das Sparta weder Nahrung noch Männer weiter übergeben wollte. Heutige Besucher, die sich die noch bestehenden kunstvollen Befestigungen dieser Zitadelle auf den Hängen des Ithome anschauen, bewundern die Kompliziertheit der freigelegten städtischen Infrastruktur. Sollten sie dann weiter zu den elenden Behausungen des klassischen Sparta reisen, können sie den Gegensatz der Kulturen einschätzen – und verstehen, was die spartanische Nation an einem solchen unternehmungslustigen und energiegeladenen Volk so in Schrecken versetzte, das nun endlich in die Lage kam selbst das reiche Ackerland des messenischen Landes zu nutzen.

In drei aufeinander folgenden Invasionen während des nächsten Jahrzehnts (368, 366 und 362) wandte Epaminondas dieselbe erfolgreiche Strategie auf die arkadischen und peloponnesischen Verbündeten an und half beim voranschreitenden Bau ähnlich gewaltiger und unangreifbarer ummauerter Städte bei Megalopolis und Mantineia. Der Bau dieser Festungen besiegelte das Schicksal Spartas: Die spartanische Phalanx hatte ihren besonderen militärischen Ruf verloren und Sparta seine Macht außerhalb Lakoniens. Dank Epaminondas war Sparta von außen umzingelt und im Inneren ausgehöhlt; sein Land war geplündert und seine Armee beschämt worden, da sie sich dem Kampf verweigert hatte.

Nachdem Epaminondas 262 bei Mantinea in der Stunde des lange erwarteten Finales im Kampf mit der spartanischen Phalanx gefallen war, verlor sich zwar die thebanische Hegemonie nach und nach. Im weiteren Sinne jedoch ließen Epaminondas hervorragender Sieg bei Leuktra und seine wagemutigen Märsche nach Süden in das Herzland der Peloponnes hinein das hellenische Militärideal wieder aufleben: Freie und Nicht-Berufssoldaten im Dienste einer Idee, für kurze Zeit eingezogen, für ein begrenztes Ziel organisiert und von einem großen Mann mit Weitblick angeführt, konnten professionelle Oligarchien niederkämpfen und das gesamte System der Ausbeutung zerschlagen, das so häufig solche Truppen ins Feld schickt. Wie Shermans Armee ländlicher Weststaatler, die eine Schneise durch das Herz des Sklaven haltenden Südens schlug; wie Pattons Dritte Armee amerikanischer GIs, die mit ihrem wilden Marsch zum Rhein zur Zerschlagung der Naziarmee beitrug, so waren auch Epaminondas und seine bäuerlichen Bürgerwehrsoldaten, die in Spartas Land einbrachen, eine bedeutende Armee, die es verdient, dass man sich ihrer erinnert.

KAPITEL VIER

DIE ZWEITE MILITÄRISCHE REVOLUTION (362–336)

DIE LANGEN MAUERN VON ATHEN standen symbolisch für die Macht der imperialen Demokratie Athens – ein befestigter Korridor zwischen Athen und seinem Hafen in Piräus sorgte dafür, dass Angriffe zu Lande oder der Verlust seines eigenen Umlandes den Stadtstaat nicht empfindlich trafen. Sowohl athenische Konservative als auch die meisten feindlichen Staaten lehnten die Befestigungen des Themistokles ab, da ihre Existenz bedeutete, dass die Verteidigung und Nahrungsversorgung von Athen selbst in den Händen der Menschen lag. Nach dem Sieg über die athenische Flotte bei Aigospotamoi (404) fuhr der siegreiche spartanische Admiral Lysander per Schiff nach Piräus um die Zerstörung des größten Teils der athenischen Flotte und den Abbruch der Langen Mauern zu fordern. Xenophon hält fest, dass man das Gefühl hatte, die Zerstörung sei ein großer Tag der Befreiung für Griechenland, an dem die Arbeiter ihrem Tagewerk bei Flötenspiel nachgingen. Tatsächlich aber sollten bald fast alle Staaten erkennen, dass sie einen rücksichtslosen, wenn auch majestätischen Imperialismus durch eine unfähige, träge und ebenso brutale Hegemonie ersetzt hatten.

Philipp von Makedonien und die erneute Findung des griechischen Kriegswesens

"Nichts", so haderte der Redner Demosthenes mit seinem Publikum aus nachdenklichen Athenern des vierten Jahrhunderts, „wurde stärker revolutioniert und verbessert als die Kunst des Krieges. Ich weiß", fuhr er fort, „dass in den alten Zeiten die Spartaner wie alle anderen auch im Sommer vier oder fünf Monate damit verbrachten mit Hopliten und Bürgerwehren in das Gebiet des Feindes einzudringen, es zu plündern und dann nach Hause zurückzukehren. Und sie waren so altmodisch – oder so gute Bürger –, dass sie niemals Geld einsetzten um sich einen Vorteil von irgendjemandem zu erkaufen, sondern ihr Kampf war fair und offen. Auf der anderen Seite ... hört man von Philipp."

Demosthenes meinte damit nicht, dass Phlipp tatsächlich eine neue Kampfpraxis geschaffen hätte. Vielmehr, dass in dem veränderten Klima Griechenlands im vierten Jahrhundert der makedonische König und sein autokratisches Reich innovativer, wagemutiger und eher in der Lage waren die verschiedenen Lehren der neuen Kriegführung zu einem zusammenhängenden Ganzen zu verschmelzen. In nur einem Jahrhundert ging der Zusammenhang zwischen sozialem Status und Kriegsdienst fast völlig verloren. In dem Maße, wie die alten Zensuskategorien aufgegeben wurden, die einst genau die Bedingungen des Militärdienstes festgelegt hatten, konnten reiche, mittlere und arme Griechen Pferde reiten, Speere werfen oder die Lanze schwingen, entweder als angeheuerte Schlächter oder als zögerliche Bürgerwehrmänner. Selbst Bauern wurden außerhalb der Saison als Ruderer beschäftigt, da ihre Klassenzugehörigkeit angesichts militärischer Nützlichkeit bedeutungslos wurde. Patrouillen sowie Leichtbewaffnete arbeiteten von ländlichen Festungen und Garnisonen aus, aber solche Soldaten hatten weder soziale noch ökonomische Gemeinsamkeiten und kämpften selten in offener Feldschlacht.

Diese Veränderungen störten nur konservative Griechen der *polis*, die im Gegensatz zu Philipp noch immer der Vorstellung anhingen, dass der Militärdienst einen Massenzusammenstoß von Hopliten bedeutete und daher mehr war als das Töten des Feindes im Kampf. Der Geschichtsschreiber und Philosoph Xenophon beschwerte sich zum Beispiel in seinem Werk *Wege und Mittel* darüber, dass in Athen die Hoplitenphalanx dadurch an Wertschätzung verlor, dass sie die in der Stadt ansässigen Fremden in ihre Reihen aufnahm. „Der *polis* wäre

Philipps Berufssoldaten hatten unter den griechischen Stadtstaaten einen schrecklichen Ruf wegen ihre Raubgier und Grausamkeit. Als Söldner, die ständig gedrillt und von ausgezeichneten Generälen geführt wurden, erwiesen sie sich bald den meisten griechischen nicht-professionellen Bürgerwehren überlegen. In zeitgenössischen Komödien und Reden wurden Makedonier als Vielfraße, Spieler und Trinker lächerlich gemacht, himmelweit entfernt von den freibäuerlichen Hopliten der alten Zeit. In dieser Nachstellung der letzten Augenblicke der Schlacht von Chaironeia (338) greifen Philipps Phalangiten im Hintergrund nach vorn an, während einzelne Hypaspisten ihre Schwerter einsetzen um verwundeten Athenern und Thebanern den Todesstoß zu versetzen. Sowohl Makedonier als auch Griechen waren zunächst Lanzenträger, doch auch das Schwert war unverzichtbar, wenn die Reihen einmal zerstreut waren, die Lanze gebrochen oder verloren war oder Mobilität und Geschwindigkeit während des Rückzugs oder der Verfolgung nötig wurden.

auch geholfen", riet er, „wenn Bürger selbst nebeneinander dienen würden und sich nicht mehr mit Lydern, Phrygiern, Syrern und Barbaren aller Art vermischt fänden, die einen großen Teil unserer ansässigen fremden Bevölkerung bilden." Im Gegensatz dazu war für Philipp eine solche bunt zusammengewürfelte Menge – „Vagabunden, aller Mittel beraubt, in Felle gekleidet", bemerkten Zeitgenossen über seine Rekruten – weder wünschenswert noch abstoßend, sondern nur nützlich in dem Maße, wie solche Männer erfolgreich marschieren, kämpfen, töten und Befehlen zu gehorchen lernen konnten. Zahlen und Fertigkeiten – nicht Dialekt, Rasse, Geld, Status, Klasse oder Geburt – waren für Philipp wichtig. Von allen Generälen der griechischen Welt war der König in seiner Politik der militärischen Rekrutierung am demokratischsten, da ihm der soziale und kulturelle Snobismus des alten Stadtstaates völlig fehlten.

Wer in Griechenland würde das ganze Jahr über Berufssoldaten mit regulärem Sold unterhalten, eine dauerhafte Infrastrukur schaffen, die ausreiche um Rüstkammern mit Personal zu besetzen, Holz und Metall für Militärwerke aufzutreiben

und Ingenieure, Handwerker und Architekten zu bezahlen, damit sie Befestigungen und Belagerungsmaschinen bauten? Nicht viele und nicht für lange Zeit. Diese militärische Präsenz an allen Schauplätzen im Mittelmeerraum über das ganze Jahr hinweg sorgte dafür, dass Handel, Landwirtschaft und Ruhe auf dem Land die lebenswichtigen Quellen für Militäreinnahmen in Griechenland – dauerhaft gestört wurden. Viele griechische *poleis* befanden sich daher in einem Dilemma: Sie konn-

Auf diesem Aquarell von L. Vallet ist ein griechischer Reiter, um 350, in ganzer Pracht dargestellt. Aus zeitgenössischen Handbüchern wie Xenophons Der Reiteroberst oder Über die Reitkunst erfuhren die Griechen des vierten Jahrhunderts von der richtigen Behandlung und Pflege des Pferdes, den idealen Waffen und der Rüstung des Reiters sowie von neuen Möglichkeiten als Reitertruppe Territorium gegen eine Infanterieinvasion zu verteidigen. Man beachte, dass der Reiter keine Steigbügel hat, das Pferd keine Beschläge und keine gute Rüstung. „Schwere" und „leichte" Kavallerie bildeten während des hellenischen Zeitalters ganz unterschiedliche Korps: Erstere verwendeten lange Piken und trugen Schilde und Rüstung; Letztere waren wie dieser Reiter leicht gekleidet und warfen Speere oder setzten das Schwert ein.

NÄCHSTE SEITE: *Makedonien hatte sich stets reicher natürlicher Ressourcen, guten Ackerlandes und einer zahlreichen Bevölkerung erfreut. Unter Philipp II. war es zum ersten Mal zu einem vereinigten Königreich gefestigt, das seinen oft streitenden Untertanen reiches Beutegut und Land durch die Eroberungen nach Süden und Osten hin versprach.*

ten weder Provokationen und die ungezügelte Plünderung ihres Territoriums aushalten, noch sich ein stehendes Heer leisten um die Ruhe zu sichern.

Philipps Lösung bestand darin eine Berufsarmee aus Raubgierigen aufzustellen, deren dauernde militärischen Aktionen die Kosten ihres eigenen Unterhalts einbrachten – seine Soldaten waren durch Gewaltmärsche von 56 km pro Tag ohne Diener oder Versorgungswagen trainiert. Bei den engstirnigen Griechen war das Verhältnis von Staat und Armee noch ganz anders, wenn sie darüber nachdachten, wie ihre Institutionen vor einer Reihe neuer Gegner zu schützen wären. Doch für Philipp existierte kein solches Dilemma: Der Staat war für ihn ein Zubehör der Armee und wurde so organisiert, dass er Arbeitskraft, Arbeit und Kapital lieferte um die makedonische Phalanx zur Expansion nach Süden zu ermöglichen.

NÄCHSTE SEITE: *Auf diesem Foto, das der Autor im Juni 1997 von der Akropolis von Chaironeia aus aufnahm, ist der Ort des großen Schlachtfeldes 338 deutlich zu sehen. Die kleine Ebene von Chaironeia, die vom Fluss Kephiros bewässert wird, bildete den Eingang zum riesigen Flachland von Böotien und diente daher als ideales Nadelöhr, an dem die böotischen Verteidiger zwischen den Bergen eine solide Linie aus Hopliten aufmarschieren lassen und so die Invasoren aus dem Norden aussperren konnten.*

Selbst die alten Einschränkungen in Bezug auf Zeit und Raum in der Kriegführung gab es jetzt nicht mehr, da Philipps gekaufte Schlächter das ganze Jahr über kämpften, ohne Rücksicht auf Gelände, Wetter oder Entfernung. Um Philipp aufzuhalten hatten die Griechen nur drei realistische Möglichkeiten: zu kapitulieren, sich ihm anzuschließen oder ihn in einem solchen Maße nachzuahmen, dass ihre Kultur nicht mehr im Geringsten die des Stadtstaates war. Typischerweise entschieden sie sich für keine dieser Möglichkeiten, sondern sprachen stattdessen großartig von einem – utopischen – panhellenischen Bund, der eine riesige Streitmacht aus Schiffen und Hopliten für den entscheidenden Kampf zwischen Gut und Böse aufstellen würde – ein griechisches Bündnis wie während der Perserkriege, wieder zum Leben erweckt um noch einmal die Barbaren aus dem Norden zu zerschmettern. Zum Unglück der griechischen Stadtstaaten war der kriegserfahrene Philipp kein Xerxes, waren die brutalen makedonischen Pikeniere keine Unsterblichen und der beste Verteidiger von allen, Demosthenes, war mit Sicherheit kein Themistokles. Dreißigtausend Phalangiten waren weitaus gefährlicher für die griechische Freiheit als eine halbe Million Perser. Als die anachronistische Vorstellung der Griechen von einem dramatischen letzten Widerstand der Hopliten schließlich verwirklicht wurde, ging der Traum von einem neuen Plataä als Alptraum von Chaironeia zu Ende.

Tatsächlich kämpften die meisten Hoplitenmilizen nach der Schlacht von Mantineia (362) selten in entscheidenden offenen Feldschlachten. Selbst Jahrzehnte zuvor wurden festgelegte Schlachtenszenen häufig durch die Prahlerei und den Wagemut von Söldnerkapitänen und umherziehenden *condotierri* ersetzt, Seeräubern, die dem militärischen Protokoll der alten griechischen *polis* nicht in allem folgten. Stadtstaaten waren nicht abgeneigt Gewaltverbrecher und Abenteurer wie Iphikrates, Chabrias und Chares anzuheuern, deren neue Peltasten versuchten Feinde des Staates zu plündern und zu schikanieren, statt deren Infanterie in der Schlacht zu begegnen. (Peltasten waren leicht bewaffnete Plänkler, die so genannt wurden wegen der kleinen halbmondförmigen Weidenruten- oder Lederschilde, *peltai*, die sie trugen. Sie waren mit Speeren oder kurzen Lanzen und, wenn überhaupt, mit wenig Körperrüstung ausgestattet.) Solche Banditen konnten Tempel plündern, Stadtschätze stehlen, die Reichen berauben oder Geld fälschen um ihre Truppen zu ernähren und bei guter Laune zu halten. Was zählte, war militärische Gerissenheit, nicht Mut allein. Und wenn sie auf Hopliten trafen, dann störten sie und wendeten Manöver an, suchten nicht den direkten Zusammenprall. Auf diese Weise hatte der athenische Iphikrates 390 bei Korinth eine Kompanie spartanischer Gleicher ausgelöscht, wobei 250 Mann getötet wurden. Die Hauptbeteiligten – Athen, Sparta, Theben, Argos, Korinth, Thessalien und Sizilien – setzten mit Bündnis, Gegenbündnis, List und Komplott alle ihnen zur Verfügung stehen-

DIE ZWEITE MILITÄRISCHE REVOLUTION

den Kräfte ein um für die erste Hälfte des vierten Jahrhunderts annäherungsweise ein ermüdendes Machtgleichgewicht aufrechtzuerhalten, während sie ständig die neue Bedrohung aus Makedonien im Norden aufmerksam beobachteten.

Auch die Feldherrenkunst (*stratêgia*) im Infanteriekampf änderte sich. Unter den Stadtstaaten des sechsten und fünften Jahrhunderts kämpften alle Kommandeure in den Frontlinien oder in ihrer Nähe und ließen oft ihr Leben zusammen mit ihren Mannschaften. Ihre einzige Pflicht bestand darin in der halben Stunde des Zusammenprallens und Schiebens der Hoplitenschlacht die Gefahr sichtbar herauszufordern. Im späten vierten Jahrhundert sollte es ein solches Heldentum

UMSEITIG: *In diesem Stich von einem unbekannten Künstler – Schlacht von Gaugamela (331) – stürmt Alexander durch die Trümmer persischer sichelbewehrter Streitwagen, durch Bogenschützen und rasende Elefanten. Trotz ihrer erschreckenden Erscheinung hinderten die 200 Streitwagen und 15 Elefanten die griechische Kavallerie oder Phalanx kaum. Alexander eröffnete all seine großen Siege über die Perser, indem er seine Begleitkavallerie zu Schwachpunkten in der Feindeslinie führte. Hatte er einmal seinen Weg in das Innere der persischen Masse geschlagen, flohen die meisten Streitwagenlenker, Bogenschützen und leicht bewaffneten Fußsoldaten vor ihm und er galoppierte zur ungeschützten Rückfront der auseinander brechenden Armee um dort Verwüstungen anzurichten. Da er mit seinem herrlichen Umhang, der Körperrüstung und dem Helm und weit vor seinen Fußsoldaten leicht auszumachen war, wurde er natürlich oft zum Ziel des feindlichen Angriffs, was erklärt, warum er bei mindestens drei Gelegenheiten fast getötet und etliche Male verwundet wurde.*

der Kommandeure ebenfalls geben: Alexander und Philipp wurden beide in der Schlacht schwer verwundet. Doch makedonische Kommandeure waren nun beritten und vorn von ausgewählten Soldaten umringt, so dass sie noch besser komplizierte Befehle mittels Trompete oder durch einen persönlichen Boten geben konnten um Rückzüge, Täuschungsmanöver oder Mobilisierung von Reservekontingenten anzuordnen.

Keiner beherrschte die neuen Befehlsmöglichkeiten besser als Philipp II. von Makedonien. Der Geschichtsschreiber Theopompos schrieb, dass Europa nie zuvor einen solchen Mann hervorgebracht hatte. Dies war schließlich ein General, der seinen Gegner, den Phoker Onamarchos, kreuzigte, *nachdem* er in der Schlacht gefallen war, und sich nichts daraus machte, 3000 der besiegten Soldaten des Letz-

DER KRIEG IN DER GRIECHISCHEN ANTIKE

DIE ZWEITE MILITÄRISCHE REVOLUTION

Die hier abgebildeten Mauern von Messene wurden im Winter 369 hochgezogen, nachdem Epaminondas in das Herzgebiet von Sparta eingedrungen war und dann über die Berge weiter zog um die Heloten von Messenien zu befreien. Die enormen Befestigungen wurden – die Hänge des Berges Ithome nutzend – so angelegt, dass ausreichend offenes Land

Fast jeder griechische Stadtstaat gruppierte sich um einen befestigten Hügel in seinem Zentrum, der gewöhnlich den Ort der ursprünglichen Stadt markierte. Doch anders als mykenische Zitadellen oder nahöstliche Paläste war die griechische Akropolis ein Zentrum für zivile, religiöse und finanzielle Angelegenheiten. Die Bürger stiegen nicht nur zu den Tempeln hinauf um der Schutzgottheit der *polis* zu huldigen; sie konnten sich auch die finanziellen Unterlagen ihrer Gemeinde anschauen, Einblick in die Kapitalreserven des Staates nehmen oder staatseigene Waffen einlagern. Es gab keine königlichen Residenzen oder Monumentalgräber auf der Akropolis, doch in Zeiten der ärgsten Gefahr, wenn der Feind die äußeren Mauern erreicht hatte, konnte die „hohe Stadt" die letzte Möglichkeit hartnäckigen Widerstandes bieten.

DIE ZWEITE MILITÄRISCHE REVOLUTION

eingeschlossen wurde, damit die Einwohner Vieh hineinbringen und beachtliche Gärten bestellen konnten. Nachdem Epaminondas fortgezogen war, wurden die Messenier nie mehr von ihren früheren spartanischen Herren belästigt und innerhalb eines Jahrhunderts umschlossen der riesige Ring und die undurchdringlichen Mauern diese Stadt.

Mitte des vierten Jahrhunderts hatten griechische Ingenieure schon Türme gebaut, die kleinen Katapulten dienten, die aus Fenstern mit Fensterläden schossen und dann zum Laden in die Sicherheit zurückgezogen wurden. Die Enge der Türme und die kleinen Öffnungen der Fenster setzten der Größe der Katapulte Grenzen, aber die beträchtliche Höhe ihrer Platzierung machte das Fehlen großer Winden und Vorräte mehr als wett und sorgte dafür, dass sie häufig größere Belagerungsmaschinen ins Ziel nehmen konnten, bevor die eigenen Mauern in deren Reichweite waren. (Nach Zeichnungen von Adrienne Mayor.)

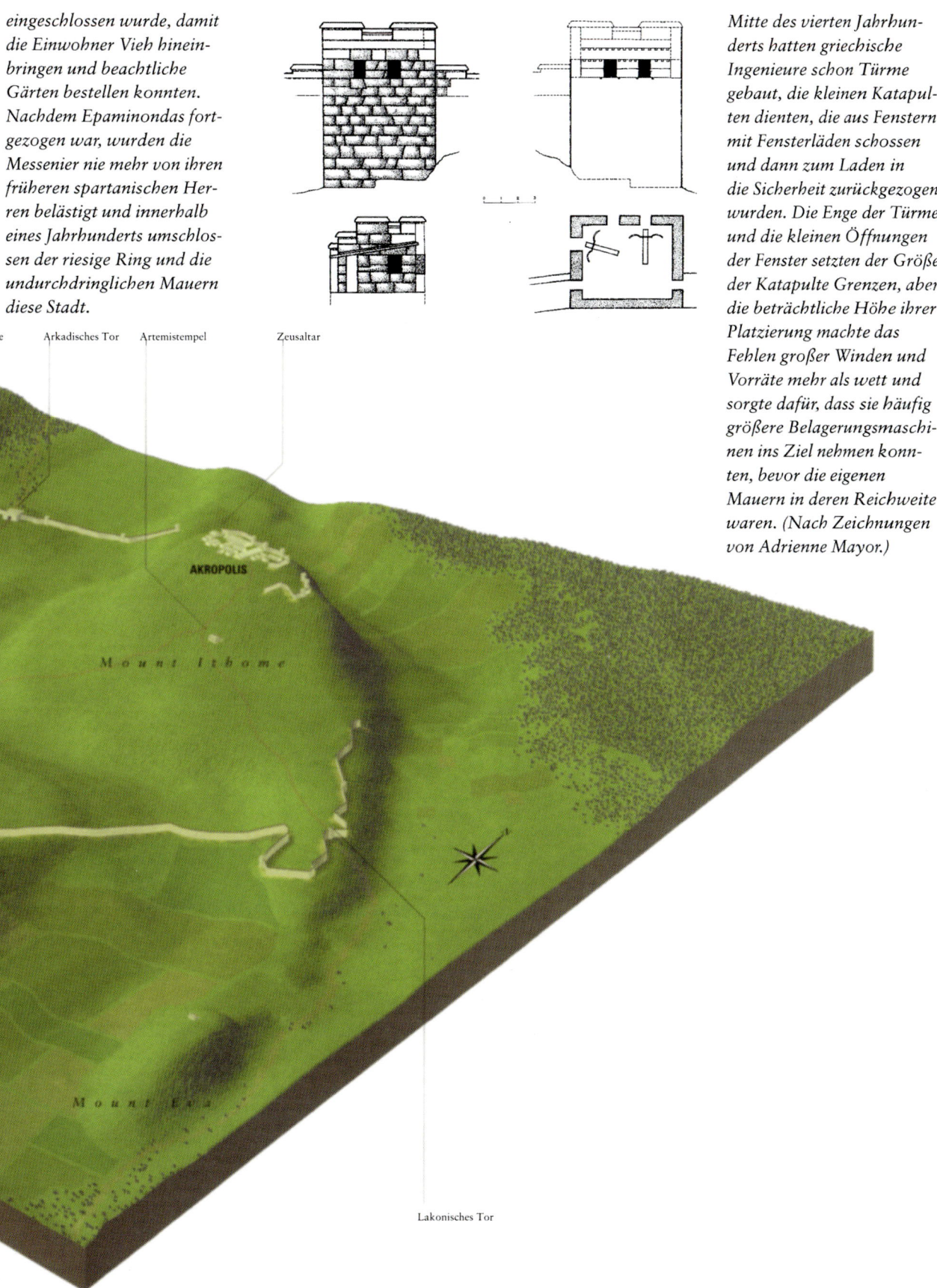

145

Die Befestigungen bei Mykenai waren gemeinsam mit jenen von Tiryns, 1,6 km von der Bucht von Argos entfernt, in Bezug auf die Stärke der Mauern die eindrucksvollsten in der gesamten Geschichte Griechenlands. Gelehrte sind sich noch immer nicht im Klaren über die genaue Beziehung zwischen Mykenai und dem nahe gelegenen Palast von Tiryns, doch es ist wahrscheinlich, dass beide in Abstimmung miteinander funktionierten, nicht im Gegensatz, wobei Tiryns höchstwahrscheinlich als Mykenais befestigter Seehafen fungierte.

teren zu binden und lebendigen Leibes ins Meer zu stürzen. Und so Furcht erregend, als hinkender einäugiger Unhold in der konservativen Literatur des vierten Jahrhunderts der griechischen *polis* dargestellt („so sehr liebt er die Gefahr, dass er, um sein Reich zu vergrößern, an jedem Teil seines Körpers verwundet wurde, als er gegen seine Feinde kämpfte"), als ein schrecklicher Mann, der jederzeit und auf jedwede Weise kämpfen würde.

Seine makedonische Armee war für griechische Verhältnisse groß, da sie aus dem Menschenpotenzial einer riesigen und jetzt vereinigten Region schöpfen konnte, das durch Söldner, sowohl griechische als auch gelegentlich fremde, verstärkt wurde. Über 30 000 waren allein bei Chaironeia (338) zugegen, eine Streitmacht, deren Zahl die Infanterieressourcen jeder *polis* überschritt. Die Größe des makedonischen Heeres sicherte ihm zahlenmäßige Überlegenheit über jeden griechischen Stadtstaat und Philipp war überzeugt davon einzelne Staatsmänner in Argos, The-

ben, Korinth, Thessalien oder der Peloponnes bestechen, umschmeicheln oder bedrohen zu können, jede dauerhafte Koalition so zu verhindern und damit auch Mannschaften, die seinen Kompanien an Stärke hätten gleichkommen können. Da der alte Peloponnesische Bund längst dahin war, das athenische Reich nur eine schwache Erinnerung und die thebanische Hegemonie zum Absterben verurteilt, gab es keinen funktionierenden Mechanismus, der Material und Menschen für eine gewisse Dauer beziehungsweise an einem bestimmten Ort hätte zusammenbringen und zwingen können in dieser Art des Krieges wirksam Widerstand zu leisten.

Philipps Streitkräfte waren auch schnell und bewegten sich leicht fort, wie das bei bezahlten Söldnern häufig der Fall ist. Ohne lange Belagerungstrosse oder Diener konnte die makedonische Armee in weniger als einer Woche fast überall auf dem griechischen Festland auftauchen – eine Tatsache, die jedem bekannt war, der die übliche langwierige Diskussion über „Vorbereitungen" zur Verteidigung forderte. Und bei Philipp war eine Belagerung keine Sache von Monaten oder gar Jahren mehr – wie sie die Athener bei Samos (440) und auf Sizilien (415 – 413) und bei Plataä (431 – 429) erlebt hatten, sondern nur noch von Wochen. Seine Spezialisten führten zum Beispiel eine Belagerung von Amphipolis durch, die weniger als siebzig Tage dauerte; Methone, das thrakische Chalkidike und Pagasai fielen sogar noch schneller.

Die Ausrüstung und Taktik seiner makedonischen Phalanx unterschieden sich wahrscheinlich nicht allzu stark von den traditionellen Hoplitenkolonnen der

Philipps Belagerungspioniere griffen normalerweise auf dreierlei Weise an: über die Mauern hinweg, durch sie und unter ihnen hindurch. In dieser Nachbildung ziehen Soldaten mit Sturmleitern die Aufmerksamkeit der Verteidiger auf sich, während eine befestigte Ramme mit Turm an das Tor herangefahren wird. Die Ramme konnte durch die Belagerer in relativer

griechischen Stadtstaaten, wenn auch die Phalangiten als die „größten und stärksten" seiner Rekruten sorgfältig ausgesucht wurden. Die Lanze wurde zum Beispiel beibehalten, aber von 2,5 m auf fast 5,5 m und mehr verlängert sowie mit einer schwereren Spitze und schwererem Ende versehen. So wurde sie zu einer echten Pike – mit einem Gewicht von fast 6,5 kg mehr als siebenmal schwerer als die alte hoplitische Lanze – und erforderte für angemessene Kontrolle und Handhabung beide Hände. *Sarissai* wurden im Abstand von 1,8 m vom Ende gehalten und ragten daher 3,6 m vor dem Phalangiten nach vorn, was dem makedonischen Pikenier

Sicherheit in und hinter dem Turm bewegt werden, während Bogenschützen und Speerwerfer oben die feindlichen Bollwerke besteigen konnten um das Herablassen einer Laufbrücke über einen Durchbruch in der feindlichen Mauer vorzubereiten. Unterirdische Sappeure holten weiter Erde unter den Befestigungen heraus.

Die Griechen der Klassik stellten sich den persischen Hof als von einer kleinen Erbfolgeelite regiert und von höfischen Speichelleckern und umherziehenden Alleinunterhaltern umgeben vor. Bei den Thermopylen und bei Salamis schaute Xerxes von den Bergen aus zu, wie gewählte griechische Generäle ihre Männer an der Front anführten. Dareios III. stand Alexander auf dem Schlachtfeld gegenüber, aber er kämpfte in der Mitte seiner Armee, umringt von einer riesigen Horde königlicher Gardisten, und er floh im ersten Augenblick des Zusammenbruches. Die stereotype Vorstellung der Griechen war, dass man am persischen Hof durch

im Vergleich zum traditionellen Hopliten einen Reichweitevorteil von 2,4 bis 3 m gab. Der runde Schild wurde kleiner und hing von Hals oder Schulter, während Beinschienen, die meisten Brustpanzer und schwerer Kopfschutz entweder durch Leder oder durch kombinierte Materialien ersetzt oder ganz weggelassen wurden. Hinzu kam, dass die ersten Reihen von drei auf vier bis fünf erweitert wurden, wodurch die Zahl der Lanzenspitzen in der Todeszone um 40 % zunahm – eine solche igelartige Front bedeutete einen ungewöhnlichen Grad offensiver Gewalt und bot zugleich Schutz für die ersten Reihen ohne Rüstung. Im Allgemeinen war die makedonische Bewaffnung einheitlicher als die alten unterschiedlichen und in Privatbesitz befindlichen Hoplitenrüstungen. Die Makedonier hatten einheitliche Schilde und Piken und in einzelnen Mannschaften trug man die gleichen Umhänge und Schilde mit gleichen Verzierungen. All dies deutete auf einen ungewöhnlichen Grad der Militarisierung hin. Der Staat heuerte die Phalangiten an, rüstete sie aus, im Grunde wurden sie zu seinem Eigentum.

Diese Phalanx entschlossener professioneller „Fuß-Begleiter" (*pezetairoi*) kämpfte in Abstimmung mit der „Begleit-Kavallerie" (*hetairoi*), einer Elitegruppe adliger Reiter, schwer gerüstet (Helm, Brustpanzer, Schulterschützer) mit Piken, auf starken Reittieren. Diese Reiter waren keine protzigen Grandes, sondern unabhängige, zähe makedonische Herren, deren eigener Wunsch es war *in die Fußtruppen hinein* anzugreifen und sie nicht zu umkreisen. Daher schlugen makedonische Reiter in rhombischer oder keilförmiger Formation zusammen mit leichter gekleideter thessalischer Kavallerie – wie „ein Trupp Kraniche" – Löcher in die Schlachtlinie des Feindes.

Ein anderes Infanteriekontingent mit besserer Rüstung und kürzeren Piken, die „Schildschläger" (*hypaspistai*), besetzte ebenfalls das Zentrum der makedonischen Linie, neben den Phalangiten. Die Hypaspisten waren normalerweise die ersten Kräfte der Infanterie, die dem Ansturm der Kavallerie folgten, wodurch sie eine wichtige Verbindung zwischen dem ersten berittenen Angriff und dem folgenden Nachsetzen der Phalanx selbst bildeten. Berufskorps aus leichter Infanterie, Schleuderern, Bogenschützen und Speerwerfern rundeten die zusammengesetzte Heeresgruppe ab und stellten auch eine wichtige Reserveunterstützung dar. Und obwohl all diese Männer Söldner waren und im Dienst eines autokratischen Staates standen, gab es ein ungewöhnliches Maß an *élan* und *esprit de corps* zwischen Prinzen und den einfachen makedonischen Soldaten, da üblicherweise die Kämpfer mit ihren königlichen Vorgesetzten tranken, aßen, kämpften und Ball spielten. Der alte zivile Egalitarismus der Phalanx wandelte sich zu einer Art brutaler Kameraderie, die selbst für Berufssoldaten, die in Kolonnen und Masse kämpften, charakteristisch war.

So spielte der entscheidende Kampf *en masse* in der westlichen Vorstellung wieder eine zentrale Rolle, doch Philipp führte den Schrecken solcher Zusammenstöße zu neuen Höhen – eine normale Erfahrung für seine makedonischen Mannschaften, die den Griechen der *polis* als Gewaltverbrecher bekannt waren; in Demosthenes' Worten waren sie kaum mehr als Rohlinge, „die immer ihre Hände an Waffen hatten". Tatsächlich war Philipps Phalanx echter Pikeniere, integriert in und geschützt durch unterschiedliche leicht bewaffnete und berittene Kräfte, tödlicher und beweglicher als traditionelle Hoplitenkolonnen. Die makedonischen Phalangi-

Bestechung und mit Hilfe von Schmiergeldern herrschte und eine Reihe berühmter griechischer Generäle wie Themistokles, Lysander, Alkibiades und Epaminondas gelangten zu den östlichen Palästen um persisches Gold für den Wiederaufbau ihrer Armeen und Flotten zu beschaffen und revanchierten sich mit Verschwörungen gegen bestimmte griechische Rivalen der westlichen Satrapien des Reiches. In den Komödien des Aristophanes, der Redekunst des vierten Jahrhunderts und Xenophons Geschichte erhalten wir einen Eindruck von den aus Staunen und Widerwillen gemischten Gefühlen der Griechen gegenüber der absoluten Macht.

ten konnten ihre Aufmerksamkeit ausschließlich darauf richten ihre schrecklichen Lanzen zu stoßen – ohne das lästige Gewicht der alten Hoplitenrüstung und ohne die Notwendigkeit mit einem riesigen Schild den rechts unmittelbar neben ihnen stehenden Bürger zu schützen.

Offensive, Piken und Bewegung nach vorn bedeuteten nun alles, Verteidigung, große Schilde und Sorge um den Schutz angeheuerter Schlächter dagegen wenig. Mit größerer Präzision und Kraft eingesetzt führte die neue makedonische Phalanx für gewöhnlich einen Stoß aus, der den Gegner ausschaltete, wenn das Ziel einmal ausgemacht und dann durch das Werk der Kavallerie und der Hilfskontingente angreifbar gemacht worden war. Wie ein Hammer schlugen die makedonischen Kavallerieattacken den Feind zurück auf den schwerfälligen kilometerlangen Amboss der lanzenstarrenden Phalanx.

Noch wichtiger war jedoch, dass Philipp eine völlig neue Schlachtideologie in die westliche Kriegführung einbrachte. Zwar schloss der damalige wüste Kampf den frontalen Angriff ein und war damit immer noch ebenso heldenhaft wie bei den alten griechischen Phalangen der Vergangenheit. Doch um einen Krieg zu führen brauchte es jetzt weit mehr als persönlichen Mut, Nerven und Kraft. Auch ging es beim Töten der Makedonier nicht nur um Territorialgrenzen. Vielmehr war die Kampfstrategie vorwiegend als Instrument ambitionierter Staatspolitik angelegt. Philipps zerstörerische Eroberungen und Annektierungen waren eine grundlegende Quelle sozialer Unruhe und kultureller Erhebung, keine konservative griechische Bestrebung zur Erhaltung der bestehenden agrarischen Gemeinschaft. Philipps territoriale Ambitionen richteten sich nicht auf ein paar Hektar Land außerhalb der *polis*, sondern, einer großen Vision folgend, auf Bergwerke, Häfen und Tribut zahlende Gemeinden, die ihm gehören könnten einzig um seine räuberische Armee anzutreiben.

Bei Chaironeia (338) brachen Philipp und sein 18-jähriger Sohn Alexander die Phalanx der Thebaner und Athener und ließen Demosthenes über die Hügel zurück nach Athen eilen. Griechische verbündete Plänkler, Männer mit Fernwaffen, Reiter und Fußvolk hätten in einem verlängerten Zermürbungs- und Verzögerungskrieg besser eingesetzt werden können, indem sie Pässe in Garnison legten und den makedonischen Marsch in Richtung Süden nach Griechenland hinein aus dem Hinterhalt überfielen. Stattdessen hatten die Griechen im letzten Moment ihrer Autonomie eine riesige protzige Streitmacht von fast 30 000 Hopliten alten Stils aufgestellt – genau die falsche Art Heer um Philipps Moloch zu stoppen. Vorhersehbar und zum Unglück der Griechen wurden alle Elemente der taktischen Renaissance der Makedonier in der Schlacht angewendet: ein vorgetäuschter Rückzug und dann plötzlicher Angriff durch disziplinierte Phalangiten mit langen Piken, Reservekontingente in Bereitschaft um im geeigneten Moment loszuschlagen, abgestimmter Einsatz von schwerer Kavallerie um Lücken in der griechischen Linie auszunutzen und blitzschnelle Verfolgung um die Besiegten zu vernichten.

Gegen Philipps trainierte Schlächter hatten die reaktionären Bürgersoldaten der *polis* kaum eine Chance. Die verschiedenen verbündeten Kontingente, die von Thebanern und Athenern geführt wurden, hatten keinen übergreifenden taktischen Plan; anstelle richtiger Generäle wurden sie von unfähigen politischen Vertretern der alten Schule angeführt; und sie hatten überhaupt keine Ahnung von den tödlichen Mitteln der makedonischen Phalanx, die man in Zentralgriechenland bisher noch nicht in offener Feldschlacht erlebt hatte. Die makedonischen Pikeniere zogen sich im Rückwärtsgang zurück und hofften einen wilden Ansturm der unerfahrenen athenischen Hopliten auf sich zu ziehen. Als dieser erfolgte, hielten Philipps Berufssoldaten wie auf ein Stichwort an, senkten ihre Piken und spießten die wild heraneilenden Athener einfach auf. Deren vertrotteler Kommandeur Stratokles rief immer noch „Auf nach Makedonien", als er seine Männer in den Tod führte. Alexander ritt sodann in die entstehenden Lücken in der griechischen Linie, umzingelte die Thebaner und trieb sie von hinten zu den übrigen makedonischen Phalangiten.

Die Heilige Schar der Thebaner blieb natürlich auf der rechten Seite und wurde bis auf den letzten Mann getötet. Sie sollten unter dem stolzen Steinlöwen begraben werden, der noch heute an der modernen Hauptstraße steht und die Griechen daran erinnert, dass ein Tier aus Sandstein über ihren Leichen so ungefähr alles war, was tapfere Hopliten von Philipp einfordern konnten. Mit der hoplitischen Art zu kämpfen war es nun in Griechenland für immer vorbei. Das hellenische Kriegswesen sollte für die nächsten zwei Jahrhunderte fast völlig von Makedonien inspiriert werden, im Hinblick sowohl auf Taktik als auch auf Militärtechnik.

Aus den in Jahrhunderten gesammelten Erfahrungen der Schlachten von Marathon (490), Plataä (479) und Kunaxa (401), des heldenhaften Rückzugs der griechischen Söldner, des Zugs der Zehntausend (401) und aus den spartanischen Erfahrungen in Kleinasien (390-er Jahre) wussten die Griechen, dass die Perser verletzbar waren. Einheimische hellenische Infanterie hatte kaum Schwierigkeiten, jedes Infanteriekorps aufzubrechen, das die Perser ins Feld brachten. (Ironischerweise war damals die Hauptsorge einer griechischen Expeditionsarmee im Osten, dass sie auf die allgegenwärtigen von den Persern gekauften Söldner aus ihrem eigenen Land treffen könnten.) Eroberung im Osten hatte also seit Generationen in den Köpfen vieler griechischer Denker eine Rolle gespielt. Der gewaltige Reichtum des Persischen Reiches war für griechische Politiker besonders verlockend angesichts ihrer eigenen zunehmenden wirtschaftlichen Schwierigkeiten und der voranschreitenden Unterminierung imperialer Herrschaft auf der anderen Seite der Ägäis in Asien. Doch das Problem hatte für jeden künftigen griechischen Eroberer Persiens darin bestanden die alte Vorstellung einer Hoplitenmiliz aufzugeben und an ihre Stelle ein logistisches System und eine loyale, vereinigte Armee aus allen griechischen Stadtstaaten zu setzen, eine soziale und militärische Mischung, die über die großen Entfernungen nach Osten hin versorgt werden konnte, während sie sich einer Vielfalt feindlicher Truppen auf jeglichem Gelände entgegenstellte. Kurz vor genau einer solchen Expedition wurde Philipp im Herbst 336 ermordet und sein Heer übernahm sein grüblerischer und meist unausgeglichener Sohn, dessen Vorstellungen von den letztendlichen Zielen der Militärkunst sich völlig von denen seines Vaters unterschieden.

Mit der Übernahme der Hegemonie über Griechenland war Philipp von Makedonien weit über die kühnen Reichsvorstellungen eines Dareios, Xerxes oder Perikles hinaus erfolgreich. Als militärischer Neuerer, dessen bösartige Genialität durch den Größenwahnsinn seines Sohns überschattet wurde, eroberte Philipp Griechenland, weil er eine großartige Armee hatte und eine Propaganda betrieb, deren Zeit gekommen war und die sich auf die lange aufgeschobene Bestrafung und Plünderung Persiens richtete, sowie ein völlig zynisches Verständnis der griechischen Stadtstaaten. Er bemerkte einmal, dass sich jede griechische Festung, der man sich mit einem mit Goldmünzen beladenen Esel nähern konnte, auch stürme lasse. Er hatte für gewöhnlich Recht. Die Führer der *polis*, das spürte Philipp, machten sich zwar für die harte, langwierige Aufgabe der Vereinigung gegen den Unhold aus

NÄCHSTE SEITE: *Während der mykenischen Periode hatte man aufgehört Streitwagen für militärische Zwecke einzusetzen. Ihr gelegentliches Auftreten in der Klassik war auf zeremonielle Anlässe und panhellenische Wettkämpfe beschränkt – und auf den prunkhaften Transport von Adligen und Reichen. Die Kombination aus Wagen, Pferd, mehreren Zügeln und Harnischen sowie Wagenlenker und Diener bot dem Vasenmaler und Bildhauer reiches Sujet, um sein Handwerk auszuführen und war beliebt in der Öffentlichkeit, welche die hervorragende Bedeutung der Streitwagen bei Homer gut kannte. Im Allgemeinen fanden militärische Führer sie unökonomisch; für den Gewinn an Feuerkraft wurden zu viele teure Reittiere benötigt und die leichten Wagen fanden zwischen den Bäumen und Weinstöcken der felsigen Ebenen Griechenlands wenig flaches Land. Die sichelbewehrten Streitwagen der Perser waren zumeist eine Schreckwaffe, die bei Alexanders Phalangiten und Hypaspisten wenig echten Schaden anrichteten, da sie entweder wie auf Befehl auseinander sprangen oder ihren Körper mit dem Schild bedeckten. Als die Griechen und Römer sich über das Meer wagten, waren sie erstaunt über das Vorhandensein von Streitwagen in Kyrene oder Britannien, denn sie fanden, dass Streitwagen wenig Wert hatten, weshalb man sie in ihrer eigenen Militärpraxis klugerweise längst nicht mehr benutzte.*

DER KRIEG IN DER GRIECHISCHEN ANTIKE

DIE ZWEITE MILITÄRISCHE REVOLUTION

Der so genannte zusammengesetzte oder Kompositbogen wurde aus Holz und Horn geleimt und ausgehärtet und von den frühen Griechen als palintonos, *„zurückspringend", bezeichnet. Die berühmte Szene in Homers* Odyssee, *in der nur der heimkehrende Held und sein Sohn den Bogen der Familie spannen können, bezieht sich deutlich auf ein zusammengesetztes Modell. Theoretisch konnte ein guter Schütze Ziele in 270 m Entfernung treffen. In Wirklichkeit konnte er nur bis zu 135 m genau schießen. Nach ein paar Schuss setzte Ermüdung ein, was die effektive Reichweite der Pfeile verringerte. Daher wurden Hopliten in Rüstung, die 135–180 m in weniger als drei Minuten zurücklegen konnten, selten durch Angriffe von Bogenschützen aufgehalten.*

dem Norden zurecht, die meisten hätten jedoch insgeheim lieber den leichteren Weg einer ausgehandelten Kapitulation gewählt.

Die letzliche Ironie? Nachdem sie eine technische und taktische Revolution ausgelöst hatten, welche die Natur der westlichen Kriegführung änderte, verließen die Griechen der *polis* bei Chaironeia in einem schicksalhaften Augenblick abrupt eine Zeit der Innovation und setzten ihr Vertrauen ein letztes Mal in die glorreichen und dem Untergang geweihten Hopliten, während der wahre Schüler der griechischen militärischen Renaissance sie niedermähte, da er die Früchte ihres Erfindungsgeistes systematisch geerntet hatte.

Der Krieg als Spezialwissenschaft

Griechenland im vierten Jahrhundert ist eine komplexe und verwirrende Zeit radikaler Veränderung. Auf der Bühne machen zivile Tragödie und Komödie entweder dem Makabren oder dem Klamauk Platz. Die Redekunst geht in Phrasendrescherei über. Der Weg zum politischen Absolutismus festigt sich, da das politische Leben durch Zwietracht gelähmt und durch Apathie und Bestechung untergraben wird. Das Umland entledigt sich der freien Bauern, da die Ländereien sich in dem Maße vergrößern, wie landwirtschaftliche Wissenschaft und Technik verbessert werden. So beginnt sich mit der Trennung zwischen beruflicher Elite und einer neuen, politisch ohnmächtigen Bauernschaft die Kultur der alten *polis* zu verändern. Das Ergebnis: eine brutalere Gesellschaft, die für einige auch eine reichere ist, da die Monetarisierung der Wirtschaft und neue Ansätze in Bankwesen, Geschäftsleben und Finanzwesen Kapital erzeugen, von dem der frühere Stadtstaat, der solcherart Handel und Verleih missbilligend betrachtet hatte, nicht einmal träumte. Der klassische Gedanke des Scherbengerichtes gegen die Begabten oder Gefährli-

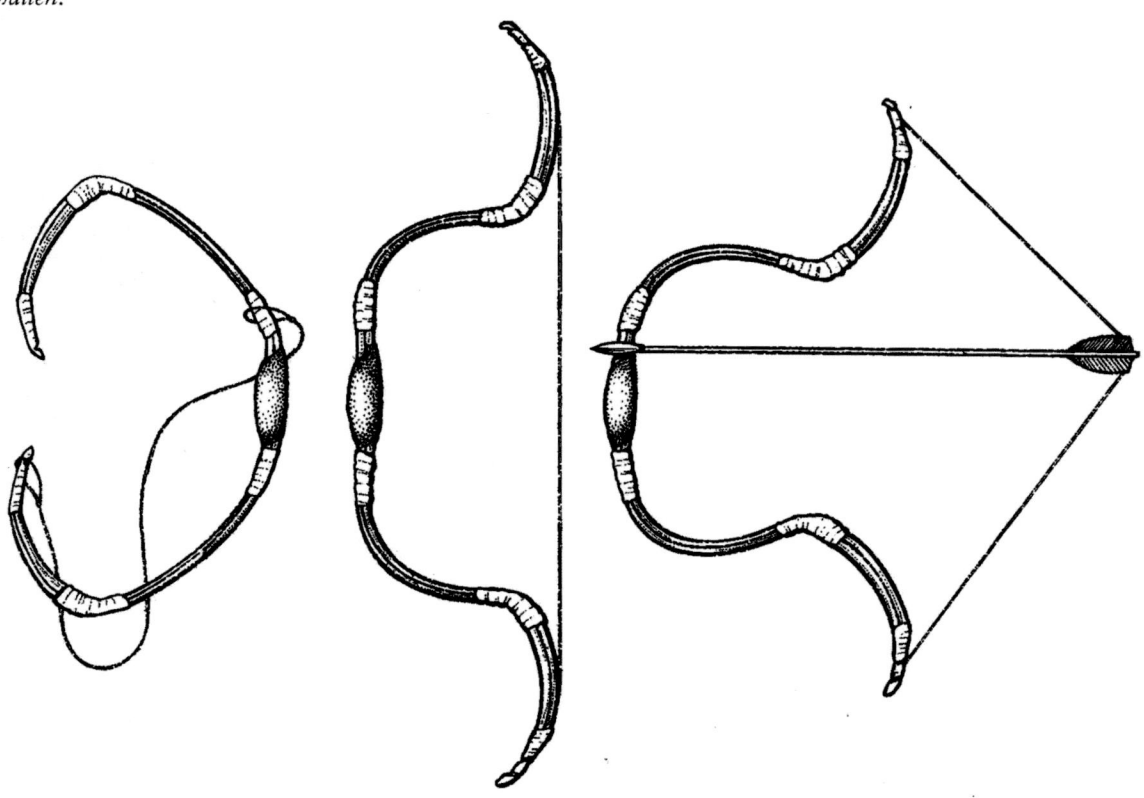

DIE ZWEITE MILITÄRISCHE REVOLUTION

chen wich nun der Bewunderung der Mächtigen durch bestimmte Dekrete und öffentliches Vermächtnis. Nur in einem solchen größeren Kontext kann man die gesamte Revolution in der griechischen Kampfpraxis im vierten Jahrhundert verstehen – einer chaotischen Zeit, in der das Geld für den Krieg bestimmt war und der Krieg für das Geld.

Beinahe jeder Zweig der traditionellen westlichen Militärwissenschaft war zum Zeitpunkt des vierten Jahrhunderts entweder erneuert oder aus dem Nichts erschaffen worden. Die Belagerungskunst, die zuvor nur aus dem Errichten von doppelten Feldbefestigungslinien, dem Graben unter Mauern und der Verwendung von Sturmleitern und Bollwerken bestanden hatte, konzentrierte sich nun auf den Bau ausgefeilter und vielgestaltiger Sturmböcke, fahrbarer Belagerungstürme, die in ihrer Höhe den Bollwerken der Stadt gleichkommen konnten, und die zunehmende allgemeine Verbreitung von Katapulten und Artillerie. Während die Athener – die besten der griechischen Stadterstürmer – drei Jahre mit Angriffen auf Poteidaia zugebracht hatten (432–429), überwand Philipp eine Stadt oft in Wochen.

Die Artillerie war auf Sizilien während der Belagerung von Motya (399) durch den Tyrannen Dionysos I. entwickelt worden und bestand zumeist aus nicht auf Torsion basierenden Pfeilgeschützen, die mittelalterlichen Armbrüsten glichen, den so genannten „Bauchbögen" und ihren größeren mobilen Versionen. Irgendwann Mitte des vierten Jahrhunderts kam das echte Torsionskatapult in Gebrauch. Durch Verwendung von Federn und Winden wurde Menschenhaar – der antike Handel mit Frauenhaar sollte enorme Ausmaße annehmen – gedreht und gespannt und so Antriebskraft aufgestaut. Beim Loslassen konnten solche Maschinen Steine oder besonders gefertigte Bolzen über 270 m weit ebenso wirksam und genau schleudern wie Artillerie mit Schießpulver im siebzehnten Jahrhundert. Die kleineren Versionen waren vorgefertigt und mochten weniger als 45 kg gewogen haben. So sollten Türme, die jetzt mehr als 6 m in der Höhe erreichen konnten, zum Einsturz gebracht werden, indem man Schlussquader des Fundaments sicher aus großer Entfernung herausschlug. Eine noch bessere Strategie war schnell schießende Pfeilgeschütze zu verwenden um die Verteidiger von den Zinnen zu schießen, damit Sturmböcke und Torsionskatapulte ohne Widerstand im Nahbereich arbeiten konnten. Tatsächlich kann die verblüffende Neigung vieler griechischer Stadtstaaten vor Philipps Ankunft zu kapitulieren und ihre kunstvoll gebauten ländlichen Türme und Festungen zu verlassen – Attika im vierten Jahrhundert kann als bestes Beispiel genommen werden – als Ausdruck dafür gesehen werden, dass man die Aussichtslosigkeit des Widerstandes gegen die neuen Geräte der Makedonier erkannte.

Verteidigungsingenieure blieben angesichts der rasanten Durchbrüche in Belagerungstechnik und Artillerie nicht untätig und die meisten der wahrhaft beeindruckenden Stadteinfassungen – zum Beispiel von Mantineia, Megalopolis und Messene – und ländlichen Festungen an der Grenze Attikas, Megaras und in der Argolis wurden in genau dieser Periode des frühen und mittleren vierten Jahrhunderts erbaut. Die Hauptverbesserungen bestanden in einer systematischen Verwendung von Quadermauerwerk, Binderschichten, Schießscharten, innerer Verstärkung, umfangreicherem Fundament und angeschrägten Ecken,

Nach den Siegen bei Marathon und Plataä waren Perser auf der Flucht oder im Todeskampf beliebte Themen der Maler rotfiguriger Vasen. Ihre Lederhelme, Hemden und Hosen aus Stoff und der allgegenwärtige gortyros, der Bogen und Pfeile hielt, boten einen drastischen Kontrast zu den hoplitischen Ganzkörperrüstungen, Lanzen und ungeschützten Armen und Beinen. Als Alexander 334 in Asien einfiel, hatten sich die meisten Griechen an solche bildliche Propaganda gewöhnt und betrachteten die asiatischen Soldaten als unmännlich.

um bei wesentlich größerer Höhe und Breite die Stabilität der Mauern zu garantieren. Festungen wurden von Türmen mit einer Höhe von 9 m eingerahmt, die gegen Personen gerichtete Katapulte ohne Torsion beherbergten um zu verhindern, dass Belagerer der Umfassung zu nahe kamen. Manche der Schießschartenfenster waren mit ausgefeilten Schalungssystemen ausgerüstet, die sich öffnen und schließen sollten, während fahrbare Katapulte anhaltendes Feuer nach unten richteten.

Doch Mitte des dritten Jahrhunderts führten Belagerer schon riesige Katapulte mit sich, deren Torsionskonstruktion es zunehmend ermöglichte Steine von mehr als 68 kg Gewicht zu schleudern und die neuen höheren Türme durch Schläge gegen ihre Basis zu beschädigen. Wegen der notwendigen langen Unterbauten und kräftigen Rahmen konnten Torsionskatapulte stets leichter am Boden als hoch oben auf den Bollwerken und Türmen bemannt werden.

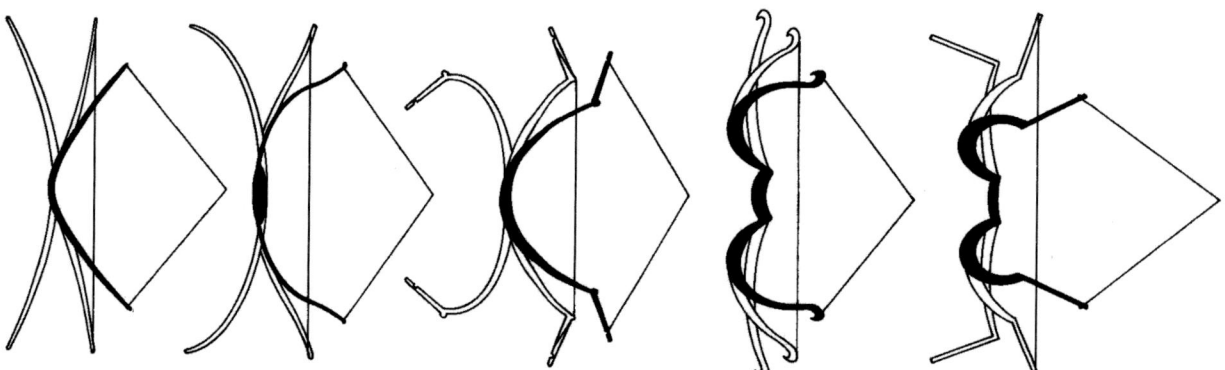

In diesem neuen Wettrüsten entwarfen Ingenieure Umfassungen, die den natürlichen Verteidigungskonturen des Geländes folgen sollten und es wurden komplizierte Ausfalltore gebaut im Hinblick auf plötzliche berittene Einsätze. Im fünften Jahrhundert war die Verteidigung von einer Festung (Befestigung) aus überlegen geblieben. Jetzt richtete sich der Blick in die andere Richtung, zum Angreifer. Denn selbst die am durchdachtesten gebauten Garnisonen waren nie richtig sicher vor raffinierten Ingenieuren wie denen von Philipp und Alexander. Wieder hatten die Kosten eine große Bedeutung, Ausgaben für die Schaffung und den Transport von Artillerie und den Bau fahrbarer Türme und Rammböcke waren enorm, Befestigungen aber noch teurer. Nur die größten Städte – Rhodos, Megalopolis, Salamis auf Zypern – hatten das Kapital angemessenen Schutz zu bauen und ausreichend Proviant einzulagern, um auch nur einer kurzen Belagerung standzuhalten.

Vor dem Ende des fünften Jahrhunderts wurden Leichtbewaffneten und Männern mit Fernwaffen weniger wichtige Rollen in der Schlacht zugewiesen – solche Männer konnten keine Hopliten angreifen. Ihre Geschosse waren oft gegen Bronzepanzer unwirksam. Sie besaßen gewöhnlich wenig oder gar kein Eigentum. Ihre Schleudern, Bogen und Speere erforderten Übung über die Fähigkeiten des Hopliten hinaus und die besten Schützen kamen aus den griechischen Randgebieten, aus Rhodos, Kreta, Thrakien und Skythien. Tausende von Nicht-Hopliten, die bei der Schlacht von Plataä (479) zugegen waren, spielten kaum eine Rolle im Kampf und 424 hatte Athen immer noch kein formelles Korps dieser leichten Infanterie. All dies änderte sich jedoch im vierten Jahrhundert, als der Militärdienst von der zivilen Stellung getrennt wurde, die Kampfkraft gekauft werden konnte und die Phalanx sich nicht mehr nur auf flachen Ebenen versammelte, sondern auf dem Durchmarsch um Berge und Engpässe von Griechenland und Persien kämpfte.

Steinewerfer sind schon seit Homer bekannt und erscheinen willkürlich in der Geschichte der Klassik als die Ärmsten der Soldaten, die umherliegende Felsbrocken und kleine Steine aufsammelten um damit die Infanterie zu bewerfen, bevor sie wegrannten. Ihre Wirksamkeit war minimal, aber die Kombination von Schleuder und Bleikugel war eine völlig andere Geschichte. Solche Spezialisten aus Achäa, von den Balearischen Inseln und aus Thessalien kamen im vierten Jahrhundert zur Geltung, als sie vor und hinter der Infanterie eingesetzt wurden, abhängig vom jeweiligen Stand des Kampfes. So wurden die besten solcher Soldaten – diejenigen von Rhodos verlangten, wie es scheint, die höchsten Preise – für den athenischen Feldzug auf Sizilien angeheuert, begleiteten den Zug der Zehntausend nach Persien und gehörten üblicherweise stets zu Philipps Gefolgschaft.

Mit lebenslanger Übung konnten erfahrene Schleuderer Bleikugeln über 320 m weit werfen und die Knochen unbedeckter Gliedmaßen und Gesichter der schweren Infanterie zerschmettern sowie Bogenschützen zwingen sich außer Reichweite zurückzuziehen. Auf Sphakteria hatten sich die Spartaner beklagt, dass feindliche Soldaten mit Fernwaffen gute wie schlechte Soldaten gleichermaßen töteten und daher persönliche Tapferkeit an Bedeutung verlor. Diese Anonymität spielte im vierten Jahrhundert eine wichtige Rolle. Das erfuhr Philipp selbst, als er seiner eigenen militärischen Revolution zum Opfer fiel und durch die Kugel eines Schleuderers ein Auge verlor, während sein Sohn Alexander bei der Belagerung von Gaza fast durch einen Katapultbolzen in die Schulter getötet wurde. Kein Wunder, dass der alte König Archidamos von Sparta (ca. 360) klagte, als er von einem neuen Katapult hörte: „Die Tapferkeit eines Mannes im Kampf hat keinen Wert mehr."

Das Bogenschießen hatte vor dem vierten Jahrhundert in Griechenland keine Bedeutung. Gute Bögen waren schwierig herzustellen und blieben zerbrechlich – oft wurden sie in speziellen Taschen getragen, damit ihre verleimten Bestandteile nicht verwitterten und zerfielen. Mit dem Kompositbogen zu schießen erforderte außergewöhnliche Kraft des Armes und Oberkörpers. Nach etwa zehn Schuss mit maximaler Zugkraft konnte der Bogenschütze die Entfernung, Genauigkeit und schnelle Aufeinanderfolge der Schüsse nicht mehr halten. Überdies schränkte die Einführung der Panzerrüstung des Hopliten die Verletzbarkeit des Zieles ein; die meisten Bronzehelme und Harnische boten ausreichend Schutz um Pfeile abzulenken. Gegen große Schilde und aufgerichtete Lanzen der späteren massierten Fußsoldaten konnten Salven vom Bogen herannahender Infanterie in Rüstung nichts ausrichten. Und die meisten Bogenschützen konnten nur einige Minuten für zehn oder zwanzig Schuss nutzen, bevor Hopliten im Laufschritt die 180 m ungeschützten Niemandslandes überwanden.

Aber ebenso wichtig war, dass sich für die westliche Infanterie keine sozialen oder kulturellen Vorzüge mit dem Bogenschießen verbanden. Bogenschützen vertrauten auf individuelle Fertigkeiten; sie kämpften allein und waren weder im Handgemenge geübt, noch waren sie versessen darauf überraschende Angriffe auszuführen oder durchzustehen. Manöver, Geschwindigkeit, Täuschung, Geduld und Ausweichen gehörten zu Ausbildung und Taktik von Bogenschützen. Im Gegensatz dazu basierte die Militärideologie der Griechen in der Klassik auf genau gegensätzlichen Kriterien: Gruppensolidarität und brutale Kraft von nichtprofessionellen Milizen, die Befriedigung durch die Stärke ihrer Muskeln und Nerven und loyale Verbun-

Bögen, die aus einem einzigen Holzstück gefertigt waren, ließen sich viel leichter spannen und beim Abschuss besser handhaben als zusammengesetzte Modelle. Sie waren auch beständiger und billiger zu bauen. Der laminierte Holz- und Hornaufbau des zusammengesetzten Bogens gab jedoch der Waffe beim Spannen eine enorme Spannung, durch die Pfeile Entfernungen von 270 und weiter erreichen konnten. Ausgebildete Bogenschützen benötigten sehr viel Übung, waren aber im Wesentlichen auf dem Schlachtfeld hilflos, sobald Hopliten über das Niemandsland walzten und die kurze Gelegenheit zum freien Schuss vorbei war. Die Griechen bewunderten die Wirksamkeit des Bogens und die Kunstfertigkeit der Bogenschützen, meinten aber solchen Spezialisten fehle es an Mut und sie seien entweder nicht willens oder nicht fähig Hopliten Mann gegen Mann im Stoßangriff zu treffen. Als sie sich aber auf lange Feldzüge außerhalb der Ebenen Griechenlands begaben, legten die Griechen schnell diese Art Idealismus ab und heuerten Bogenschützen aus Skythien, Makedonien und Kreta in Massen als Söldner an um den sicheren Übergang über Bergpässe zu gewährleisten.

DER KRIEG IN DER GRIECHISCHEN ANTIKE

Nike, die Göttin des Sieges, erschien fast überall in der griechischen Kunst – auf Vasen, als Statue und Säulenskulptur, in Bronzerüstungen eingraviert und auf Münzen geprägt – und ist ein Hinweis darauf, dass die Griechen fast ständig Kriege führten und glaubten ohne Anwesenheit einer Gottheit nicht siegen zu können. Für gewöhnlich wird sie mit fließenden Gewändern, zwei bis vier Flügeln und oft mit Schild und Lanze dargestellt. Da in traditionellen griechischen Schlachten die Sieger selten viele Verluste hatten (weniger als 5 Prozent ihrer ursprünglichen Mannschaftsstärke) und gegen die Perser fast überhaupt keine (wie die wenigen hundert Gefallenen bei Marathon, Plataä, und Alexanders Siege bezeugen), wurde Nike als schöne junge Frau gesehen, deren plötzliches Erscheinen auf der Seite der gläubigen Armee ihr Leben, Reichtum und Ehre brachte.

denheit mit Ihresgleichen. Von gleicher Bedeutung war, dass westliche Armeen um Eigentum kämpften – die Eroberung und Besetzung von Ackerland oder Stadtmauern –, wo Hindernisse, sowohl menschliche als auch unbelebte, durch schiere Kraft beiseite „geschoben" werden mussten. Bogenschützen konnten aus der Ferne töten und verstümmeln, waren jedoch selbst nicht in der Lage Land zu nehmen und zu halten.

So wird überall in der frühen griechischen Literatur des Stadtstaates der Mann mit dem Bogen an den Rand des Schlachtfeldes abgeschoben, als Wilder, Stammesangehöriger oder Schlimmeres. Als Bogenschützen für Feldzüge ins Ausland gebraucht wurden, rekrutierte man sie wie die Schleuderer von außerhalb der griechischen Welt der *polis*, oft aus den rückständigen Gebieten von Kreta und Makedonien oder sogar Skythien und Persien. Frühe griechische Gesellschaften ächteten angeblich insgesamt den Einsatz von Fernwaffen. Angefangen mit der *Ilias* wird in der griechischen Dichtkunst und Geschichtsschreibung ständig kehrreimartig wiederholt, dass der Bogen unmännlich („weibisch") und orientalisch („barbarisch") sei. Von Aischylos, Herodot, Euripides und Thukydides hören wir, dass die Griechen meinten, der Gebrauch des Bogens sei irgendwie unfair und stelle den Helden mit dem Feigling gleich, da anonyme Bolzen aus dem Himmel alle gleichermaßen töteten. Tod durch „feige Pfeile" war ein schändliches Ende für einen Hopliten. Es war etwas ganz und gar unhellenisches an der Vorstellung, dass ein Mann aus der Entfernung ohne Gefahr für sich selbst töten konnte; es war eine Tat, die natürlich besser zu Barbaren und Armen passte.

Als westliche Armeen sich aber über ihr eigenes Gebiet hinauswagten, wurde ihr Mangel an Bogenschützen gefährlich deutlich. Als Xenophons Zehntausend oder Alexanders Makedonier nach Osten zogen, waren sie genötigt Bogenschützen anzuheuern um ihre Armeen auf dem Durchmarsch zu schützen und stehende Phalangen zu decken, während sie sich für den Angriff bereit machten. So fanden Bogenschützen, wie dies auch bei Schleuderern der Fall war, im vierten Jahrhundert mehr Möglichkeiten auf dem offenen Söldnermarkt. Sie sollten nun zu einem integralen Bestandteil werden und stellten keine soziale noch kulturelle Beleidigung der Infanterie mehr dar.

Einige Stadtstaaten hatten stets ihre unbewaffneten Armen mitgebracht – als „leicht bewaffnete" oder „nackte" Soldaten, die vor und nach dem Zusammenprall der Hopliten mit Geschossen plänkelten und sich dann Rückzug und Verfolgung anschlossen. Doch im fünften Jahrhundert begannen griechische Armeen spezialisiertere thebanische Peltasten anzuheuern, die sich um nicht-hoplitische Feinde kümmern sollten. Und am Ende des Jahrhunderts rüsteten einige Stadtstaaten ihre eigenen Soldaten dieser Art als bewegliche Speerwerfer oder Lanzenträger aus, die um die Flanken der schweren Infanterie stürmen konnten, angreifend, stechend oder Speere werfend um sich dann zurückzuziehen. Auf Pylos (425) und dann wieder bei Korinth (390) vernichteten solche Truppen beinahe die spartanische Hopliteninfanterie. Philipp bemerkte diese agileren Kämpfer und die leichtere Rüstung und größere Flexibilität seiner makedonischen Phalangiten mag ihren Ursprung in dem Bemühen gehabt haben den offensiven Stoß und die Solidarität der Hopliten mit der Beweglichkeit und Schnelligkeit der Peltasten zu verbinden.

Der Snobismus der Hopliten hatte auch Auswirkungen auf das andere Ende der sozialen Stufenleiter. Seit den Dunklen Jahrhunderten stellten Elitereiter gefährliche Adlige dar, die ihre Pferde unnötigerweise dort grasen ließen, wo das Land besser für intensiven Anbau oder als Weide für Nutztiere hätte verwendet werden können.

DIE ZWEITE MILITÄRISCHE REVOLUTION

In der westlichen Welt gab es ein generelles Tabu für Verwendung von Pferden als Nahrung und ohne geeignetes Geschirr waren sie viel weniger gute Zugtiere als Ochsen im Joch. Außerdem kostete das Füttern eines einzigen Pferdes über ein Jahr mehr als eine sechsköpfige Familie zu versorgen und der Preis eines Pferdes entsprach dem Lohn eines Tagelöhners über achtzehn Monate und lag mehr als dreimal höher als der für eine Hoplitenrüstung. Es überrascht nicht, dass bei jedem rechts gerichteten Putsch in der Geschichte der athenischen Demokratie Reiter im Zentrum der reaktionären Verschwörung standen und allgemein von der freibäuerlichen Infanterie verachtet wurden. In den meisten griechischen Expeditionen machten sie weniger als 5 Prozent aller am Kampf Beteiligten aus.

Solche Feudalherren richteten als Angreifer relativ wenig gegen die Lanzen gepanzerter und massierter Hopliten aus; Reiter saßen auf kleinen Ponys von weniger als 10 Handbreit Risthöhe (ein wenig mehr als 1 Meter), auf Satteldecken ohne Steigbügel. Doch im vierten Jahrhundert gab es andere Ziele für die Kavallerie als die unerschütterliche Linie von Lanzenträgern und die gesellschaftlichen Vorbehalte gegen Reiter verschwanden mit dem Zerfall des Agrarianismus und des Zensus. Zunehmend wurden Reiter – vorwiegend aus Böotien, Thessalien und Makedonien – jetzt ebenso wie leichter bewaffnete Fußsoldaten und Männer mit Fernwaffen häufiger eingesetzt um schlecht aufgestellte Infanterie niederzureiten und sie waren für Verfolgung und Aufklärung unentbehrlich.

Philipp sah, dass mit geeigneter Panzerung für Pferd, Reiter und mit Pike statt Speer oder Schwert ein Korps schwerer Kavallerie in zwei Funktionen von unschätzbarem Wert sein würde: Erstens, indem sie im geeigneten Augenblick plötzlich in Lücken zwischen verschiedenen Kontingenten griechischer Hopliten stießen, wo sie Unordnung an schlecht geschützten Seiten und Rückfronten schaffen konnten (was Alexander 338 bei Chaironeia hervorragend gelang), und zweitens, indem sie direkt in die Reihen schlecht bewaffneter östlicher Fußtruppen ritten. Ausgebildete berittene Herren von den Besitzungen Makedoniens konnten persische Söldner niedertrampeln und psychologischen Druck ausüben in einem Maße, das in keinem Verhältnis zu ihrer tatsächlichen zahlenmäßigen Präsenz auf dem Schlachtfeld stand. Reiter konnten natürlich griechische Armeen immer noch nicht zum Ziel führen, wenn es darum ging, gegen andere griechische Armeen zu kämpfen. Doch gegen die Bewohner des Ostens erwies sich Philipps Idee mit schweren Kavallerieeliten Lücken zwischen Fußsoldaten aufzureißen von unschätzbarem Wert.

Diese anhaltende griechische Renaissance in der Wissenschaft des Tötens von Menschen im vierten Jahrhundert ist in einem größeren Zusammenhang zu sehen. Sie steht in Beziehung zur liberalen Tradition der freien Rede und Forschung und ständiger intellektueller Diskussion, die alle kaum einer staatlichen Zensur oder religiösen Einschränkungen unterlagen und im Dämmerlicht des vierten Jahrhunderts der autonomen *polis* noch ziemlich lebendig waren. So funktionierten taktische und strategische Lehre, technische Innovation und logistische und organisatorische Reform in demselben Freiraum und sind im Westen alle auf Symposien und in Publikationen analysiert, diskutiert, in Frage gestellt, angefochten – sogar angegriffen – worden, ungeachtet der Staatsgrenzen oder zuweilen beschränkterer nationaler Interessen.

Solch begründete Prüfung sorgt dafür, dass die westliche Kriegführung unbeständig ist. Sie ändert sich ständig. Der Erfolg des vorangegangenen Jahres wird sofort vom Stammtischintellektuellen, vom Kriegsveteran und vom pragmatischen Ingenieur gleichermaßen kritisiert, die alle darauf erpicht und willens sind, den Konservatismus des mit Scheuklappen versehenen professionellen militärischen Kopfes herauszufordern. In einer freien Gesellschaft und Wirtschaft fallen Geld, Land, Ruhm, Macht und Einfluss oft demjenigen zu, der ein Katapult entdeckt oder die Wissenschaft der Logistik beherrscht. Gott, der König, der herumspionierende Speichellecker bei Hofe oder die ehrwürdigen Ahnen legen gegen militärische Neuerungen kein Veto aus religiöser, politischer oder kultureller Besorgnis ein. Die Überprüfung des Krieges ist kein Teil der Regierung oder Religion und ihnen auch nicht untergeordnet. Auch die Verbreitung militärischer Forschung ist nicht auf ein kleines Kloster beschränkt und die Waffenkenntnis bleibt einem lesenden Publikum nicht verwehrt.

So hatte der Ratschlag eines Griechen einzig durch seine Logik oder seinen Grad an Wirksamkeit auf dem Schlachtfeld Erfolg oder Misserfolg. Er wurde durch außenstehende religiöse oder philosophische Lehren weder behindert noch gefördert. Man vergleiche andere Traditionen militärischer Gelehrsamkeit: Der chinesische Militärstratege Sun-tsu äußert sich einmal kryptisch, einmal mystisch und ist stets Teil eines größeren religiösen Paradigmas. Auf der ersten Seite seines Buches heißt es: „Das Tao lässt die Menschen in völliger Übereinstimmung mit dem Herrscher sein. So werden sie mit ihm sterben; sie werden mit ihm leben und Gefahr fürchten. Der Himmel umfasst Yin und Yang, Kälte und Hitze und die Zwänge der Jahreszeiten. Die Erde umfasst weit oder nah, schwierig oder leicht, ausgedehnt oder beschränkt, tödliches oder lebendiges Gelände."

Man vergleiche dies mit dem sachlichen Ton und Geist, die man auf der Anfangsseite der etwa zur gleichen Zeit entstandenen militärischen Abhandlung *Über die Verteidigung befestigter Positionen* von Äneas, dem Taktiker, findet: „Die Anordnung der Truppen muss unter Berücksichtigung sowohl der Größe als auch der Topografie der Stadt erfolgen, ihrer Wachposten und Patrouillen und anderer Dienste, für die Soldaten in der Stadt erforderlich sind – mit Blick auf all diese Faktoren muss man die Anweisungen treffen." Die einzige Absicht des Äneas ist, Instruktionen darüber zu geben, *wie man verhindert, dass eine Stadt gestürmt wird*. Punkt. Will man eine Stadt einnehmen, nicht dem Herrscher oder Gott gefallen oder etwas über sich selbst lernen, so ist Äneas der bessere Führer. Dieses autonome und intellektuell unabhängige Vermächtnis der Militärwissenschaft – entscheidend für die erfolgreiche Kriegführung westlicher Armeen – hatte seinen Ursprung in Griechenland und der späteren hellenistischen Welt.

Die Bestimmungen der bäuerlichen Hopliten Griechenlands im siebenten bis fünften Jahrhundert waren geeignet militärische Neuerungen zu ersticken. Technik, Taktik, Strategie und List widersprachen der Vorstellung des Hoplitenbauern von einem eintägigen Krieg aufeinander prallender Phalangen und es gibt in der Literatur der griechischen Stadtstaaten zahlreiche Werke, in denen man Pfeile, Fernwaffen, Artillerie und Mauern als Bedrohung des Heldentums betrachtet und über sie herzieht. Doch während des ausklingenden fünften Jahrhunderts spielten zwei Phänomene – ein politisches und ein intellektuelles – zusammen und bewirkten, dass dieser militärische Stillstand beendet, die Kriegführung komplizierter und die „Wissenschaft" des Tötens von Tausenden in die geistige Tradition der Griechen eingebracht wurde.

Erstens gestattete, wie wir gesehen haben, der Zerfall der alten agrarischen griechischen *polis* im Gefolge des verheerenden Peloponnesischen Krieges das Erscheinen einer Vielfalt neuer Kräfte und Technologien – alle frei von scheinheiliger Einengung durch die bäuerliche Gesellschaft. Söldner, Artillerie, Kavallerie und

Seesoldaten waren im vierten Jahrhundert brauchbare militärische Varianten, die nicht einfach einen kämpfenden Schlachtkommandeur mit Nerven und Muskeln brauchten, sondern einen urteilsfähigen General, der sich Gedanken um Reserven, Koordination und Manöver machte. Neue Wissensgebiete wie Logistik, Feldlager, Belagerungskunst und die dauerhafte Besetzung und Verwaltung von eingenommenem Land erforderten theoretische Sachkenntnis ebenso wie die Fähigkeit sie anzuwenden.

Zweitens wurde die intellektuelle Leidenschaft der Griechen zu dieser Zeit von platonischen und sophistischen Gedanken beherrscht. Die Philosophen und Rhetoriker des späten fünften Jahrhunderts waren nicht immer utopisch, sondern ziemlich oft einzigartig pädagogisch und nützlichkeitsbetont, indem sie versuchten – und dies gewöhnlich gegen Bezahlung – Dialektik, Sprache und Induktion auf ein Übermaß an praktischen Themen anzuwenden: Landwirtschaft, Medizin, Naturwissenschaft, Politik – und natürlich Krieg. Militärische Angelegenheiten – Feldherrenkunst (*stratêgika*), die Aufteilung von Truppen (*taktika*) und Ausbildung an der Waffe – wurden daher zu einem wichtigen Bestandteil der griechischen Philosophiebewegung, die immer praxisbezogener geworden war. Krieg war keine Frage der Tapferkeit oder ein Wertausdruck, sondern einfach eine Kunst (*technê*) wie jede andere.

Xenophon (428–354) ist das beste Beispiel für diese Mischung aus Erfahrung, die auf dem Schlachtfeld gewonnen wurde, und philosophischer Bildung. In gewissem Sinne ist er der Begründer der militärischen intellektuellen Tradition im Westen. Als Veteran vieler Feldzüge in Griechenland und Persien und als Anhänger des Sokrates schrieb Xenophon Handbücher wie *Der Reiteroberst* und *Über die Reitkunst* und er diskutierte Feldherrenkunst, Taktik und Strategie in *Memorabilia*, *Oikonomikos* und *Die Erziehung des Kyros*. In diesen Abhandlungen greift Xenophon auf seine eigenen praktischen Erfahrungen als Söldnerführer im Zug der Zehntausend und als enger Freund des spartanischen Königs Agesilaos zurück und strebt auf systematische, logische Weise nach Verbesserungen in der existierenden griechischen Militärpraxis. Xenophons Werte waren zwar nicht als Lesestoff unter den einfachen Soldaten verbreitet, doch weist sein Werk darauf hin, dass solche Themen im vierten Jahrhundert sowohl bei den Führern der *polis* als auch bei den Berufshauptleuten der Söldner aktuell waren. Xenophon erwähnt „Professoren der Taktik", die umherreisten und ihr Fachwissen an denjenigen verschacherten, der das höchste Angebot machte, und er äußert sich ziemlich abfällig über solche Möchtegern-Experten aus Platons *Ion*, in dem Routinewissen über militärische Angelegenheiten nicht als wahre Weisheit angesehen wird.

Xenophons Zeitgenossse, der pragmatische Äneas, der Taktiker (ca. 360), folgt in derselben nutzenbezogenen Tradition. Sein offenbar riesiges Werk *Militärische Vorbereitungen* ging verloren, aber eine erhalten gebliebene Monografie, *Wie man unter Belagerung überlebt*, behandelt alle Einzelheiten (zum Beispiel Passwörter, Wecken, Geheimcodes, Tunnelbau) bis zum breiteren Einsatz von Söldnern und zu Evakuierungsplänen.

Leider blieben von fast allen Anhängern Xenophons und Äneas' des späten vierten und des dritten Jahrhunderts – und anderen, die vermutlich ähnlich praktische Militärhandbücher schrieben – nur die Namen; ihr Werk ging verloren. Schlimmer noch, die nachfolgende enorme Fleißarbeit hellenistischer Militärforschung (fast dreißig Namen solcher Autoren und Titel sind uns bekannt) wurde ebenfalls ausgelöscht. Dennoch markierten diese Taktiker und Strategen des dritten und zweiten Jahrhunderts – Kinemas, Apollonios, Pyrrhos und Dutzende andere, die heute vergessen sind – den antiken Höhepunkt militärischer wissenschaftlicher Forschung. Ihre pragmatische Behandlung von Phalangentaktik, Ballistik, Befestigung und Belagerungstechnik muss militärische Innovation unter einer wachsenden Schicht der militärischen Intelligenz verbreitet und so zur sich ständig entwickelnden Komplexität der hellenistischen Kriegführung beigetragen haben. Das Handbuch des Ktesibios (ca. 270) lieferte zum Beispiel das technische Know-how für den Katapultbau und begründete die gesamte mathematische Wissenschaft der Kalibrierung und Antriebskraft in ihrer Anwendung auf die Artillerie. Die Verbreitung seines Gedankenguts im späteren Werk *Belopoika* von Philon (ca. 200) als auch durch Heron (ca. 70) unterstützte die Massenfertigung von Katapulten in der gesamten klassischen Welt.

Nach der römischen Eroberung Griechenlands im späten zweiten Jahrhundert wurden die griechischen Militärschriften irgendwie trockener, philosophischer und oft pedantisch. Jahrhunderte der Weltherrschaft und die Überlegenheit der römischen Legion machten eine radikale neue Denkweise auf dem Schlachtfeld überflüssig. Der universale Gelehrte der Philosophie und Geschichte, Poseidonios von Apameia (135–50), stellt die neuen geschichtlichen Realitäten dar, und so scheint er (sein Werk ging verloren) die kraftvolle griechische Tradition der praktischen, dem Handeln verpflichteten militärischen Forschung in abstrakte philosophische Spekulation über entfernte und weitgehend vergessene (griechische) Militärformation umgewandelt zu haben. Alle erhalten gebliebenen militärischen Schriften beziehen sich leider auf das Werk des Poseidonios. Und so bieten die noch vorhandene *Taktik* von Asklepiodot (ca. 100), Ailian (ca. 100–110 n. Chr.), Arrian (ca. 140 n. Chr.) und Onasanders *Der General* (ca. 50 n. Chr.) wenig wertvolles Wissen über die damalige römische Militärpraxis und lieferten so dem Militärhistoriker damals wie heute keine neuen Einblicke in die Führung vergangener griechischer oder zeitgenössischer römischer Armeen.

Die zweite und letzte Phase des westlichen Krieges war nun vollendet. Wenn das Zeitalter der Klassik die Kriegführung radikal verändert hatte durch die einzigartige Idee von der entscheidenden Schlacht, in der freie Männer einen Konflikt als entscheidendes Aufeinandertreffen von Angriffstruppen Mann gegen Mann austrugen, so wurde im vierten Jahrhundert die logische Schlussfolgerung aus allen griechischen Erfahrungen mit dem Entscheidungsgefecht gezogen: totaler und absoluter Kampf als natürliche Erweiterung des gesellschaftlichen und wirtschaftlichen Lebens. In Begleitung der früheren Entdeckung einer Bürgerwehr, die augenblickliche Ergebnisse bevorzugte, sollte nun die gesamte griechische Begabung für ungehinderte Erforschung und Rede auf ihren letzten Horizont der Erforschung gerichtet werden – die Wissenschaft des Menschentötens. Die Tragödie – und das Erbe, das wir im Westen heute noch tragen besteht darin, dass die früher übliche Entscheidungsschlacht eine geringere Anzahl Tote forderte und dass in Bezug auf Länge und Schauplatz des Krieges eine ethische Grenze gesetzt war; die spätere Revolution erreichte jedoch genau das Gegenteil und lehrte daher den Westen, dass die Entscheidungsschlacht nicht der Höhepunkt des Krieges ist, sondern vielmehr ein sehr effektives Instrument im umfassenderen Bestreben, den Feind völlig zu zerstören.

Kapitel Fünf

Alexander der Grosse und die Erschaffung des hellenistischen Kriegswesens (335–146)

Vor Alexander dem Grossen sah man selten Porträts berühmter griechischer Generäle öffentlich ausgestellt. Angesehene Bürger wie der spartanische Regent Pausanias, Miltiades, der griechische Sieger von Marathon, Perikles und Alkibiades wurden sogar irgendwann einmal ernsthaft für ihre Bemühungen kritisiert die Aufmerksamkeit der Öffentlichkeit auf sich zu lenken oder persönliche Anerkennung für die Siege ihrer jeweiligen Stadtstaaten zu beanspruchen. Einen bescheidenen Krieger zu idealisieren und als lebenden Gott zu behandeln war blasphemisch und äußerst abstoßend. Alexander allerdings ließ den widerspenstigen Philosophen und Geschichtsschreiber Kallisthenes enthaupten, da er es unterlassen hatte, vor seinem Monarchen niederzuknien und ihm Ehrerbietung zu erweisen. Als die Akzeptanz für seine „Göttlichkeit" wuchs, erkannte Alexander den propagandistischen Wert seiner jugendlichen Erscheinung und innerhalb weniger Jahre nach Beginn seiner Herrschaft erschienen von Athen bis zum Indus Statuen zu vielen Tausenden, die alle die charakteristischen Merkmale aufweisen: wallendes Haar, geschmeidige und doch muskulöse Statur und den fest auf den Horizont gerichteten Blick, als erwäge er weitere Eroberungen und gute Taten für die Bruderschaft der Menschen. Der Sinn für den Wert solcher Darstellungen für die Legitimierung des Staatsterrors war auch bei Tyrannen von Augustus bis Hitler nicht verloren, die wie Alexander dafür sorgten, dass ihr Abbild an jeder Straßenecke stand.

Der Marsch durch Asien

Büste Alexanders des Großen, die Lysippos zugeschrieben wird.

NÄCHSTE SEITE: *Der Fluss Deli Kay bei Issos (333) wird oft mit dem antiken Strom Pinaros gleichgesetzt, der die Mitte des Schlachtfeldes markierte, auf dem Alexander zum ersten Mal auf die gesamte Armee von Dareios III. traf und sie fast vernichtete. Im Allgemeinen war Alexander gewillt, auf günstiges Terrain und die unmittelbaren taktischen Vorteile leichter Versorgung zu verzichten, wenn er die Möglichkeit hatte der gesamten persischen Armee in offener Feldschlacht auf flacher Ebene zu begegnen.*

Die Tatsachen, wenn auch nicht die Bewertung, des ein Jahrzehnt dauernden Marsches Alexanders durch Asien stehen generell außer Frage. Innerhalb von zwei Jahren nach seinem Aufstieg zum makedonischen König im Herbst 336 eliminierte Alexander durch Mord und Militärmacht alle dynastischen Rivalen und abtrünnigen Monarchen. Er setzte für immer der alten Vorstellung vom autonomen griechischen Stadtstaat ein Ende, indem er als Warnung an idealistische nostalgische Staatsmänner wie Demosthenes Theben dem Boden gleich machte. Dann drang er 334 nach Kleinasien ein und nach Siegen am Granikos (334) und bei Issos (333) musste er nach allem, was westlich des Euphrat lag, nur noch die Hand ausstrecken. Die brutale Eroberung von Tyros und Gaza und die Einnahme von Ägypten sicherten seine Machtposition im Süden. Und nach seinem Sieg bei Gaugamela im Herbst 331 waren die östlichen Satrapien und Vasallenstaaten Persiens Alexanders Ansturm schutzlos ausgeliefert. Nach weiteren fünf Jahren brutaler Unterwerfung eingeborener Stämme und Nomaden im östlichen Iran, in Afghanistan und Baktrien marschierte er über den Indus nach Osten und besiegte den indischen Radscha Poros am Hydaspes, womit die östliche Grenze seines weltumspannenden Feldzuges gesetzt war.

Innerhalb eines Jahrzehnts hatte er das Persische Reich zerstört, Griechen 4800 km nach Osten gebracht, auf seinem Weg eine Spur hellenischer Kultur hinterlassen und eine tödliche Militärmaschine in die Hände seiner erfahrenen Marschälle gegeben, harter Realisten, die erpicht darauf waren, seine Kriegsbeute aufzuteilen. Alexander starb mit 33 Jahren als Alkoholiker, von Malaria und alten Kriegswunden geschwächt und sehr wahrscheinlich von seinen Gefährten vergiftet.

Um die Kriegführung Alexanders des Großen zu verstehen müssen wir zunächst die Entscheidung des 21-jährigen im September 335 einschätzen die gesamte Stadt Theben – in vielerlei Hinsicht die glanzvollste *polis* in der hellenischen Geschichte – aus dem kollektiven Gedächtnis Griechenlands zu löschen. Die Menschen in Theben hatten gegen Philipps Bund der griechischen Staaten in der Hoffnung rebelliert, dass der junge Alexander zu unerfahren sei, um sie aufzuhalten. Ihre Vernichtung war keine Verirrung, sondern einfach ein Vorgeschmack auf die gesamte Auffassung Alexanders von militärischer Praxis, wie sie später in Asien so erfolgreich war. Das Ultimatum zum Kapitulieren, der Vorrang tödlicher Gewalt vor Verhandlungen, die darauffolgende Auslöschung des Feindes, der unvermeidliche Mord an Frauen und Kindern und das Niederreißen von Haus und Heim, die Unheil verkündende Warnung dasselbe mit anderen potentiellen Aufständischen zu tun und stets ein dramatisches und mythisches Flair um die Barbarei zu verschleiern, im Falle Thebens die Verschonung des Hauses des Dichters Pindar, womit er seine hellenische Gesinnung hervorheben und Abneigung gegen das Morden Unschuldiger vortäuschen wollte. Alexander verstand wie nur wenige andere, dass eine beschönigende Kultiviertheit wichtig für die westliche Kriegspraxis war, wenn sie nicht ausschließlich als Vernichtung erscheinen sollte.

Nach der Ermordung Philipps im Jahr 336 und der Unterwerfung der griechischen Staaten, die der Zerstörung Thebens folgte, begann Alexander, Anfang 20, die von seinem verstorbenen Vater geplante Invasion in Persien mit einem Sieg am Fluss Granikos nahe dem Hellespont (333). In seinem ersten wilden Ansturm

Alexander wurde bei seinem ersten Sieg am Fluss Granikos (334) beinahe getötet. Nach einem kurzen Täuschungsangriff tauchte er in den Fluss und galoppierte das steile Ufer hinauf um einen Keil in die persische Kavallerie zu treiben. Einige gefährliche Minuten lang waren seine erschöpften Begleitkavalleristen zahlenmäßig unterlegen und allein, während die Phalanx langsam durch das Wasser folgte. Hätten die Perser ihre griechischen Söldner entlang der Ufer ausgespielt, dann wäre es für die Makedonier nahezu unmöglich gewesen über den Fluss zu setzen, das Ufer zu erklimmen und dann frontal auf griechische Lanzenträger zuzureiten. Für mehr als 2000 Jahre – von römischen Künstlern bis zu romantischen Malern des neunzehnten Jahrhunderts – war der Sturm des jungen Alexander zu Pferde durch die Reihen des Feindes ein beliebtes Sujet künstlerischer Gestaltung. Solche Szenen halten die Wildheit seiner berittenen Angriffe fest, es wurden aber nur wenige Makedonier je direkt in der Schlacht getötet; die wahre Gefahr, wenn man sich Alexander anschloss, bestand nicht darin, dass man in offener Feldschlacht gegen die Perser sterben konnte, sondern darin, dass man ihm auf waghalsigen Märschen zum Indus oder durch die gedrosische Wüste folgen musste. Auch war es immer möglich, dass die eigene Einheit infolge einer Anklage wegen Untreue durch den zunehmend paranoiden König dezimiert wurde.

DER KRIEG IN DER GRIECHISCHEN ANTIKE

OBEN: *Alexander erwies den verschiedenen chaldäischen Sehern, babylonischen Astrologen und persischen Magiern Respekt, die den unterschiedlichen heiligen Kasten der Eroberten angehörten. Meist aber zog er propagandistischen Nutzen daraus, dass religiöse Toleranz und philosophisches Interesse bekundete, selbst wenn er nach Belieben tötete.*

auf den Granikos legte Alexander ein Schlachtmuster fest, in dem wir einen groben Ereignisablauf erkennen können, der sich in allen drei seiner folgenden großen Siege bei Issos (333), Gaugamela (331) und dem Hydaspes (326) zeigt: Zuerst eine brillante Anpassung an meist unvorteilhaftes Gelände (alle seine Schlachten wurden an oder in der Nähe von Flüssen ausgetragen); zweitens Führung durch Furcht erregendes Beispiel persönlichen – und stets beinahe tödlich endenden – Mutes an der Spitze der Begleitkavallerie; drittens niederschmetternde Kavallerieschläge, die auf einen konzentrierten Punkt in der Feindeslinie gerichtet waren, woraufhin Reiter den verwirrten Feind von hinten zu den Lanzen der vorrückenden Phalanx trieben; und schließlich danach Verfolgung oder Vernichtung der feindlichen Kräfte im Feld, was Alexanders Anliegen widerspiegelte feindliche Armeen zu eliminieren statt nur zu schlagen.

RECHTS: *Theoretisch erstreckte sich Alexanders Reich über 4800 km östlich von Griechenland und von Nord nach Süd über 2400 km. Es gab aber, selbst wenn Provinzen erobert und geplündert wurden, zu wenige makedonische Schutztruppen um Millionen Asiaten tatsächlich in den Machtbereich des makedonischen Hellenismus zu bringen.*

Makedonier trugen im Gegensatz zu früheren Griechen oder Persern der damaligen Zeit gewöhnlich ihren eigenen Proviant und ihre Ausrüstung; Diener führten nur Grundnahrungsmittel und anderes Feldlagermaterial mit. Es fehlten der spätere lange Gepäcktross aus Wagen, Frauen und Nutztieren. „Als Philipp seine erste Armee organisierte", schrieb Frontinus, Militärforscher des ersten Jahrhunderts n. Chr., „ordnete er an, dass niemand einen Wagen zu verwenden hatte. Den Reitern gestand er je einen Diener zu, aber für das Fußvolk gestattete er nur einen Begleiter für je zehn Männer, der beauftragt wurde, Gerätschaft und Seile zu tragen. Wenn die Armee im Sommer ausrückte, wurde jedem Mann befohlen, Proviant für dreißig Tage mitzunehmen und auf dem Rücken zu tragen."

Beamte vor Ort wurden gewöhnlich gezwungen im Voraus Lager mit Nahrungsmitteln bereitzustellen, was dem Landstrich in einem Radius von 96 km die Nahrungsmittel entzog und Alexanders geschmeidiger Armee ermöglichte von einem Depot zum nächsten zu wechseln: „Philipp", schrieb der Militärrhetoriker Polyainos der römischen Ära, „ließ die Makedonier 300 Stadia [etwa 55 km] marschieren, wobei sie ihre Waffen sowie Helme, Beinschienen, Lanzen, Proviant und Gebrauchsgegenstände mit sich trugen."

Der riesige Apparat reisender Märkte hätte in Widerspruch zu den wichtigsten Grundsätzen der Makedonier gestanden, nämlich Geschwindig-

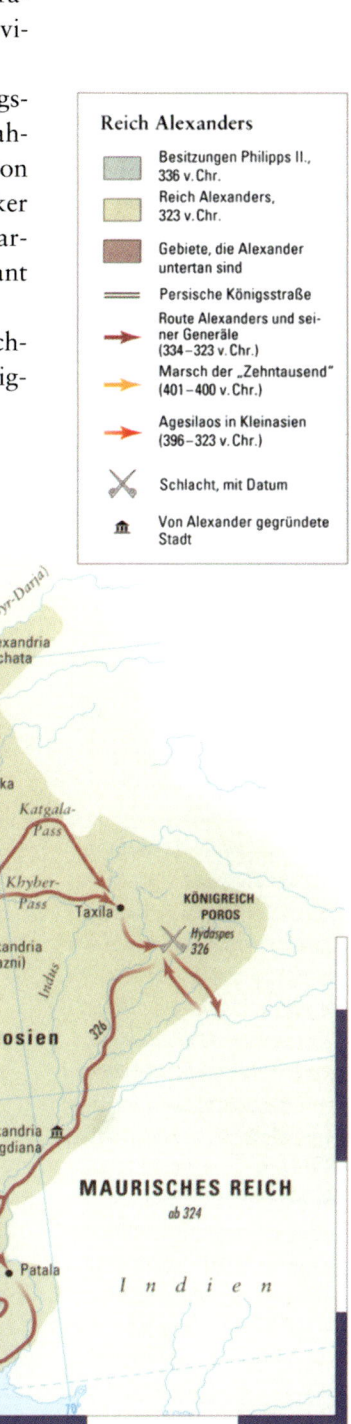

keit, raschem Angriff und entscheidenden schnellen Schlägen. Die makedonische Armee bewegte sich auf dieselbe Weise fort, wie sie angriff, und daher waren Logistiker, Quartiermeister und Finanzplaner im Verborgenen die unbekannten Genies, die den Erfolg des gesamten schrecklichen Ansturms möglich machten; keine Armee vorher oder nachher war so gut organisiert und so unabhängig von langen Versorgungstrossen und großen Lagergefolge. Jedoch wurden zur Versorgung von Alexanders Armee – Infanterie, Kavallerie, Hilfstruppen, Last- und Packtieren – an einem einzigen Tag mehr als 220 000 kg allein an Getreide und Futter und mehr als 265 000 Liter Wasser benötigt. Und zumindest bei einigen Gelegenheiten, als es unmöglich war, sich vom Land, auf dem man sich befand, zu ernähren oder gut zugängliches Wasser zu finden, wurden täglich 880 000 kg an Vorräten mitgeführt und verbraucht. Allein bei Gaza benötigten Alexanders Truppen 22,7 Millionen Liter Wasser zur Versorgung während der zweimonatigen

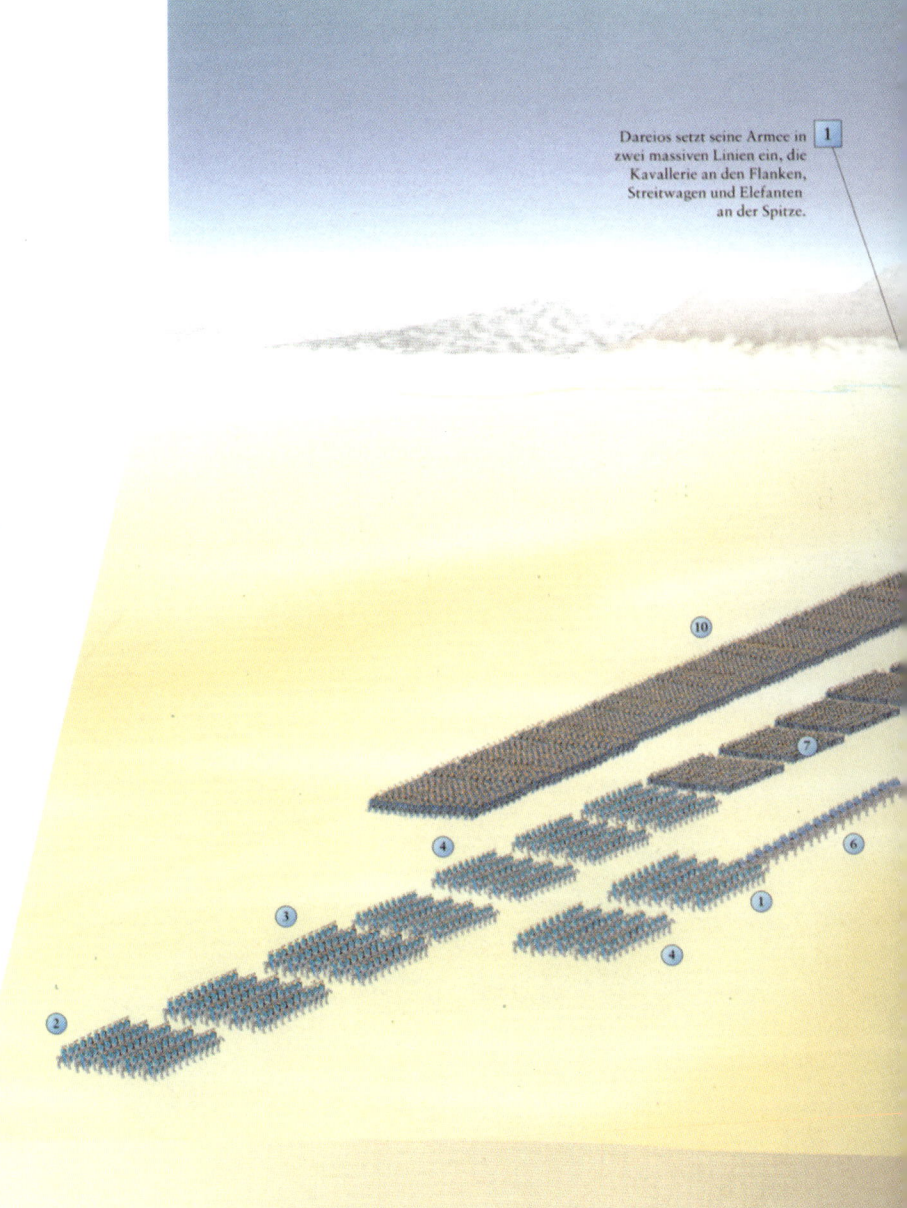

Dareios setzt seine Armee in zwei massiven Linien ein, die Kavallerie an den Flanken, Streitwagen und Elefanten an der Spitze.

Gaugamela Phase I

Ende September 331 traf Alexander im nördlichen Tigristal bei Gaugamela, einem kleinen Dorf nicht weit von Arbela, auf Dareios III. um die entscheidende Schlacht um das persische Reich zu erzwingen. Alexander hatte seine größte Streitmacht zusammengezogen, doch bestand sie immer noch aus weniger als 50 000 Mann und war vielleicht fünfmal kleiner als die persische Armee. Außerdem hatte Dareios im Wissen um die vorherigen Niederlagen der Perser am Granikos und bei Issos direkt Alexander gegenüber eine Elitetruppe baktrischer und persischer gepanzerter Kavallerie versammelt, zusätzlich zu sichelbewehrten Streitwagen. Beide persischen Flügel umgingen die Makedonier um mehr als anderthalb Kilometer und zähe griechische Söldner und Elefanten wurden darauf vorbereitet Alexanders Zentrum aufzubrechen.

ALEXANDER DER GROSSE UND DIE ERSCHAFFUNG DES HELLENISTISCHEN KRIEGSWESENS

DAREIOS' ARMEE

1. Armenische Kavallerie
2. Kappadokische Kavallerie
3. Parthische Kavallerie
4. Medische Kavallerie
5. Indische und karische Kavallerie
6. Streitwagen
7. Persische Infanterie
8. Griechische Söldner
9. Baktrische und persische Kavallerie
10. Aufgebote aus vielen Gebieten
11. Fünfzehn Kriegselefanten

ALEXANDER'S ARMEE

1. Alexander und Begleitkavallerie
2. Makedonische Bogenschützen
3. Agrianische Speerwerfer
4. Hypaspisten
5. Makedonische Phalanx
6. Thessalische Kavallerie
7. Kretische Lanzenträger und Bogenschützen
8. Garde der linken Flanke, Kavallerie
9. Garde der rechten Flanke, Kavallerie, Speere und Bogenschützen
10. Phalanx der zweiten Linie
11. Thraker

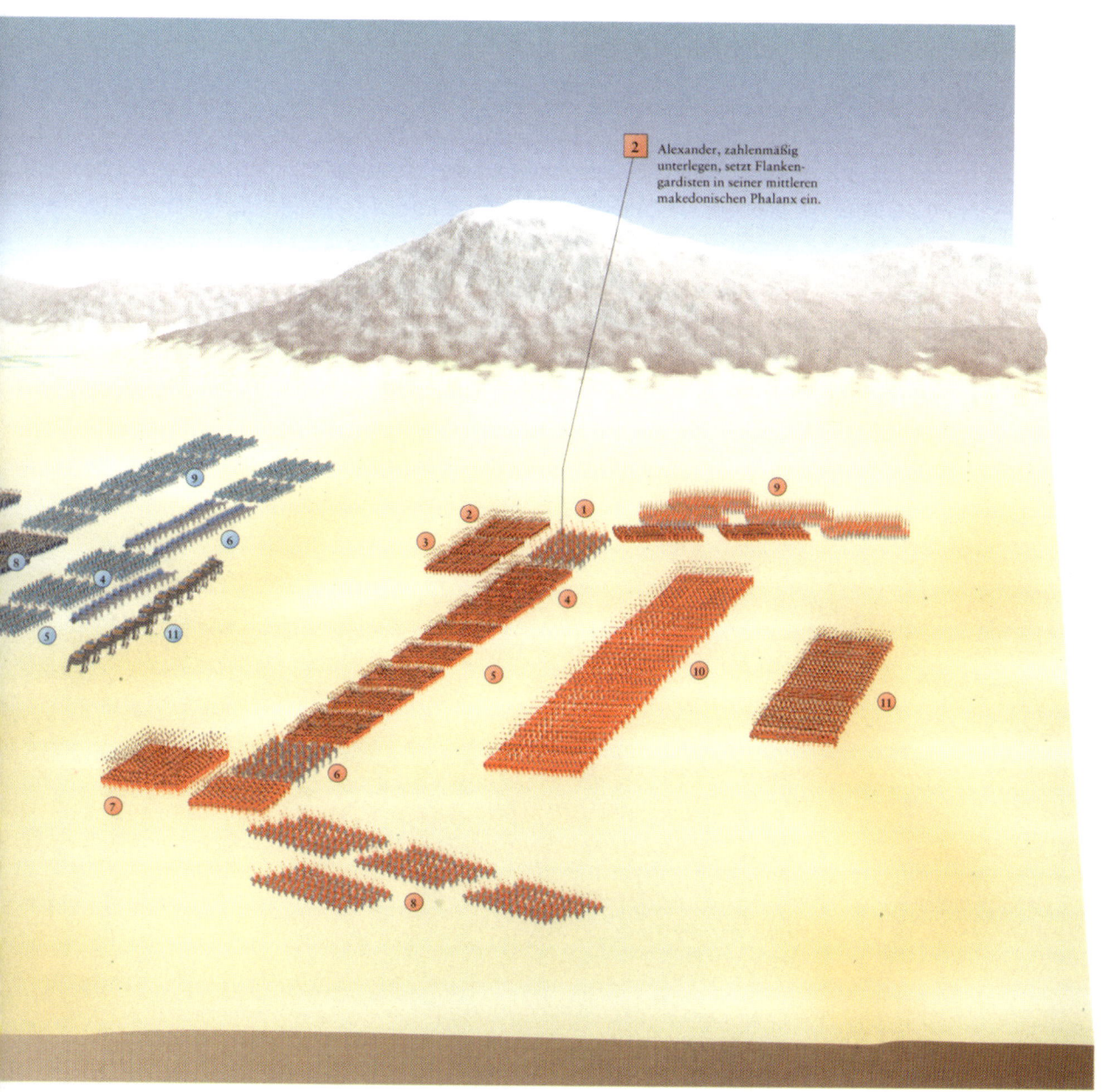

2 Alexander, zahlenmäßig unterlegen, setzt Flankengardisten in seiner mittleren makedonischen Phalanx ein.

Auf diesem vergrößerten Ausschnitt aus einem Mosaik der Römerzeit, das auf genaue Darstellungen aus der hellenistischen Zeit zurückgehen mag, finden wir die einzige farbige Darstellung des jungen Alexander. Im Gegensatz zu den meisten Statuen und Münzporträts hat der Künstler Alexander eher realistisch als idealisiert dargestellt: Weit geöffnete Augen, vorspringende Nase, Koteletten und ungekämmte, strähnige Haare – vielleicht das Bild, das der junge König im Kampf abgegeben hat.

Gaugamela Phase II

Dareios plante beide Flügel Alexanders zu umgehen und dann durch das geschwächte Zentrum seiner Truppen zu brechen. Wichtig für den linken makedonischen Flügel war auszuhalten, bis Alexander auf

Belagerung – das meiste davon konnte aus lokalen Quellen nicht beschafft werden, und wurde daher wahrscheinlich über große Entfernungen zu Lande oder zu Wasser eingeführt.

Das Vermächtnis Alexanders des Großen? Neben taktischer und logistischer Brillanz nicht viel. Für seine Zeitgenossen war Alexander in den Jahren nach seinem Tod nicht viel mehr als ein genialer Jüngling und stürmischer Frontkämpfer, der ein Jahrzehnt lang wild agiert hatte und großen Reichtum hinterließ, um den weisere und ältere Männer wie Seleukos, Antipater, Antigonos und Ptolemaios feilschten und den sie aufteilten. Die Griechen auf dem Festland freuten sich zumeist über seinen Tod. Alexanders halbgebildete Schwärmerei für östliche Mystik und sein Anspruch eine Art Gottheit zu sein, konnten Philipps alte Garde makedonischer Veteranen nicht beeindrucken, die schließlich der Mätzchen dieses ziemlich gefährlichen Alkoholikers überdrüssig wurden. Tatsächlich wurde Alexander bis zur Regierungszeit des Augustus – für jeden angehenden Weltherrscher lag in der Verehrung Alexanders als Held ein propagandistisches Potenzial – nicht in seiner heute vertrauten Rolle als Alexander Magnus gesehen.

Erhalten gebliebene Werte der antiken Geschichtsschreiber der Römerzeit, deren Quellen sich in einer gewundenen Spur bis zu den Zeitgenossen von Alexander zurückverfolgen lassen, präsentieren einen „guten" und einen „schlechten" Alexander – entweder einen wieder zum Leben erwachten Achilles, dessen jugendlicher Überschwang und Ehrfurcht den Hellenismus an seine eigenen Grenzen führte, oder einen größenwahnsinnigen, betrunkenen und prassenden Gewaltverbrecher, der die meisten abschlachtete, die in seinem Weg standen, bevor er sich gegen die Freunde und Landsmänner seines Vaters wandte, genau die Männer, deren Loyalität und Genialität ihn zu dem gemacht hatten, was er war. Diese Debatte hält heute noch an. Doch wenn wir spätere fantastische Geschichten über Alexander beiseite lassen – seine angeblichen Bemühungen, „die Menschen in Brüderlichkeit zu einen" oder den Barbaren die „Zivilisation" zu bringen –, können wir uns zumindest darauf einigen, dass seine wahre herausragende Stellung eine rein militärische

ist, charakterisiert durch scharfsinnige Beurteilung der zerstörerischen Wirkung westlicher Waffen und die Kenntnis der politischen, kulturellen und wirtschaftlichen Kunstgriffe, die benötigt wurden um eine solche Macht ohne Zurückhaltung zu nutzen.

Der totale Krieg

Vor seiner Verherrlichung als gottähnlicher Krieger behauptete Alexander zuerst, dass seine Mission in Richtung Osten in dreierlei Hinsicht gerechtfertigt war: Er musste erstens die asiatischen Griechen von persischen Satrapen befreien; zweitens dem hochgesteckten Ideal des Panhellenismus Kraft verleihen, indem er die streitenden griechischen *poleis* in einem nationalen Bund auf dem Festland ver-

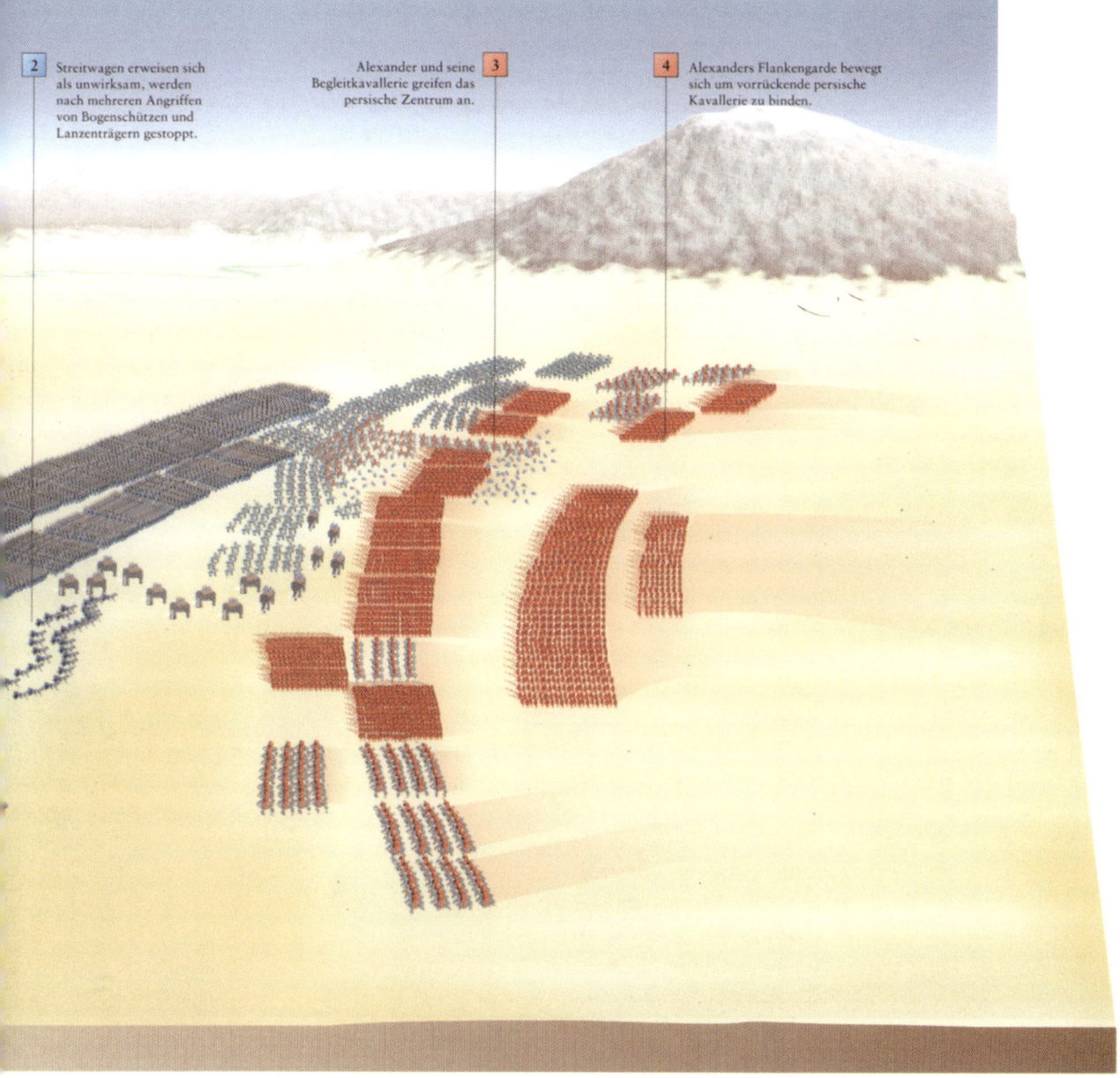

2 Streitwagen erweisen sich als unwirksam, werden nach mehreren Angriffen von Bogenschützen und Lanzenträgern gestoppt.

3 Alexander und seine Begleitkavallerie greifen das persische Zentrum an.

4 Alexanders Flankengarde bewegt sich um vorrückende persische Kavallerie zu binden.

einte; und drittens die Perser für Xerxes' Invasion in Griechenland 150 Jahre zuvor und für das Niederbrennen der Akropolis von Athen bestrafen. Alexander erreichte alle drei vorgeschobenen Ziele durch unbestreitbare militärische Genialität und grundloses Gemetzel. Seine wahre Absicht war jedoch vor allem das Streben nach persönlichem Ruhm und Raub in riesigem Ausmaß. Anstelle einer zerfallenden imperialen persischen Kleptokratie ließ er zersplitterte, jedoch ausbeuterische griechische Monarchien zurück, deren militärische Dynamik zumeist der Bereicherung einer winzigen Elite diente.

Für Alexander hatte der Krieg nicht einfach Sieg über den Feind, Rückgabe der Gefallenen, Errichtung eines Siegeszeichens und Beilegung bestehender Kontroversen zum Ziel, sondern vielmehr, wie ihn sein Vater gelehrt hatte, die Vernichtung aller Kämpfenden und die Zerstörung der Kultur derjenigen, die es gewagt hatten, sich seiner imperialen Herrschaft zu widersetzen. Damit sorgte Alexanders Praxis der totalen Verfolgung und Zerstörung des besiegten Feindes für Kriegsverluste, die nur ein paar Jahrzehnte vorher noch unvorstellbar waren. Am Fluss Granikos vernichtete Alexander im Mai 334 die persische Armee vollständig, umzingelte die eingeschlossenen griechischen Söldner und massakrierte alle bis auf 2000, die er in Ketten zurück nach Makedonien schickte. Unsere Quellen stimmen in den genauen Verlustzahlen nicht überein, aber Alexander mochte wohl zwischen 15 000 und 18 000 Griechen vernichtet haben, *nachdem* die Schlacht im Großen und Ganzen gewonnen war – womit er an einem einzigen Tag mehr Hellenen tötete, als den Medern insgesamt bei Marathon, den Thermopylen, Salamis und Plataä zusammen zum Opfer gefallen waren. In seiner ersten Schlacht hatte Alexander, wie sich herausstellte, mehr von ihnen getötet als alle persischen Könige zusammen in mehr als anderthalb Jahrhunderten der Feldzüge über die Ägäis. Vielleicht fielen sogar auch 20 000 Perser am Granikos – eine bei weitem höhere Verlustzahl als in irgendeiner einzigen Hoplitenschlacht in zwei Jahrhunderten der Kriegführung auf dem Festland.

Im nächsten Jahr bei Issos in der Schlacht gegen die große Armee von Dareios III. erreichten die Gesamtzahlen der Toten neue Größenordnungen. Es fielen etwa weitere 20 000 griechische Söldner und 50 000 bis 100 000 persische Rekruten waren am

GAUGAMELA PHASE III

Die Schlacht wurde an drei entscheidenden Punkten gewonnen. Erstens brach Alexander ein paar Augenblicke, bevor seine Flanke umfasst wurde, durch eine Lücke im linken Zentrum der Perser. Zweitens hielt Parmenion, der auf der linken Seite zahlenmäßig weit unterlegen war, aus und verhinderte, dass die Perser hinter die makedonische Linie gelangten. Drittens floh Dareios, bevor seine Armee besiegt war und sein Vorsprung bei der Flucht rettete ihm das Leben, verdammte aber die Perser, die noch tapfer auf dem Schlachtfeld kämpften, zum Untergang. Am Ende des Tages waren 50 000 Perser tot; der Preis dafür waren einige wenige hundert gefallene Makedonier.

Ende des Tages tot – eine beachtliche „Leistung", acht Stunden lang jede Minute mehr als 300 Mann hinzuschlachten. Hier wurde nun die westliche Kriegführung zu neuen Ausmaßen der Vernichtung geführt. In den Kämpfen der Phalanx war es ebenso wenig üblich, Männer vom Schlachtfeld zu stoßen wie sie von hinten zu töten. Innerhalb eines Jahres hatte Alexander mehr Griechen in zwei Gefechten getötet als in der gesamten Geschichte der offenen Feldschlacht unter den Stadtstaaten gefallen waren – und er fing gerade erst an.

Bei Alexanders darauffolgendem Sieg von Gaugamela kamen wahrscheinlich weitere 50 000 Männer zu Tode – übertriebenen Verlustzahlen von mehr als einer Viertelmillion müssen wir keinen Glauben schenken. Ein paar Tausend weitere griechische Söldner fielen ebenfalls. Die meisten der Feinde wurden auf der wil-

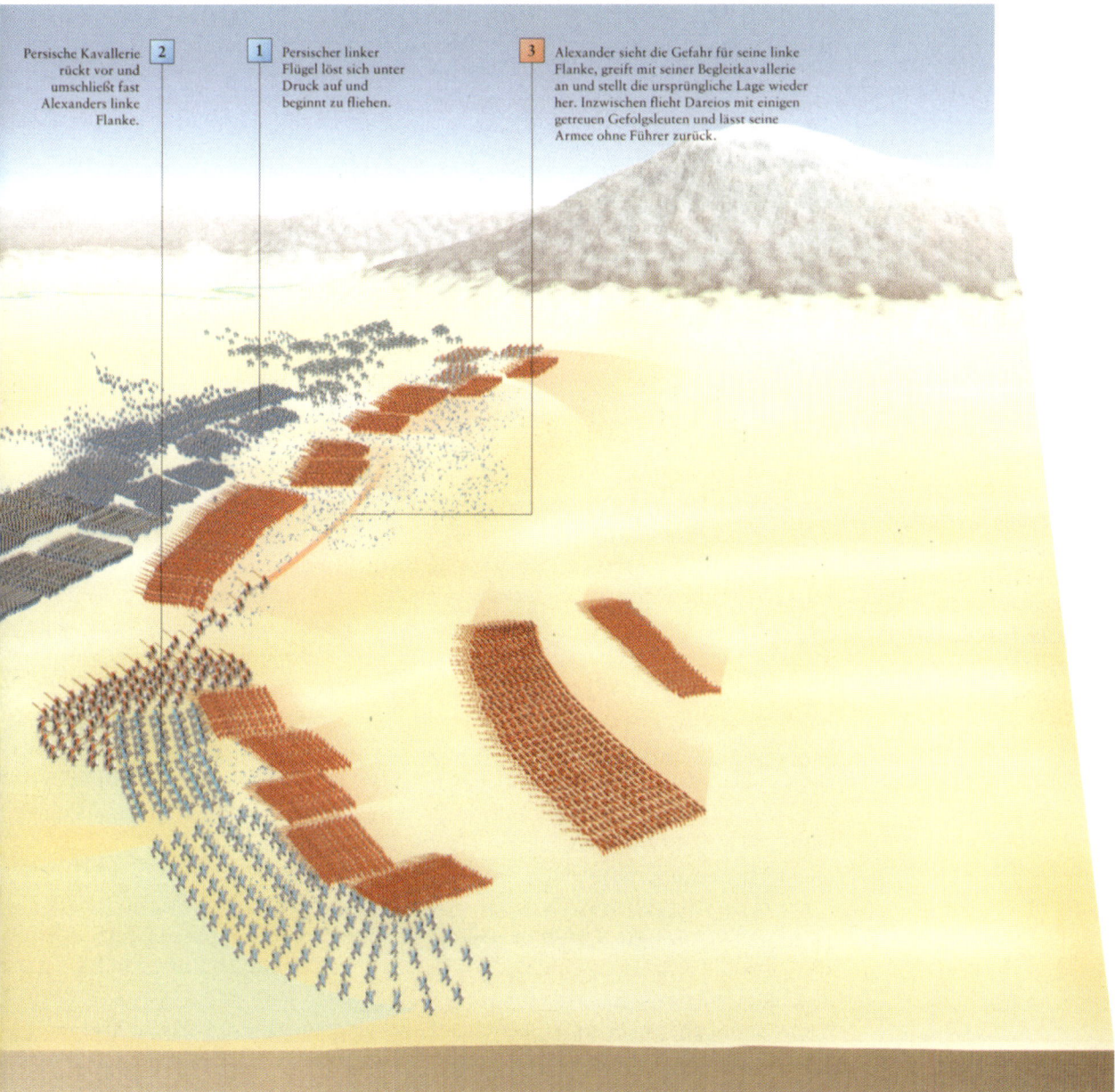

2 Persische Kavallerie rückt vor und umschließt fast Alexanders linke Flanke.

1 Persischer linker Flügel löst sich unter Druck auf und beginnt zu fliehen.

3 Alexander sieht die Gefahr für seine linke Flanke, greift mit seiner Begleitkavallerie an und stellt die ursprüngliche Lage wieder her. Inzwischen flieht Dareios mit einigen getreuen Gefolgsleuten und lässt seine Armee ohne Führer zurück.

Der achaimenidische König Dareios I., der 490 nach Griechenland einfiel, sitzt auf diesem Relief aus Persepolis auf seinem Thron. Die Griechen waren fasziniert von der absoluten Macht des Großkönigs von Persien, besonders die Hopliten und Seeleute, die bei den Thermopylen sowie bei Salamis Xerxes erspähten, wie er in den Bergen über dem Schlachtfeld auf seinem Thron saß. Tatsächlich war das Persische Reich eine lose Verbindung von zumeist selbstständigen Satrapien – Lydien, Phrygien, Ägypten, Medien, Babylonien, Baktrien und unzähliger weiterer kleiner, die Bündnisse miteinander schlossen, wobei die Partner ständig wechselten und immer auch Verschwörungen zwischen den unzähligen rivalisierenden Erben des persischen Throns im Gange waren. Dennoch waren die Gesamtbevölkerung, die landwirtschaftliche Produktion und das Münzkapital aller Stadtstaaten auf dem griechischen Festland wahrscheinlich geringer als in einer einzigen Satrapie.

den Flucht niedergetrampelt oder durchbohrt, das gehörte zu Alexanders neuer Praxis der Verfolgung bis zur Erschöpfung mit dem Ziel zu töten und zu verhindern, dass sie sich neu formierten und ihm bei der unvermeidlichen nächsten Schlacht wieder begegneten.

Bei seinem vierten und letzten Schlachtensieg über den indischen Prinzen Poros 326 am Fluss Hydaspes töteten Alexanders Truppen etwa 20 000 Männer des Feindes. Sehr vorsichtige Zahlenangaben besagen, dass Alexanders Truppen im Zeitraum von nur acht Jahren reichlich über 200 000 Männer allein in offener Feldschlacht töteten, *mehr als 40 000 davon waren Griechen*. Während wir also das taktische Genie Alexanders des Großen bei der Sicherung des Sieges und des Schutzes seiner eigenen Mannschaften bewundern, müssen wir auch anerkennen, dass der Erfolg seiner makedonischen Armee auf ihren ständigen Drill, endloses Kämpfen und beachtliche Erfahrung in offenen Feldschlachten zurückzuführen war – und schließlich auf ihrer Fähigkeit und ihre feste Absicht, den Feind zu zerschlagen, seine Formation aufzubrechen und dann die Unbewaffneten und Fliehenden völlig zu vernichten. Je mehr Männer Alexander jetzt töten ließ, desto weniger Männern würde er später im Kampf begegnen.

Zwischen all diesen Kämpfen stürmte Alexander eine große Zahl sowohl griechischer als auch persischer Städte. Wie bei den Gefallenen der Schlachtfelder sind auch hier die Angaben zur Zahl der Toten umstritten, aber begründete Schätzungen der getöteten Frauen, Kinder und Alten lassen vermuten, dass hier weitaus mehr umgebracht wurden als in seinen vorhergehenden vier Schlachten zusammengenommen. Wir können annehmen, dass Alexander alle Städte, die auf seinem Weg lagen, systematisch einnahm und oft versklavte, und zwar in Kleinasien beginnend weiter über die syrische Küste, dann in die östlichen Satrapien Persiens hinein und schließlich endend mit dem Blutbad an indischen Gemeinden im Pandschab. Wir erfahren aus keiner Quelle viel über die genaue Anzahl der Getöteten bei Alexanders Einnahme von Milet (334), Halikarnassos (334), Salagassos (333), Pisidia (333), Kelanai (333), Soli (333), dem Massaker an den Branchiden (329), den verschiedenen Festungen von Syr-Darja (329), der Festung von Ariamazes (328), bei der Einnahme der indischen Städte Massaga (327), Aornos (327) und Sangala (326). Die meisten dieser Festungen waren größer als Theben, seine erste belagerte Stadt, in deren Straßen 6000 Griechen niedergemetzelt wurden. Gelegentlich lesen wir in unseren Quellen Anekdoten über grundlose Hinrichtungen und Kreuzigungen, zu denen es kam, wenn Alexander bei der Belagerung frustriert gewesen war oder beim Sturm eine kleinere Verletzung erlitten hatte. Der Geschichtsschreiber Arrian teilt mit, dass 80 000 Menschen beim Erstürmen der Städte um Sindimana im südlichen Pandschab umgebracht wurden und erwähnt 17 000 bei Sangala getötete und 70 000 gefangen genommene Inder. Es ist eine sehr zurückhaltende Schätzung, wenn wir annehmen, dass zwischen 334 und 324 eine Viertelmillion Stadtbewohner massakriert wurde, die meisten davon zivile Verteidiger, die unglücklicherweise dort lebten, wo Alexanders Weg nach Osten führte.

Die berüchtigtsten und am besten dokumentierten Schlachten fanden jedoch bei Tyros und Gaza statt. Nach monatelangem heldenhaften Widerstand fiel Tyros am 29. Juli 332. Die meisten Militärhistoriker heben nur die Brillanz und Zähigkeit der makedonischen Belagerer hervor, wobei sie vergessen, dass deren Wissen und Ausrüstung nur die Mittel zu einem Zweck waren – in diesem Fall zur Ermordung Unschuldiger. Wir haben keine genauen Aufzeichnungen darüber, wie viele bei der Verteidigung der Stadt starben, aber unsere antiken Quellen sind sich mehr oder

weniger einig, dass am letzten Tag der Existenz der Stadt fast 7000 bis 8000 Menschen in den Straßen hingemetzelt wurden. Zweitausend Männer, die überlebt hatten, wurden dann gekreuzigt, als Lektion, die klarmachen sollte, wie sinnlos der Widerstand gegen Alexander den Großen und sein Streben nach der Vereinigung der Menschen zu einer Bruderschaft war. Etwa 20 000 bis 30 000 Frauen und Kinder wurden versklavt. Tyros hörte ebenso wie zuvor Theben auf als Gemeinde zu existieren.

Gaza, weiter südlich an der syrischen Küste, war als nächstes an der Reihe. Nach einer zweimonatigen Belagerung ließ Alexander seine Truppen nach Belieben die

Die entscheidenden Augenblicke der Schlacht von Issos (333) sind in diesem berühmten römischen Bodenmosaik von Pompeji festgehalten, von dem auch das vorher abgebildete Porträt Alexanders stammt. Dareios III. inmitten seiner Leibwache fängt den tödli-

Einwohner der Stadt ermorden. Alle männlichen Einwohner wurden getötet, ungefähr 10 000 Perser und Araber starben; alle Frauen und Kinder in Gefangenschaft, die unzählige Tausende zählten, wurden in die Sklaverei verkauft. Alexander band Batis, den Statthalter von Gaza, zog Lederriemen durch seine Knöchel und schleifte ihn wie Achilles durch die ganze Stadt, bis das gemarterte Opfer sein Leben aushauchte.

Doch offene Feldschlachten und monatelange Belagerungen sind nur die dramatischeren Augenblicke, welche die Vorstellung der Historiker in ihrem eifrigen Bemühen fesseln die Zerstörungskraft der makedonischen Phalanx und des

chen Blick des angreifenden Alexander auf, der entschlossen ist Dareios zu vernichten. Der Durchbruch der Phalangiten Alexanders steht unmittelbar bevor. In antiken Berichten wird behauptet, dass Dareios einer der ersten war, die vom Schlachtfeld flohen.

Die Leibwache des Königs von Persien ist auf diesem Wandrelief aus Persepolis, fünftes Jahrhundert, in einförmigen Reihen dargestellt. Während in der Kunst des Persischen Reiches die Einheitlichkeit und der Gehorsam unter den Soldaten hervorgehoben wurden und dabei auch Umfang und Disziplin der persischen Infanterie, zeigten griechische Vasenmalerei und Bildhauerei Hopliten mit unterschiedlicher Bewaffnung und selten in derselben Haltung; sie stellten sie gewöhnlich als Individuen dar, das heißt als freie Bürger, die sich verwegen dem Kampf hingaben. Taktik, Feldherrnschaft und Moral spielten in persisch-griechischen Konfrontationen eine herausragende Rolle. Der Sieg lässt sich aber am besten mit der Ausrüstung der Soldaten erklären – Stoff, Flechtwerk und Fernwaffen waren Bronzerüstung und Lanze nicht gewachsen. Wir können annehmen, dass ein griechischer Hoplit oder ein make-

Belagerungsapparates einzuschätzen oder die persönliche Führungsstärke Alexanders auf dem Schlachtfeld zu würdigen. Für den größten Teil des Jahrzehntes kämpfte Alexander unbeachtet im Osten, brannte systematisch Dörfer nieder, brachte einheimische Eliten um und schleifte Festungen. In den Quellen finden sich auch Bemerkungen über Vergewaltigungen, da gefangene Frauen zum Vergnügen der Phalangiten weitergereicht wurden.

In der Zeit zwischen den vier dramatischen offenen Feldschlachten gegen die Perser und Inder und der Bestürmung dutzender Städte und Militärgarnisonen führte Alexander einen unbarmherzigen und größtenteils vergessenen schmutzigen Zermürbungskrieg gegen die Nomaden- und Stammesvölker im Gebiet des heutigen Afghanistan, Iran und im Pandschab. Die Liste der vernichteten Völker ist beinahe endlos, aber eine kleine Beispielsammlung kann einen Eindruck allein von der Anzahl der Stämme vermitteln, die ausgelöscht wurden.

Südlich von Susa wurden die Bergdörfer der Uxier des Zargosgebirges systematisch geplündert und ausgeraubt und die Einwohner getötet oder verschleppt (331). An den so genannten Persischen Toren im Westen des Irans metzelte Alexander die gesamte Streitmacht des Satrapen Ariobarzanes (331) nieder – nur eine Hand voll Überlebender entkam den Berg hinunter. Alexander brauchte nur fünf Tage um die Mardi des östlichen Iran zur Strecke zu bringen und zu unterwerfen; sie wurden nun in Alexanders Reich eingegliedert und gezwungen Männer, Pferde und Geiseln zur Verfügung zu stellen (331).

In Baktrien begann Alexander ernstlich mit Hinrichtungen, als er mit örtlichen Revolten und Amtsnachfolgern konfrontiert wurde. Eine ausgewanderte griechische Gemeinde, die so genannten Branchiden, wurden bis auf den letzten Mann ausgelöscht. Dann kamen die Saker von Sogdiane an die Reihe, deren Streitmacht vernichtet und deren Territorium verwüstet wurde. In der Überzeugung, dass die reichen Dörfer des Zervashan-Tales im Süden die Rebellionen in Sogdiane unterstützt hatten, stürmte Alexander ihre Befestigungen und richtete alle Verteidiger, die er fand, hin (329) – 8000 wurden allein bei der Einnahme von Kyropolis getötet. Die Aufstände in Baktrien und Sogdiane (329–328) waren mehr als zwei Jahre ununterbrochener Kämpfe, Raubzüge und Hinrichtungen.

Dennoch beginnt erst mit Alexanders Annäherung an Zentralindien (327–326) die wahre Barbarei. Er massakrierte alle Verteidiger entlang des Flusses Choes in Bajaur. Nachdem er den eingeschlossenen Assakenern nach einer Kapitulation ihr Leben zugesichert hatte, richtete er all ihre Soldaten hin, die sich ergaben; ihre anderen Festungen bei Ora und Aornos wurden ebenso gestürmt und wir können annehmen, dass die Garnisonsbelegungen ebenfalls umgebracht wurden. Das beste Beispiel für Alexanders Politik in Bezug auf autonome Stämme und Dorfbewohner auf seinem Weg ist das der Malli im unteren Pandschab. Der größte Teil ihrer Dörfer wurde niedergerissen und ihre Flüchtlinge auf der Flucht in die Wüste ermordet, was selbst Alexanders Sympathisanten, Sir William Tarn, dazu brachte, den „schrecklichen Rekord des reinen Gemetzels" zuzugeben.

Bei seinem Zug durch die gedrosische Wüste im Jahr 325 vernichtete Alexander, wenn nicht gerade seine eigenen Männer starben, die Oreiter. Arrian bemerkt beiläufig, dass Alexanders Leutnant Leonnatos mit seinen Leuten 6000 von ihnen in einem einzigen Gefecht tötete und zwischen Hungersnot und militärischer Eroberung wurde das Gebiet der Oreiter entvölkert. Es ist unmöglich irgendeine Schätzung über die genauen Verluste an Menschen bei der Unterwerfung Baktriens, des Iran und Indiens vorzunehmen, aber wir sollten daran denken, dass viele dieser Dörfer und Festungen in der Provinz Tausenden Heimat gaben und dass nach Alexanders Ankunft die meisten Gemeinden zerstört und ihre männlichen Verteidiger entweder getötet, versklavt oder für den Militärdienst eingezogen wurden. So viel zu Tarns Vorstellung, dass „Alexander Zenons Vision einer Welt inspirierte, in der alle Menschen ... Bürger eines Staates ohne Unterscheidung der Rasse oder Institutionen sein sollten, nur dem Gewohnheitsrecht des Universums unterworfen und in Harmonie mit ihm und nicht durch Zwang, sondern nur durch ihre Zustimmung oder durch Liebe in einem gesellschaftlichen Leben vereint." Die Entwicklung der griechischen Kriegführung im vierten Jahrhundert war nun zur Meisterschaft des Mordens in großem Maßstab verkommen.

Bei vielen Gelegenheiten hatte Alexanders reine Rücksichtslosigkeit und Großmannssucht katastrophale Folgen, wenn er Sachkenntnis und Ratschläge seiner Generäle und Logistiker ignorierte und sichergestellt wurde, dass keine Nachkriegsuntersuchungen stattfanden. Zwei Beispiele treten besonders hervor: Die Plünderung und das Niederbrennen von Persepolis und die von Unglück begleitete Durchquerung der gedrosischen Wüste. Nachdem sich die persische Hauptstadt Alexander ergeben hatte, gewährte er seinen Makedoniern einen ganzen Tag des Plünderns und Mordens. Der Geschichtsschreiber Diodoros meint, sie töteten jeden, auf den sie trafen, plünderten selbst die Häuser der einfachen Leute, schleppten die Frauen weg und verkauften jeden in die Sklaverei, der den Tag des grundlosen Mordens überlebte. Plutarch merkt an, „es gab großes Morden an den Gefangenen, die gemacht wurden". Und Curtius fügt hinzu, dass viele Stadtbewohner lieber entweder mit Frauen und Kindern von den Mauern sprangen oder ihre Heimstätten und Familien anzündeten, als auf den Straßen ausgeweidet zu werden. Nach einem Aufschub von einigen Monaten wurde der gesamte Reichsschatz weggefahren – nie fanden Archäologen je kostbare Metalle in Persepolis – und der riesige Palast inmitten einer Massenorgie trunkener Ausschweifungen niedergebrannt. Möglicherweise breiteten sich Brände über den Palast hinaus aus und machten die Stadt für einige Zeit unbewohnbar. Urkundliche Quellen verzeichnen das immense Kriegsgut, das gesammelt wurde – nach den meisten Rechnungen 120 000 Talente, wobei zum Abtransport der materiellen Güter 10 000

donischer Phalangit relativ ungestraft Dutzende seiner Feinde buchstäblich aufspießte.

NÄCHSTE SEITE: *Auf diesem großartigen Landschaftsgemälde von Charles Le Brun rasten Alexanders Männer, nachdem sie die Perser bei Gaugamela (331) vernichtet haben. Einzelne Phalangiten kamen auf dem Schlachtfeld zu mehr Reichtum als dies in einem ganzen Arbeitsleben in Griechenland möglich war – entweder durch beschlagnahmtes Eigentum oder indem sie Perser in die Sklaverei verschleppten oder gegen Lösegeld freiließen. Zu Alexanders Lebzeiten und später während der monarchischen Herrschaft seiner Nachfolger sahen nur wenige Griechen einen Grund einen ungestümen und mordenden jungen Räuber zu verherrlichen oder gar zu vergöttern. Doch seine militärische Leistung wurde von einer Reihe römischer Eroberer gefeiert und während des Römischen Reiches wurde der Anfang einer romantischen Tradition begründet, in der eine Reihe späterer westlicher Armeen – Römer in Parthien, Kreuzritter, byzantinische Griechen und europäische Gegner der Osmanen – Alexander als Gesinnungsgenossen ansahen, der mit dem Mut und dem Können, die ihm zugeschrieben wurden, die Horden des Ostens überwand.*

DER KRIEG IN DER GRIECHISCHEN ANTIKE

Paare Maultiere und 5000 Kamele benötigt wurden –, geben aber keine genauen Zahlen über die Verluste an Menschen an. Wenn Persepolis Hauptstadt eines Reiches von mehreren Millionen war und seine Bevölkerung in die Hunderttausende ging, dann können wir wieder einmal tausende Todesfälle während des ersten Mordens, der folgenden Versklavung und schließlich der Deportationen und Vertreibungen annehmen.

Die Ablehnung der gesamten hellenischen Tradition der zivilen Überprüfung der Militärs hatte nun sogar für makedonische Phalangiten selbst schreckliche Folgen, da sie für Alexanders oft schlecht geplante und wahnsinnige Projekte bezahlen mussten. Hier denkt man sofort an seine unglückliche Idee der Durchquerung der gedrosischen Wüste, seinen Zug entlang der Nordküste des Indischen Ozeans vom Delta des Indus zum Persischen Golf im Spätsommer 325. Alle antiken Quellen geben grässliche Berichte über Leiden und Tod auf dem Marsch von etwa 740 km in sechzig Tagen wieder. Alexander zog mit einer Armee von mindestens 30 000 Kämpfern aus, der ein langer Tross tausender Frauen und Kinder folgte. Arrian, Diodoros, Plutarch und Strabon sprechen von erschreckenden Verlusten durch Durst, Erschöpfung und Krankheit, die Zehntausenden den Tod brachten. Wenn heutige Gelehrte in diesem Zusammenhang Zahlen zitieren, die zwischen 50 000 und 100 000 liegen, ist das leichtgläubig, man kann aber annehmen, dass Alexander binnen drei Monaten mehr Todesfälle unter seinen eigenen Soldaten verursachte als persische Soldaten in einem Jahrzehnt. Die eigentliche Bedrohung für die Phalangiten war nicht Dareios, sondern ihr eigener wahnsinniger Heerführer.

Warum durch eine Wüste marschieren? Es gab andere Korridore für einen sichereren Durchzug vom Iran nach Indien. Nur eine symbolische Streitmacht war notwendig, um auf dieser Route zu marschieren und Versorgungsdepots für Nearchos und seine Flotte zu sichern, die vor der Küste kreuzte. Die einzige plausible Erklärung dafür, dass er eine riesige Armee durch derart unwirtliches Land führte, war einzig die Herausforderung, die dies für Alexander darstellte. Quellen der Antike stützen die Vermutung, dass er Tausende seiner eigenen Männer auf der Jagd nach persönlichem Ruhm und Abenteuer opferte. Sein Admiral Nearchos schrieb, dass Alexander darauf versessen war, es Semiramis, der babylonischen Königin, und Kyros dem Großen, gleich zu tun, die beide zu legendären Helden geworden waren, weil sie eine Armee durch das Ödland geführt hatten. Während der größte Teil seiner Infanterie die schwere Prüfung wohl überlebt hat, starben Tausende vom Lagergefolge im Sand. Außerdem wurde jeder eingeborene Stamm auf Alexanders Weg unterworfen, sein Gebiet verwüstet und geplündert, was die Stämme in eine Notlage brachte, die schlimmer war als die der eindringenden Armee.

Schließlich ist da noch die Frage der Exekutionen, die Bestandteil von Alexanders Methode war sein Militär zu führen. Im Gegensatz zur Praxis der Stadtstaaten gab es keine gemeinsame Befehlsgewalt eines Rates der Generäle, keine zivile Überprüfung, keinen Ostrakismos und keine Gerichtsverhandlungen zur Kontrolle der makedonischen Armee. Alexander reagierte selbst auf den Verdacht der Untreue mit sofortigem Todesurteil und es ist keine Übertreibung, dass eine gesamte Generation makedonischer Edelleute von dem alkoholsüchtigen König, dem sie diente, vernichtet wurde, wobei die Morde mit der Paranoia und dem Schwachsinn in seinen letzten Jahren zunahmen. Was an den Hinrichtungen von Freunden und Gefährten so erschüttert, ist die lange Zeit der persönlichen Treue, welche die Verurteilten dem jungen König angedeihen ließen, und der Dienste, die sie für ihn geleistet hatten. Neben den bekannten makedonischen Grandes, die ermordet wurden, gibt es eine große Zahl weniger bekannter Amtsdiener, die ohne Aufschub wegen unbewiesener Untreue, Unfähigkeit oder Verschwörung getötet wurden. Noch abstoßender ist Alexanders gelegentliches persönliches Eingreifen bei Folterung und Hinrichtung seiner Gegenspieler – Gelegenheiten, für die sein Erfindergeist neue Foltermethoden fand. Die Feldherrnschaft in der griechischen Welt war jetzt weit entfernt von zivilen Führern wie Perikles und Epaminondas; stattdessen hatte sie sich zu einer bizarren und tödlichen Mischung aus politischer Alleinherrschaft, volkstümlicher Mystik und sadistischem Größenwahn entwickelt.

Philipp II., Alexanders Vater, wurde möglicherweise von einer Verschwörergruppe ermordet, an der möglicherweise Olympias und Alexander selbst beteiligt waren, die verworfene Frau und der halbmakedonische Sohn unter den Dutzenden von Frauen (sieben beim Tod des Königs), Konkubinen, ehelichen und unehelichen Söhnen König Philipps. Gleich nach der Thronbesteigung hatte Alexander die beiden Brüder Arrhabaios und Heromenes, die Söhne des makedonischen Adligen Airopos, zusammen mit einigen anderen hochrangigen und daher verdächtigen führenden Männern bei der Beerdigung seines Vaters ermordet. Dann wurde fast jeder prominente Makedonier ermordet, der sich Alexander nicht sofort anschloss – Amyntas, Sohn des Perdikkas, der General Attalos und seine Verwandten, Philipps letzte Frau Kleopatra und ihr Kind, Alexanders Halbschwester. Während er sich in Asien befand, ließ er Alexander Lynkestis hinrichten, seinen ersten Beistand im Kampf um die königliche Thronfolge.

Der Scheinprozess und die darauffolgende Folter und Steinigung seines Generals Philotas (330) sind bekannt. Philotas war alles andere als ein Verschwörer; er war an der Befehlsgewalt über die makedonische Kavallerie beteiligt und hatte bei allen größeren Feldzügen Alexanders heldenhaft gekämpft; ihm war wenig mehr vorzuwerfen, als dass er arrogant war und Gerüchte über mögliche Meinungsverschiedenheiten mit dem König nicht weitergeleitet hatte. Unglücklicherweise war er seinem Vater Parmenion treu ergeben, der den linken makedonischen Flügel leitete und dessen Tapferkeit Alexander bei mehr als einer Gelegenheit gerettet hatte. So wurde mit Philotas' grausamem Tod auch der Veteran Parmenion – nie wurde eine Anklage erhoben – ermordet und sein Kopf zu Alexander gesandt als Beweis dafür, dass die Bastion der Elite der alten makedonischen Garde, die seine Armee geschaffen und seine Thronfolge gesichert hatte, nun dahin war. Als er siebzig Jahre alt wurde, hatte Parmenion alle seine Söhne in Alexanders großer Unternehmung verloren – Nikanor und Hektor bei Feldzügen, Philotas nun gefoltert und gesteinigt – und der Lohn, den er schließlich für seine Treue zu Alexander bekam, war seine eigene Enthauptung.

Verschiedene andere makedonische Adlige verschwanden entweder oder wurden offen getötet, als die Armee sich weiter gen Osten bewegte. Kleitos, „Kleitos der Schwarze" genannt, der Alexander am Granikos gerettet hatte, wurde bei einem Bankett vom betrunkenen König selbst mit der Lanze getötet. Nachdem eine Reihe junger makedonischer Pagen wegen des Verdachtes der Aufwiegelung durch Steinigung den Tod gefunden hatten (327), richtete Alexander den Philosophen Kallisthenes, Neffe des Aristoteles, hin, weil er gegen die königliche Praxis der *proskynesis* Einspruch erhob, die verlangte, dass nach östlicher Art alle vor Alexander niederknien mussten. Und nachdem er aus der gedrosischen Wüste ge-

Maler der Romantik waren von Alexanders ausgesprochen starkem Einfühlungsvermögen in Bezug auf seine eigene Familie und die gefangenen Angehörigen des Dareios beeindruckt. Doch während er die als Geiseln genommenen Frauen und Kinder seiner hochgestellten Gegner schützte, ermordete er hunderttausende Unschuldiger in den Straßen von Theben, Tyros, Gaza und Persepolis. Bis zum Zeitpunkt seines Todes hatte er die meisten seiner Halbbrüder umgebracht und seine intimsten Berater und Freunde hingerichtet. In seinen späteren Jahren bestand er auf der proskynesis, *einem orientalischen Brauch, nach dem man in Ehrerbietung zu seinen Füßen knien musste, eine Erniedrigung, die den meisten Griechen zuwider war.*

kommen war, begab sich Alexander zu einem sieben Tage dauernden lärmenden Saufgelage, das in weiteren Hinrichtungsbefehlen gipfelte. Die Generäle Kleander und Sitakles – und später vielleicht Agathon und Herakon – sowie 600 ihrer Soldaten wurden ohne Warnung oder ordentliche Verhandlung getötet, angeblich wegen Vergehen oder Befehlsverweigerung, viel wahrscheinlicher jedoch wegen ihrer Beteiligung an der Ausführung des Befehls Alexanders, den beliebten Parmenion hinzurichten – ein Schritt, der bei den Soldatenveteranen nicht gut angekommen war und nun eines zeremoniellen Sühneschauspiels bedurfte. So dezimierte Alexander ohne Beweis oder Verhandlung ein ganzes Korps von 6000 Mann. Das war zugleich der erste klare Nachweis dieser Praktik im westlichen Kriegswesen, aber einer, der auf die Römer deutlich Eindruck gemacht haben muss.

Der Wunsch Alexanders des Großen war es der hellenistischen Welt Generationen von Möchtegern-Alexandern zu hinterlassen, welche die grausame politische Alleinherrschaft und die Praxis der Ermordung aller „Verdächtigen" fortsetzten. Die Armee sollte nun im Westen keine Bürgerwehr und auch kein Berufsheer sein, das ziviler Kontrolle unterlag, sondern wie das spätere Nazimilitär ein Werkzeug der Autokratie, das nach Belieben fern des Schlachtfeldes morden sollte, Freund und Feind, Soldaten und Zivilisten gleichermaßen. Alexander der Große war wohl König, aber nicht einmal ein ernsthafter Kolonisator oder Verwalter und ganz bestimmt kein wohlmeinender Emissär des Hellenismus. Vielmehr war er ein energiegeladener, cleverer Jüngling, der von seinem Vater eine erschreckend mörderische Armee geerbt hatte und dazu sehr kluge, loyale und erfahrene Militärs, die wussten, wie man solch ein tödliches Schauspiel organisierte.

Mit klassischer Bildung sowie natürlichen Gaben und wenig Furcht ausgestattet, hatte Alexander einen ausgeprägten Sinn für Zeremonien und die Rolle der persönlichen Ausstrahlung auf dem Schlachtfeld unter Tausenden unbeständiger bezahlter Mörder, die während eines jahrzehntelangen Blutvergießens und Plünderns einzig auf Kriegsbeute und Abenteuer aus waren. Wäre da nicht seine taktische Brillanz, so wäre die Laufbahn Alexanders des Großen das, was wir von einem rücksichtslosen und selbstsüchtigen Menschen erwarten würden, der trinken, umherziehen, töten und kämpfen konnte, wann und wo er wollte, bis sein Körper aufgab und seine eingeschüchterten Untergebenen, nachdem sie auf seine Veranlassung hin mehr als 24 000 Kilometer marschiert waren, schließlich nicht mehr konnten.

Das hellenistische Zeitalter begann mit Alexanders endgültiger Zerstörung der Freiheit und politischen Autonomie der Griechen. Die Einführung der griechischen Militärkultur außerhalb der Ägäis durch Alexander und der wirtschaftliche Impuls, ausgelöst durch die Überflutung der griechischen Welt mit dem vorher gehorteten Gold und Silber der persischen Reichsschätze beförderten eine alptraumartige politische Unterdrückung und zunehmende wirtschaftliche Ungleichheit. Ausbeuterischer Monarchien traten an die Stelle von autonomem Gemeinwesen. Räte, mittelständische Hopliten und eine freie Bürgerschaft sollten nie zurückkehren, da Alexanders Hellenismus für elitäre Könige, Alleinherrscher und landlose Bauern stand – alle unterstützt von grausamen gekauften Räubern. Bürgerwehrsoldaten machten bezahlten Söldnern Platz und Krieg verschlang Kapital und Menschen in Ausmaßen, die nur ein paar Jahrzehnte früher unvorstellbar waren. Der alte Gedanke, dass der Mann der Politik nichts mit einem religiösen Führer zu tun hatte, wurde aufgegeben zugunsten der Vorstellung von einer östlichen Gottheit auf dem Thron zu der Größenwahn, Gemetzel und Unterdrückung gehören, wie wir sie mit theokratischen Staaten verbinden. Religion sollte nun zum integralen Bestandteil der Kriegführung werden, da die Armeen unter einem religiösen Vorwand mobilisiert wurden. Das Beste, was der Hellenismus für Politik und Religion versprochen hatte, wurde von Alexander verwässert und dann untergraben – und er machte für immer Schluss mit der Vorstellung der Griechen, dass freie Männer fern des Schlachtfeldes bestimmten, wann und wo sie kämpfen würden.

Zu viele Gelehrte vergleichen Alexander gern mit Hannibal oder Napoleon. Ein viel besserer Vergleich wäre Hitler, der im Sommer und Herbst 1941 einen militärisch brillanten, jedoch brutalen, todbringenden Einmarsch nach Russland organisierte. Sowohl Alexander als auch Hitler waren verrückte mystische Spinner, die unter dem Vorwand, dem Osten „Kultur" bringen und unterdrückte Völker von einem korrupten Reich „befreien" zu wollen, einzig auf Kriegsgut und Beute aus waren. Beide waren freundlich zu Tieren, hatten Hochachtung vor Frauen, sprachen unaufhörlich von ihrem eigenen Schicksal und ihrer Göttlichkeit und konnten besonders liebenswürdig zu Untergebenen sein, während sie gleichzei-

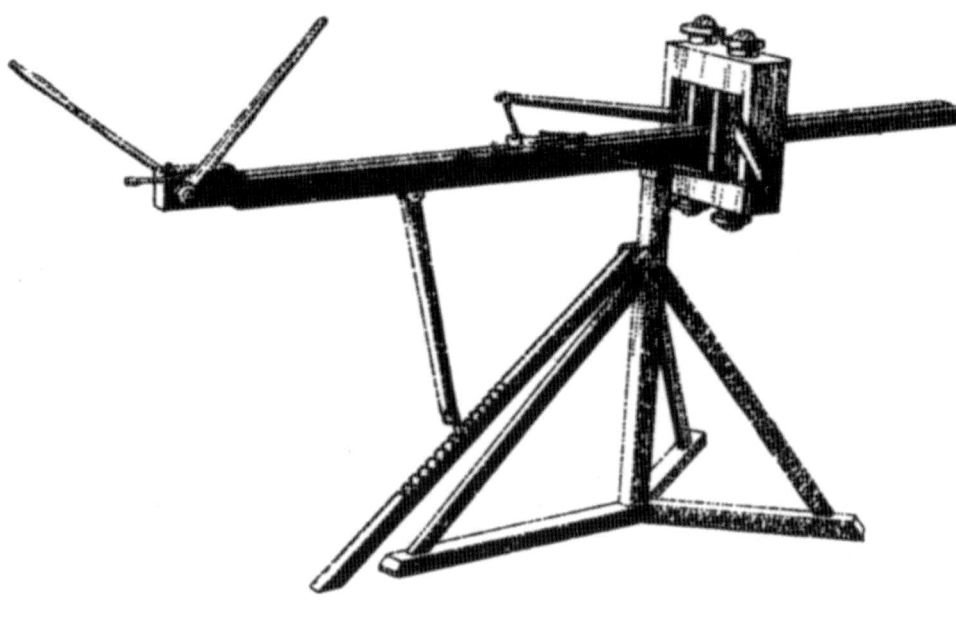

RECHTS: *Nach dem Erscheinen von Katapulten der ersten Generation („Schild-Durchdringer"), die nach großen Kompositbögen gebaut waren, entdeckten Ingenieure die Torsion, die es ermöglichte Eisenbolzen und später Steine über weitaus größere Entfernungen zu schleudern. Dieser oxybeles („Scharfbolzen-Schießer") des mittleren vierten Jahrhunderts war eine gegen Menschen gerichtete Waffe, deren Antrieb auf einem Seil beruhte, das auf einer langen Schiene gedreht und festgezogen wurde. Ließ man es los, so konnte die aufgestaute Energie einen Eisenbolzen aus einer Entfernung von fast 400 m glatt durch eine Kolonne gepanzerter Männer schicken.*

NÄCHSTE SEITE: *Seit der Zeit Homers war der triumphale Einzug der Griechen in eine eroberte asiatische Stadt – Troja, Sardes, Persepolis – stets ein beliebtes Sujet in Literatur und Kunst. Auf Charles Le Bruns Ölgemälde aus dem siebzehnten Jahrhundert zieht Alexander der Große in prächtiger Ausrüstung in ein ruhiges und majestätisches Babylon ein. Hier übertreibt eine romantische Darstellung einmal nicht: Antike Quellen berichten uns, dass Alexander nach dem Sieg von Gaugamela (331) in die alte babylonische Hauptstadt einzog und von unterwürfigen persischen Beamten, mit zahllosen Geschenken, mit Blumen, die auf die Straßen gestreut waren, und unzäh-*tig die Vernichtung Hunderttausender planten und ihre engsten Gefährten ermordeten.

Alles in allem hatte Alexanders ein Jahrzehnt dauernde Expedition zum Indus Tod und Verschleppung für Millionen und die Versklavung weiterer Tausender zur Folge, was ihm zu Recht einen Platz unter den schlimmsten Unholden sichert, welche die Geschichte zu bieten hat. Die westliche Kriegführung musste nun eine totale sein: man tötete Männer im Feld, auf der Flucht, in ihren Häusern, Familien und alles, was dazugehörte – man tötete sogar seine eigenen Leutnante, wenn das nötig schien, man tötete Verwandte, Freunde, überhaupt jeden Beliebigen zu jeder beliebigen Zeit. Am Ende besteht die „Leistung" dieses trunkenen Raufboldes in Mord, ethnischer Säuberung und Völkermord und wir täten gut daran seiner Toten zu gedenken – immer der Toten. Unter dreizehnjähriger Feldherrnschaft Alexanders des Großen kamen infolge der Anwendung westlicher Kriegführung mehr Menschen ums Leben als in allen griechischen Schlachten in den anderthalb Jahrhunderten von Marathon bis Chaironeia. Und seine Nachfolger waren erpicht darauf, dieses Werk fortzusetzen.

Die Nachfolger, der Beginn der römischen Herrschaft und der Zusammenbruch des griechischen Kriegswesens

Nach Alexanders Tod 323 wurden die Überreste des Persischen Reiches unter seinen Nachfolgern, den makedonischen Hauptleuten im Feld und denen in Griechenland, aufgeteilt. Die meisten von ihnen waren froh darüber, dass der gestörte und mordlustige Jüngling verschwunden war. Die Generäle der alten Garde, Perdikkas, Krateros und Eumenes, wurden schnell eliminiert und Einflussbereiche versuchsweise den übrigen überlebenden Untergebenen zugeteilt: Antipater herrschte über Makedonien und Griechenland; Ptolemaios erhielt Ägypten; Antigonos besetzte Kleinasien; Seleukos erbte Mesopotamien und den Osten bis nach Indien; Lysimachos erhielt Thrakien und das Territorium um das Schwarze Meer. Der darauffolgende Sieg des Seleukos über den 81-jährigen einäugigen Antigonos und seinen Sohn Demetrios bei Ipsos 301 bezeugte, dass nicht nur ein General das Vermächtnis Alexanders übernehmen sollte. Und so fochten die nächsten anderthalb Jahrhunderte lang rivalisierende makedonische Dynasten überall in der griechischen und asiatischen Welt unentschiedene Kriege im vergeblichen Bemühen aus, Alexanders kurzlebiges Königreich wiederherzustellen, wobei sie sich durch Kauf oder List

ligen Altären mit brennendem Weihrauch empfangen wurde. Entgegen den hohen Erwartungen der alten babylonischen theokratischen Elite stellte Alexander die verfallenen Tempel nicht wieder her, sondern machte sich unverzüglich daran den Reichsschatz zu plündern um seine Söldner zu bezahlen.

Abgesehen von Münzporträts und einzelnen Statuen zeigt fast jedes Kunstwerk, das im Gedenken an Alexander entstand, den König in der Schlacht, wie dieser Marmorsarkophag, der kurz nach seinem Tod in

aus einem Reservoir von fast 100 000 griechischen Söldnern im Osten bedienten, die zu irgendeiner Zeit im Dienst Alexanders oder seiner Stellvertreter gestanden hatten.

Am Ende des vierten Jahrhunderts war es weniger der Bedarf an bezahlten Mördern als das riesige Reservoir der Arbeitslosen, das die explosionsartige Zunahme der Söldner erklärt. Die zähe Vorstellung aus Zeiten der *polis*, dass landwirtschaftlicher Besitz und Produktion mit Bürgerrecht und Militärdienst verbunden sind,

war unzeitgemäß angesichts gewaltiger kultureller und wirtschaftlicher Umwandlungen im Mittelmeerraum, die vom athenischen Imperialismus, dem Aufstieg Makedoniens und dem Fall Persiens ausgelöst worden waren. Eine wachsende Anzahl hungriger griechischer „Außenseiter" kümmerte es nun wenig, ob sie einen Sitz in der Versammlungshalle hatten oder geschätzte Bürgerwehrsoldaten in der Phalanx irgendeines rückständigen Staates waren.

Für den Militärhistoriker weisen die so genannten Nachfolger eine unleugbare

Auftrag gegeben wurde. Alexanders Sarkophag ist heute im Türkischen Nationalmuseum in Istanbul ausgestellt.

Faszination auf: Piken werden mehr als 6 m lang, Elefanten werden zur gewohnten Erscheinung, riesige und protzige Belagerungsmaschinen greifen Städte an. Tatsächlich wurde durch die Schätze, das Kapital und die verschleppten Arbeitskräfte, die infolge der Ablösung der persischen Hegemonie ins Land kamen, ein hellenistisches Wettrüsten unvermeidlich. Als erst einmal Geldmünzen in unbegrenztem Umfang für Kriege und die technische und philosophische Begabung der Griechen auf die neue Militärwissenschaft verwendet wurden, entwickelte sich das organisierte Töten zu einer eigenständigen Kunstform der Griechen.

Wir können die Kennzeichen hellenistischer Kriegführung in verschiedenen Gebieten feststellen. Das Ausmaß der Kriegführung ist vielleicht das Bemerkenswerteste. Antigonos drang möglicherweise mit fast 100 000 Mann nach Ägypten (306) ein, d. h. mit der größten griechisch sprechenden Armee seit dem panhellenischen Aufgebot bei Plataä mehr als 170 Jahre zuvor. Bei Ipsos (301) mag fast eine Viertelmillion Männer in den jeweiligen Armeen des Antigonos und Seleukos gegeneinander aufgeboten worden sein und vielleicht 500 Elefanten. Bei späteren Schlachten wie bei Raphia (217) und den Schlachten des Pyrrhos bei Herakleia (280) und Ausculum (279) gegen die Römer führten die jeweiligen griechischen Streitkräfte wahrscheinlich weit mehr als 50 000 Fußsoldaten, Reiter und leicht bewaffnete Soldaten ins Feld. Die Armeen marschierten nicht mehr nur drei Tage lang, sondern durchkreuzten Alexanders ehemaliges Reich über Tausende von Kilometern hinweg und riesige Flotten waren nötig um sie über die Adria, das Ägäische Meer oder das Mittelmeer zu transportieren.

Größe bedeutete Kosten. Um solche Armeen zu bezahlen verließen sich hellenistische Generäle auf Kriegsbeute und die Zahlen für Plünderungen sind hier ebenfalls verblüffend. Alexander versklavte und verkaufte nach der Zerstörung Thebens (335) 30 000 Bürger und 20 000 nach der Schlacht am Granikos (334). Nachdem er die persische Hauptstadt Persepolis in Brand gesetzt hatte, schaffte er 125 000 Talente fort, das in Geld ausgedrückte Äquivalent von mehr als 750 Millionen Diensttagen eines Söldners. Das war ausreichend Geld um eine Söldnerarmee von 50 000 vierzig Jahre lang täglich im Feld zu halten. Diese Summe kam noch zu den beinahe 50 000 Talenten hinzu, die Alexander im selben Jahr aus dem regionalen persischen Schatz zu Susa geraubt hatte. Nach seinem Sieg über Ptolemaios vor Zypern im Jahr 307 erbeutete Demetrios 8000 Soldaten, 100 Versorgungsschiffe und 40 Kriegsschiffe samt ihrer Besatzung.

Die militärischen Bauten lassen Schlüsse auf die verwendeten riesigen Summen zu. Bei der Belagerung von Rhodos in den Jahren 305 bis 304 hatte Demetrios eine absurde *helepolis* gebaut, einen beweglichen gepanzerten Turm, der 43 m hoch war und 132 000 kg wog. Dieses Monstrum beherbergte 200 Kämpfer und musste von 3000 Arbeitern bewegt werden. Als die Rhodier mehrere seiner Eisenplatten herunterschlugen, wurde der Turm gegenüber Feuer anfällig. In einer einzigen Nacht feuerte die rhodische Artillerie 800 Feuerbolzen und 1500 Katapultbolzen auf die *helepolis* ab. Ein einziger Bolzen, der nicht mehr als eine Drachme wert war, konnte eine Maschine im Wert von hunderttausenden Talenten beschädigen. Der Bau von *helepolis*, die Wartung – und der Verlust – verschlangen ein Kapital im Wert von tausenden von Arbeitstagen. Und das für nichts – Rhodos widerstand der Belagerung dennoch. Dies war praxisferner Gigantismus in einer Größenordnung, die mit dem heutigen amerikanischen B-2-Bomber vergleichbar ist, dessen Preis von zwei Milliarden Dollar seinen Einsatz in den meisten Militäroperationen ausschließt – auch er kann von einer einzigen Rakete abgeschossen werden, die weitaus weniger wert ist als die Frontscheibe eines Flugzeuges.

In dieser Ära der sinnlosen Konstruktionen ließen Schiffe, die mit 170 Ruderern und weiteren 30 ausgewählten Seesoldaten, Bogenschützen und Matrosen bemannt waren, die alte Trireme zwergenhaft erscheinen. Jetzt konnten *hepteres* (sieben Mann pro Ruder) 43 m Länge erreichen, Besatzungen von 350 Ruderern, 200 Seesoldaten benötigen und mit einer massiven Bronzeramme und Katapulten ausgerüstet sein. Ptolemaios IV. konstruierte angeblich ein gewaltiges topplastiges Schiff mit 4000 Ruderern und 3200 Fußsoldaten, 40 Mann an jedem Ruder stationiert. Der Bau und die Bemannung solcher Schlachtschiffe konnte zehnmal mehr kosten als bei der wendigen und schnellen klassischen Trireme, weil der Kampf in oder in der Nähe von Häfen zwischen weniger und größeren Schiffen ausgetragen wurde. Diese Boote dienten eher als Plattform für Infanterie denn als wichtige Faktoren zur See und ihnen fehlten das ausgeklügelte Ruderwerk und der schlanke Bau, die für ausgefeilte Rammtaktiken nötig waren.

Befestigungen waren jetzt ebenfalls wesentlich größer, Türme dabei häufiger und höher und mit Öffnungen für Artillerie versehen. Sie waren auch von Gräben und Feldbefestigungen umgeben sowie von Palisaden um den freien Durchgang offensiver Belagerungsmaschinen zu unterbrechen. Auch die Verwüstungen im landwirtschaftlichen Bereich sollten technisch perfektioniert werden. So wurde zum Beispiel teure Technik eingesetzt, als die Truppen des Kleomenes 222 in Argos einfielen, ausgestattet mit speziellen Holzschäften, die eigens für die Vernichtung von Getreide hergestellt worden waren.

Doch nicht alle Kosten waren materieller Natur. Es starben mehr Männer als je zuvor in offener Feldschlacht. Die Griechen hatten bei Marathon und Plataä insgesamt weniger als tausend Männer verloren und selbst während der großen hoplitischen Katastrophen der klassischen *polis* – Delion (424) und Leuktra (371) – betrug die Gesamtzahl der gefallenen Griechen weniger als 3000. Nun aber wurden binnen weniger Stunden Soldaten zu Tausenden gemetzelt und zwar mit längeren Piken, weniger Körperrüstung, unter stärkerem Einsatz von Fernwaffen, Reiterei und Elefanten, mit der Rücksichtslosigkeit gekaufter Berufssoldaten und allein auf Grund der Größe der Söldnerheere. Den extremsten Fall angenommen, wurden bei Ipsos etwa 20 000 Menschen getötet. Doch selbst bei kleineren Gefechten wie Raphia (217) zwischen Ptolemaios und Antiochos fielen fast 15 000. Und wenn eine Phalanx auf eine Legion traf, sorgte der Einsatz des römischen *gladius* oder Kurzschwertes für noch mehr Tote – fast 30 000 Phalangiten und Legionäre fielen 280 bei Herakleia. Bei Kynoskephalai 197 gab es 9000 Tote bei Griechen und Römern zusammen und vielleicht 20 000 oder mehr 168 bei Pydna.

Im Allgemeinen gab es vom siebenten bis zum zweiten Jahrhundert einen deutlichen Trend zu höheren Verlusten in Schlachten: Im Ergebnis klassischer Hoplitenschlachten wurden wahrscheinlich 10 bis 20 Prozent aller Streitkräfte auf dem Schlachtfeld getötet, in hellenistischen Schlachten 30 bis 40 Prozent und in Gefechten mit Legionen konnten 50 bis 80 Prozent aller Beteiligten – die große Mehrheit davon waren jedoch Nicht-Römer – an einem einzigen Tag sterben. Tatsächlich war das Töten, das sich in hellenistischen und römischen Schlachten vollzog, nur durch physikalische Gesetze begrenzt. Sie bestimmten den Grad der Grausamkeit, den durch Muskelkraft getriebenes Eisen gegen Fleisch in einem vorgegebenem Raum und einer vorgegebenen Zeit erreichen konnte.

Woher kamen die Männer und das Geld, die diesen Irrsinn möglich machten? Im

Bei Persepolis wurden nie sagenhafte Reichtümer ausgegraben, was der Geschichte Glaubwürdigkeit verleiht, dass Alexander die Stadt völlig ausraubte und den Reichspalast niederbrannte (331), dessen Überreste hier abgebildet sind. Diese Säulen gehörten zu einer riesigen Apadana („Audienzsaal"), in der die achaimenidischen Könige Gäste unterhielten und die Hofgeschäfte abwickelten. Persepolis liegt 3200 Landkilometer von Athen entfernt und Dareios III. regierte anderthalb Jahrhunderte nach der Zerstörung der Akropolis durch Xerxes, daher ist Alexanders Behauptung, das, was in der Hauptstadt angerichtet wurde, sei die Vergeltung für die Plünderung Athens durch die Perser gewesen, nur schwer zu akzeptieren. Eher wurde der Palast versehentlich während eines der häufigen und die ganze Nacht dauernden Saufgelage angezündet, woraufPlünderer und Lumpensammler seine Überreste durchstöberten, während die Makedonier weiter gen Osten zogen.

Allgemeinen gibt es zwei Erklärungen für die riesige hellenistische Investition in Militärtechnik und den größeren Umfang von Armeen und Kriegsflotten. Zum einen lieferten allein die in Sardes, Ekbatana, Susa, Babylon und Persepolis geraubten alten persischen Schätze Tonnen an ungeprägtem Gold und Silber, das dank der Tribute der Untertanen des persischen Reiches gehortet worden war. Die Verwendung dieser Edelmetalle als Münzen führte in den nächsten zwei Jahrhunderten zu einer allgemeinen Inflation im Mittelmeerraum. Und mit dem Geld kam ein viel größeres Aufgebot an neuen Söldneranwärtern aus Asien, Persien, Medien, Baktrien, Indien und Afrika; Menschen aus dem Osten, die vorher außerhalb des Einflussbereiches westlicher Kriegführung gestanden hatten und nun auf regelmäßiges Einkommen sowie das Raubgut und die Kriegsbeute versessen waren, die oft der Lohn hellenistischer Kämpfe waren.

Zum zweiten bedeuteten die allgemeine Einführung von Einkommens- und Vermögenssteuern sowie erzwungene Beiträge, die für den professionellen Krieg zu bezahlen waren, das Ende der alten agrarischen Räte des griechischen Stadtstaates. In Inschriften ist zwar die bürgerliche Gesetzgebung hellenistischer griechischer Städte aufgezeichnet, doch solch standardisierte Verordnungen spiegelten eher das unterwürfige Verhalten des Apparates in modernen Kollektivgesellschaften als die reale Tätigkeit gemeinschaftlicher örtlicher Regierungen wider.

Dieser schrittweise Rückzug freier Bauern aus den ländlichen Gebieten Griechenlands und dem aktiven politischen Leben hatte auch zwei sich wechselseitig bedingende grundlegende Auswirkungen auf das Kriegswesen der damaligen Zeit. Erstens konnten Kriege nun länger und das ganze Jahr über geführt werden, da die Armeen größtenteils aus Lohnempfängern bestanden, die regelmäßige Bezahlung suchten, statt aus Bauern. Fast alle Aufzeichnungen über öffentliche Anleihen, die im vierten Jahrhundert und später auf Stein festgehalten wurden, zeigen die Notwendigkeit der Verteidigung, was das außerordentliche Ausmaß der Militarisierung der griechischen Kultur bezeugt. Zweitens bedeutete die fortwährende Versklavung gefangener Völker und die sich daraus ergebende stärkere Verwendung von Sklaven in Landwirtschaft und Produktion durch Eliten mit guten Beziehungen eine wachsende Verstädterung. Städte wie Alexandria, Pergamon oder Syrakus waren wesentlich größer als selbst die größten *poleis* der klassischen Periode. So gab es dort ein reiches Reservoir an umherziehenden Handwerkern, Söldnern und ausgebildeten Arbeitern, die weniger mit der bürgerlichen Regierung und kostspieligen, durch öffentliche Mittel finanzierten Theaterbesuchen, mit der Teilnahme an der

Versammlung oder Tätigkeit als Geschworene befasst waren. Stattdessen lockten königliche Regimes Talente für Militärbau und -dienst an und überließen das lästige Geschäft der Politik ihren eigenen Höfen. So wuchs verfügbares Kapital für Krieg sowohl relativ als auch absolut: Es wurde weniger Geld für die Teilnahme einer kleineren Anzahl von Bürgern an der städtischen Regierung und Kultur benötigt und es gab mehr Einnahmen, da man erfinderischen und unbarmherzigen Männern gestattete Invasionen zu organisieren, die auf organisierte Raubzüge hinausliefen.

In dieser Periode während des dritten und zweiten Jahrhunderts entstanden zwei bemerkenswerte Kriegsschauplätze im Mittelmeerraum: in Italien durch die Invasion des griechischen Königs Pyrrhos (280–275) und auf dem griechischen Festland und in Kleinasien (Kynoskephalai 197, Magnesia 189, Pydna 168) durch die

Feldzüge der Römer gegen eine Folge makedonischer und griechischer Armeen unter Philipp V., Antiochos III. und Philipps Sohn Perseus. In diesen Schlachten gegen die hellenistischen Griechen und Makedonier zeigte sich die klare Überlegenheit der neuen militärischen Formation, der Legion nämlich, und damit das Aufstreben Roms.

Rom hatte eine ganze Menge von den Griechen der Klassik und des hellenistischen Zeitalters gelernt und vermied die Beschränktheit der Ersteren und die übermäßige Verderbtheit der Letzteren. So hatte die Legion die alte römische Phalanx überholt, indem sie die Idee der entscheidenden Überraschungsschlacht mit den Vorteilen von Fernwaffen und Plänkelei verband: Die Legionäre konnten ihre Speere werfen und dann entweder in Masse mit ineinander verschränkten Schilden oder in Wellen unabhängiger Korps vorrücken, während Fußsoldaten mit ihren Schwertern einen Weg frei schlugen. Die hellenische Kriegführung hatte nie das rechte Gleichgewicht zwischen Angriff mit Speeren und Angriff mit Schwertern gemeistert. Der römische Legionär dagegen konnte seinen Gegner gleichermaßen gut aus einigen Zentimetern wie auch einigen Metern Entfernung töten.

Freie Bauern eines geeinten und republikanischen Italien, kühne Agrarier, von einer professionellen Zenturicnklasse zu Schwertkämpfern und disziplinierten Marschierern ausgebildet, brachten die notwendige menschliche Kampfkraft auf. In gewissem Sinne waren die republikanischen Milizen mit ihrer Betonung von Gruppensolidarität, Patriotismus und des Glaubens an eine überlegene Kultur griechischer als die hellenistischen Militärdynastien, auf die sie trafen: Die Armeen von Alexanders *epigonoi* waren ganz genauso despotisch, mit zu großem Führungsapparat topplastig und korrupt geworden wie die alten persischen Aufgebote, welche die Griechen fast zwei Jahrhunderte vorher geschlagen hatten.

Tatsächlich konnte nichts dem Schrecken einer Phalanx makedonischer Art gleichkommen. Der Historiker Curtius meinte, die Phalangiten seien „zähe, dicht beisammenstehende Soldaten, die nicht vom Fleck bewegt werden können". Der römische General Aemilius Paulus, der bei Pydna Phalangiten entgegentrat, behielt ein lebenslanges Schreckensbild zurück: „Er betrachtete die Furcht erregende Erscheinung ihrer Front, die vor Waffen strotzte, und Angst und Bestürzung befielen ihn: Nichts, was er je zuvor gesehen hatte, kam diesem gleich. Viel später erinnerte er sich häufig an diesen Anblick und seine eigene Reaktion darauf." Noch musste ein Feind nicht das gesamte Arsenal aufbieten – schwere und leichte Reiterei, leichte Fußtruppen, Plänkler, Schleuderer, Bogenschützen und Elefanten –, das größenwahnsinnige hellenische Befehlshaber theoretisch auf das Schlachtfeld bringen konnten.

Denn es gab nach Alexander sowohl auf taktischer als auch auf strategischer Ebene Schwachstellen in der hellenistischen Militärpraxis. Im dritten Jahrhundert schon waren fast alle Phalangiten ausschließlich gekaufte Söldner. Auch der kümmerlichste Rest eines Gefühls von nationaler Solidarität und von beruflichem *élan* der alten makedonischen Krieger war dahin. Aber im Unterschied zu den abgespeckten Streitkräften Philipps und Alexanders einige Jahrzehnte zuvor erforderten diese viel größeren gekauften Streitkräfte ihrer Nachfolger gewaltige Unterstützung durch nicht am Kampf Beteiligte: Gepäckträger, Ingenieure, Frauen, Kinder, Sklaven und Märkte. Solch logistischer und sozialer Rückhalt war oft nur willkürlich und unzureichend organisiert. Diese Nachlässigkeit schränkte die strategischen Möglichkeiten einer hellenistischen Armee ein, da die Besetzung und Kontrolle von erobertem Land zunehmend nur eine Frage des Geldes war,

Goldener Doppelstater Alexander der Große, 323. Alexander hätte allein von den aus Persepolis geraubten Goldbarren 90 Millionen solcher Münzen prägen können.

nicht des nationalen Interesses, Mutes oder des Patriotismus der ansässigen Bürgerschaft.

Noch wichtiger war, dass die Phlanax selbst schwerfälliger geworden war, seit schwere Piken 6 m und mehr in der Länge erreichten – faszinierender Alptraum eines Taktikers am grünen Tisch. Doch die Tradition des Zusammenspiels der Kavallerie mit der Infanterie unter Alexander wurde genau zu der Zeit vernachlässigt, als die schwerfällige makedonische Infanterie eine stärkere Integration und ihre Flanken mehr statt weniger Schutz durch Reiter benötigten. Diese Schwärmerei für Gigantismus war eher eine Prestigefrage und Hinweis auf dynastische Rivalitäten als eine Antwort auf militärische Notwendigkeiten. Auf Elefanten – feste Bestandteile des Kriegswesens der Antike von Gaugamela (331) bis Thapsos (46) –

Fast das gesamte alte Königreich Alexanders des Großen wurde schließlich bis zum Ende des ersten Jahrhunderts v. Chr. in das Römische Reich eingegliedert, ausgenommen die östlichen Herrschaftsgebiete der seleukidischen Dynastie, die schließlich zu nicht-westlicher Herrschaft zurückkehrten. Das alte Königreich des Ptolemaios in Ägypten lieferte Abgaben und Erzeugnisse, die nur für das persönliche Einkommen des römischen Kaisers bestimmt waren.

und einheimische Söldnerkavallerie griff man nicht zurück; die Generäle der Nachfolger machten es sich leicht, indem sie versuchten, die mit Alexander verloren gegangenen taktischen Fähigkeiten mit gekaufter Kampfkraft und brutaler Waffengewalt auszugleichen. Dahin war die stolze Begleitkavallerie, meisterliche Reiter und Grundbesitzer, die sich als dem König Gleichgestellte fühlten. Verstärkte Kraft ohne Tugend machte die Phalanx einfach verletzlicher als als je zuvor.

Verletzlicher und dennoch schrecklich. Der Historiker Livy merkte an, dass auf jeden römischen Legionär zehn Piken der Phalanx gerichtet waren und das „Angebot" an gedrängten Speerspitzen größer war als die „Nachfrage" in Gestalt verfügbarer feindlicher Ziele. Jeder makedonische Pikenier versuchte seine Waffe

horizontal zu halten und vor- und zurückzustoßen um entscheidenden Raum zu besetzen, falls ein Legionär versuchen sollte einen Keil zwischen die Spitzen zu treiben. Wenn aber eine Reihe Piken unter einem Meer geworfener römischer *pila* zu Boden ging, wenn feindliche römische Schwertkämpfer ins Innere der Phalanx katapultiert wurden oder, schlimmer noch, über die bloßgelegten Seiten der Phalanx hereinbrachen, war die Katastrophe sofort da. Der sekundäre Dolch – ebenso lächerlich klein wie die Pike unsinnig lang war – bot dem Makedonier wenig Schutz und war für den römischen *gladius*, das Schwert aus spanischem Stahl mit Doppelklinge, ein armseliger Gegenspieler. Außerdem konnte man die Pike selbst gegen den Eindringling, dem der Lanzenträger unmittelbar gegenüberstand,

unmöglich schwingen. Sollte der Phalangit aber den Speer fallen lassen oder unheldenhaft damit flüchten – dann würde das den weiteren Einbruch beschleunigen, doch war ein schändlicher Fluchtversuch ohnehin weitgehend zwecklos.

Befanden sich die feindlichen Legionäre erst einmal innerhalb der Kolonnen, dann hieben sie hemmungslos nach den Bäuchen, Lenden und Gliedmaßen der in der Falle steckenden Phalangiten, bis die gesamte Masse der Phalanx einfach zerfiel, die Männer erstarrten und versuchten ihre Piken festzuhalten, während sie praktisch aufgeschlitzt wurden. Livy merkt an, dass Griechen diese Art Blutbad – mit abgetrennten Gliedmaßen und Oberkörpern –, die der römische Schwertkampf anrichten konnte, nie zuvor erlebt hatten.

Alexander der Große, Statue, Capitolini-Museum, Rom.

Bei Kynoskephalai (197) stoppten unwirtliches Gelände und die Flexibilität der römischen Fußsoldaten den Schwung der Makedonier und die Legionen töteten Tausende von Philipps Mannen. Und zwei Jahrzehnte später bei Pygna hatte Philipps Sohn Perseus nicht viel mehr Glück, als wieder einmal Legionäre Lücken in der Phalanx fanden und in deren Innenbereich die Phalangiten in Fetzen hieben – mehr als 20 000 von ihnen wurden hingemetzelt. Die Römer hatten gespürt, dass die Schwäche den Hellenen nicht nur in der Schwerfälligkeit der Phalanx bestand, sondern dass auch in die Infrastruktur von Regierung, Kampfkräften, Führerschaft und Finanzen betraf. Ohne die Existenz einer föderierten griechischen Nation hing das Überleben einer hellenistischen Armee völlig von ihren Geldreserven zur Anwerbung von Rekruten und ihrem Ruf auf dem Schlachtfeld ab – beides konnte durch eine einzige Niederlage verloren gehen.

Die hellenistischen Autokraten hatten festgestellt, dass ihre Phalangen gegen asiatische Truppen unbesiegbar waren und sich gegenseitig gewachsen waren. Rom aber brachte in jede Schlacht eine arrogante neue Kriegslust und strenge Disziplin ein und verfügte über Hospitäler, Ärzte, standardisierte Waffen, ausgebildete Soldaten, befähigte Offiziere – die den materiellen und geistigen Gewinn aus einem vereinten und politisch stabilen Italien darstellten. Überdies agierte die Maschinerie des römischen Krieges nicht planlos, sondern systematisch, was die Auswirkungen gelegentlich schlechter Feldherrnschaft, des Wetters oder strategischer Torheiten auf die Armee verringerte. Die Legionen wurden oft durch schlechte Heerführer in den Untergang geführt und ihre Führer getötet, ohne dass jedoch der Plan Schaden nahm, da neue Streitkräfte aus dem Nichts geschaffen werden konnten. Im Gegensatz zur hellenistischen Schlachtpraxis wurde die römische Kriegführung immer als eine rechtmäßige Notwendigkeit, als eine angeblich defensive Unternehmung dargestellt, die dem ländlichen Volk Italiens von Kriegslüsternen aufgezwungen wurde. Während ihre Heerführer möglicherweise für *laus* und *gloria* töteten, meinten die republikanischen Legionäre selbst, dass sie kämpften um die Traditionen ihrer Vorfahren zu bewahren und dies in Übereinstimmung mit den Verfassungsdekreten einer gewählten Regierung.

Im Jahr 146 endete der letzte hellenische Widerstand gegen die römische Militärgewalt mit der Zerstörung Korinths und der Auflösung des Achäischen Bundes. Die westliche Kriegführung trat jedoch nunmehr in eine Phase von beinahe sechs Jahrhunderten Militärherrschaft ein. Tatsächlich siegten römische Heere auch weiterhin, weil sie dem Entscheidungskrieg ihre eigene neue gesetzliche Regelung hinzufügten. Im Kern beruhte jedoch der römische Militarismus auf Massenkonfrontation in offener Feldschlacht und der Anwendung hellenisch inspirierter Wissenschaft, Wirtschaftspraxis und politischer Struktur auf das Kriegswesen. Die griechische Art der Kriegführung war also nicht wirklich tot. Für die nächsten zwei Jahrtausende sollte in Europa das Kriegswesen wie nie zuvor durch Nicht-Griechen angeregt werden. Soldaten in Europa sollten das speziell westliche Dilemma der Griechen erben und freie Hand beim Töten und Erobern haben, auch wenn sie wussten, dass sie nicht töten sollten.

Nachdem er ein Jahrzehnt lang erfolgreich Widerstand gegen Rom geleistet hatte, wird Perseus 168 bei Pydna besiegt und gefangen genommen. Damit wird seine Hoffnung auf ein autonomes Makedonien zerstört. Er stirbt unbeachtet in römischer Gefangenschaft.

Schluss: Das hellenische Vermächtnis

Die fantastische Leistung der Griechen im Hinblick auf ihr militärisches Können ist unbestritten. Nach der misslungenen Invasion von Xerxes 480 blieb Griechenland bis zur römischen Eroberung drei Jahrhunderte später frei von Invasionen aus dem Ausland – und die siegreichen Legionen Roms schuldeten ihren Kampferfolg zum großen Teil den griechischen Grundsätzen der Kriegführung. Kein nicht-westlicher Eindringling konnte nach 480 bis zur osmanischen Unterwerfung zweitausend Jahre später das griechische Festland lange besetzen und halten. Und vor der römischen Eroberung (700–146) fuhren die Griechen fast ein halbes Jahrtausend lang nilaufwärts, kolonialisierten das Schwarze Meer, die Ägäis und einen Teil des Mittelmeerraumes und eroberten Persien. Hopliten und Phalangiten kämpften als Söldner in Ägypten, marschierten zum Indus und durchzogen unter Pyrrhos Italien und Sizilien. Die Ausrüstung der Griechen wurde in Illyrien, Skythien und Persien übernommen und von Militärkonstrukteuren von Italien bis ins südliche Russland kopiert. Die griechische Wissenschaft der Ballistik war die Grundlage für das gewaltige Arsenal römischer Artillerie, die Briten und Juden gleichermaßen tötete. Die byzantinische Armee schützte ihr belagertes Hoheitsgebiet ein Jahrtausend (500–1500) lang mit Hilfe der Bewahrung griechischer Militärorganisation und -wissenschaft.

Die Zahlen der Toten auf den hellenischen Schlachtfeldern reflektieren die tödliche Natur der griechischen Herangehensweise an den Krieg. Tausende Perser wurden bei Marathon, den Thermopylen, Salamis und Platää getötet, dagegen nur einige Hundert Griechen. Alexander zerstörte ein Millionenreich, während er weniger als tausend Phalangiten in der offenen Feldschlacht verlor; in der Tat tötete er mehr Griechen und Makedonier als es seine östlichen Feinde taten. Es ließen mehr Griechen ihr Leben im internen Peloponnesischen Krieg als ein halbes Jahrhundert zuvor durch die Krieger von Dareios und Xerxes getötet wurden. Wenn Karthager, Perser, Italiener und Ägypter nach militärischer Führung suchten, gab es gewöhnlich einen Griechen, der gewillt war die Kampferfahrung seiner Gesellschaft gegen Bezahlung anzubieten. Schließlich war dies eine Kultur, in der, wie Polybios anmerkte, erfolgreiche Feldherren sowohl Erfahrung, Mut, einen praktischen Sinn und taktisches Wissen besitzen als auch zusätzlich Geometrie und Astronomie beherrschen sollten – eine Kultur, deren Armee auch kaum einen Unterschied zwischen Elite und Masse machte: Ein König von Sparta verlor bei den Thermopylen seinen Kopf inmitten seiner Männer; der Begründer der westlichen Philosophie wurde, als er Ende Vierzig war, bei Delion fast getötet; der größte Redner in der Geschichte der *polis* griff bei Chaironeia zu Schild und Lanze.

Wie können wir uns die einzigartig tödliche Kriegführung dieser sehr außergewöhnlichen Griechen erklären? Wie änderte ein relativ isoliertes Volk von weniger als zwei Millionen im südlichen Balkan den Charakter der Zivilisation im Mittelmeerraum der Antike und begründete dabei die Prinzipien des späteren westlichen Kriegswesens? Lage und Klima allein sind keine ausreichende Erklärung. Zwar war Griechenland im Osten von den riesigen Reichen Persiens und der dynastischen Ägypter, Hethiter und Assyrer umgeben. Sie alle hatten über den Seeweg via Ägäis und Mittelmeer Zugang nach Europa. Stämme im östlichen Europa und dem nördlichen Balkan waren nicht mehr als ein paar Wochenmärsche von den nördlichen Ebenen Thessaliens entfernt. So waren die Griechen von frühester Zeit an gezwungen sich gegen Thraker, Gallier und Perser zu verteidigen – oder unterzugehen. Doch viele wesentlich wohlhabendere Reiche in der näheren und weiteren Nachbarschaft – die Mykener, Ägypten, Persien und Phönizien – gingen tatsächlich viel früher unter als sie. Kampfeslustige Feinde und ständig präsente Gefahren führen nicht notwendigerweise zu ausgezeichneter Waffenführung.

Erklärt das Klima des Mittelmeerraumes die griechische Meisterschaft der Kriegführung? Jahrhundertelang haben Historiker die revolutionäre Hinwendung der Griechen zu Gemeinregierung und die Entwicklung bürgerlicher Kunst und der griechischen Tragödie als untrennbar mit einem gemäßigten Klima verbunden erklärt, das die meiste Zeit des Jahres dafür sorgte, dass die Bürgerschaft im Freien weder fror noch schmorte und Amphitheater, luftige Säulengänge, die Agora und die Versammlungshalle unter freiem Himmel möglich machte. Und weil es weder Schnee noch Dschungel noch ausgedehnte Wüsten gab, mag es für die hoplitischen Bürgerwehren leicht gewesen sein, sich im Sommer zu versammeln; auch konnten sie mit gutem Wetter für den Feldzug rechnen, während des Feldzugs im Freien campieren, ihren Feind sehen und relativ mühelos Nahrung, Futter für die Tiere und Wasser finden. Schließlich ist die Entscheidungsschlacht zwischen massierten Heeren schwer bewaffneter Fußsoldaten in der Sahara, am Amazonas oder im skandinavischen Eis eher schwierig. Doch waren die Griechen nur im selben Maße Nutznießer des gemäßigten Klimas wie Nordafrikaner oder andere Südeuropäer in Spanien und Frankreich, deren Militär im Vergleich zu den Heeren Griechenlands und Roms harmlos war. Natürlich stimmt es, dass so unterschiedliche Denker wie Herodot, Hippokrates, Platon und Xenophon meinten, dass das zerklüftete Terrain Griechenlands und sein gemäßigtes Klima – kurze Winter ohne tropische Sommer – einen widerstandsfähigen Körper und Geist verlieh. Doch selbst wenn wir solch zweifelhaften geografischen Determinismus akzeptieren, bleibt die Tatsache, dass das militärische Können der Griechen selbst im mediterranen Raum von Spanien bis Phönizien einzigartig ist – und sich weltweit in ähnlichen Klimazonen nicht wiederholt.

Dies alles soll nicht heißen, dass Terrain und Klima die Natur des griechischen Landkrieges, speziell das Aufkommen der tödlichen Infanteriestreitmächte der *polis*, nicht beeinflusst hätten. Die Phalanx war das Instrument einer freien Bürgerschaft, die für die Aufrechterhaltung der Werte einer autonomen Freibauernschaft kämpfte. Doch bevor wir die Terminologie der Sozialwissenschaft verwenden und den Hoplitenkrieg als „sozial konstruiert" oder „rituell" bezeichnen, als eine Art künstlichen Kampf, der dazu ausersehen war eine bestimmte Land besitzende Klasse innerhalb der *polis* aufzuwerten, sollten wir auch daran denken, dass – wie uns Platon in seinem Werk *Gesetze* in Erinnerung bringt – die hellenische Kampfweise auch die Landschaft Griechenlands spiegelte. Flache Ebenen, wie man sie in Thessalien und dem küstennahen Makedonien fand, begünstigten die Aufzucht von Pferden und die Kultur der Reiterei, während in bergigeren Gebieten wie Ätolien, Akarnanien und Kreta – den idealen Enklaven der Hirten – eher Plänkelei und Fernwaffenangriffe üblich waren. Im Gegensatz dazu lagen die meisten der großen Stadtstaaten – Argos, Athen, Korinth, Mantineia, Sparta und Theben – inmitten von Tälern, umgeben und geteilt von nahe gelegenen Bergzügen. Solche kleinen, fruchtbaren und hügeligen Ebenen begünstigten nicht nur die Kultur der kleinbäuerlichen Landwirtschaft, sondern gestatteten auch schweren Fußsoldaten ungehindertes Marschieren und boten weniger bewaffneten Soldaten im Hinterhalt geringe natürliche Deckung. Die nahe gelegenen Hügel schützten auch die Flanken solch schwerfälliger Infanteriekolonnen vor dem Ansturm von Reitern.

Wenn man auf kleinen, von Hügeln umgebenen Ebenen Landwirtschaft betrieb und diesen Boden schützen wollte, bestand eine Notwendigkeit, solch scheinbar unpraktische schwere Rüstung zu tragen und sich in Kolonnen aufzustellen. Aus dieser landschaftlichen und kulturellen Matrix erwächst die westliche Kriegführung – das Primat schwer gepanzerter freier Hopliten, die im Sommer entscheidende Kämpfe auf dem Ackerland austrugen, das ihre autonomen Gemeinden umgab. Die griechische Kriegführung ist ein Produkt aus Zeit und Raum in dem Sinne, dass Klima und Terrain sowie der Umstand, dass Griechenland anfangs vom östlichen Mittelmeerraum relativ isoliert war, es seiner fremdartigen Kultur der *polis* ermöglichte zu überleben und aufzublühen, bis sie reif genug war sich über das griechische Festland hinaus zu verbreiten.

Dies vorausgesetzt, charakterisieren zwei bemerkenswerte Umwälzungen die griechische Kriegführung – die Entstehung des Stadtstaates im achten Jahrhundert v. Chr. und sein Niedergang im vierten. Es waren Ideen und Werte, nicht Raum oder Wetter, welche die Griechen von anderen Völkern abhoben. Mit dem Aufstieg der Hoplitenmilizen der *polis* entwickelte sich die westliche Kriegführung als entscheidende Fußtruppenschlacht, die von freien Männern um Besitz und örtliche Autonomie geführt wurde – ganz im Gegensatz zu Geist und Ziel des Krieges, der ihr im gesamten Mittelmeerraum vorangegangen war und der oft von Bauern, Leibeigenen und Söldnern um Kriegsbeute, Hegemonie und königliche Thronfolge geführt wurde. Doch anders als das katastrophenhafte Ende des mykenischen Zeitalters und die nachfolgenden vier Jahrhunderte der Verarmung der Dunklen Jahrhunderte war die hellenistische Welt, die dem klassischen Stadtstaat im vierten Jahrhundert v. Chr. folgte, in gewissem Sinne ein Kontinuum – Rationalismus und Kapitalismus bestanden weiter, jedoch ohne Gemeinregierung, den übermäßigen Patriotismus einer mittelständischen Bürgerschaft und die Autonomie der *polis*. Im militärischen Kontext sollten nach dem vierten Jahrhundert Entscheidungsschlacht, überlegene Technik, strenge Disziplin, ausgefeilte Logistik und Organisation der *polis* von Beschränktheit und ziviler Kontrolle befreit werden und so entwickelte sich die westliche Kriegführung zu einem tödlichen Geschäft unter Einsatz des gesamten Arsenals der früheren hellenischen Wissenschaft und Kampfkräfte. Der Aufstieg der *polis* schuf die Idee der Entscheidungsschlacht zwischen tapferen Fußsoldaten; ihr Niedergang befreite dieses Konzept von ethischer Einschränkung. Ungeachtet der persönlichen Wahl der beteiligten Kämpfer hatten die freien Griechen, die 338 bei Chaironeia starben, durch Abstimmung beschlossen dort zu kämpfen; die Phalangiten in Philipps Armee, die sie umbrachten, hatten dies nicht getan.

Dieses doppelte Vermächtnis der Griechen sollte die europäische Kriegführung während des Mittelalters und der Renaissance weitgehend beeinflussen, da Militärplaner versuchten, die Idee des griechischen Militärwesens mit überlegener Technik und Taktik zu bewahren. Vegetius wurde in die modernen europäischen Sprachen übersetzt um Informationen darüber zu sammeln, wie man Heere organisierte und ausrüstete. Phalangen selbst sollten in der Schweiz, in Deutschland und Italien wieder erscheinen, als abstrakte Denker der Renaissance danach streben antike Diskussionen über *stratêgia* (Feldherrnkunst) und *taktika* (die Anordnung von Truppen) für die Kämpfe zeitgenössischer Pikeniere nutzbar zu machen. So unterschiedliche Pragmatiker wie Machiavelli, Lipsius und Grotius strebten auch an solche Heere in verfassungsmäßigen Dienst des Staates zu stellen, weil sie erkannten, dass schwere Fußsoldaten, die man aus freien Bauern rekrutierte, die tüchtigsten Soldaten waren, wenn man sie in Massenkollisionen einsetzte. Und im Zeitalter der Aufklärung sollte die alte hellenische Vorstellung von Regeln und Protokollen wieder auftauchen, als Versuch der Kriegführung Grenzen zu setzen oder sie zumindest nur zu Verteidigungszwecken einzusetzen, in Übereinstimmung entweder mit christlicher Lehre oder mit den wachsenden Idealen des rationalen Humanismus.

Das zwanzigste Jahrhundert veränderte natürlich jene traditionelle westliche Vorstellung von der Notwendigkeit Bürgerheere für gerechte Kriege aufzustellen, die ausgefochten wurden um Familie, Heim und Kultur zu verteidigen. Die Vorstellung der Klassik, dass ein langer Friede um jeden Preis Dekadenz, Verweichlichung und eine kommerziell statt geistig orientierte Bürgerschaft schuf – am besten bei Polybios, Sallust, Livy und Juvenal formuliert – konnte die grausame Realität an der Somme und vor Verdun nicht überleben. Zwischen der klassischen Antike und der heutigen Zeit liegen die Schützengräben des Ersten Weltkrieges, die Bombenteppiche des Zweiten Weltkrieges, die Todeslager, die dunkle Drohung eines Dritten Weltkrieges.

Die alten Zeiten, in denen sich gepanzerte Fußtruppen Mann gegen Mann gegenüberstanden und in kürzester Zeit eine Entscheidung herbeiführten, sind unwiederbringlich vorbei. Schon die unmittelbaren Nachfolger jener griechischen Helden, die Krieger der hellenischen und römischen Welt, waren darauf aus, mit einem Krieg die gesamte Kultur ihres „Feindes" zu zerstören. Heute würde unter Umständen weit mehr auf dem Spiel stehen als die Kultur eines einzelnen Volkes. Die technischen Möglichkeiten moderner Kriegführung lassen es zu, die Kultur der gesamten Menschheit, alles Leben auf der Erde in Augenblicken zu vernichten …

GLOSSAR

Die Nachfolger Alexanders, wie zum Beispiel Lysimachos (355–281), der auf der Münze auf Seite 209 von etwa 285 dargestellt ist, strebten danach, Alexanders Erfolgsrezept nachzuahmen – den Raub asiatischer Schätze zur Bezahlung von Söldnerheeren, die Schaffung einer theokratischen Dynastie um die ortsansässige Bevölkerung zu beeindrucken, die Vermittlung eines Eindruckes von jugendlichem Können im Kampf durch einen alten Tyrannen um unter der makedonischen Elite Unterstützung und Loyalität zu gewinnen. Nach mehr als vierzig Jahren der Eroberung und Intrige blieb Lysimachos im Alter von Mitte Siebzig ein Königreich, das Alexanders europäische Besitztümer und einen großen Teil Kleinasiens umfasste. Doch wie bei fast allen Nachfolgern von Alexander waren Gier, Grausamkeit und Ehrgeiz letztlich der Untergang – seine harte Besteuerung war legendär und er ermordete seinen eigenen Sohn aus einer dynastischen Intrige heraus. Lysimachos wurde bei Seleukos besiegt und in der Schlacht von Kurupedion (281) getötet.

AGRARISCH: Das griechische Ideal des frühen Stadtstaates, bei dem das Umland in kleine, gleich große Parzellen aufgeteilt werden sollte, deren Besitz dem Bürger politische Rechte in der Versammlung verlieh sowie die Verpflichtung, als Hoplit in der Phalanx zu kämpfen.

ARCHAISCH: Die zwei Jahrhunderte während Periode von der Entstehung des Stadtstaates (700) bis zum Ende der Perserkriege (479), in der Krieg größtenteils als Kampf zwischen Phalanxen schwerer Hopliteninfanterie definiert war.

ATTIKA: Das ländlich geprägte Hinterland um Athen, dessen Region und Bevölkerung zusammen mit Athen selbst den athenischen Staat bildeten.

BASILEIS: Griechisch für „Könige", bei Homer jedoch für Elitekrieger verwendet.

BÖOTIEN: Ein reiches landwirtschaftliches Gebiet in Zentralgriechenland; im vierten Jahrhundert unter der demokratischen Führerschaft seiner wichtigsten Stadt Theben ein Staatenbund. Manchmal sind im Kontext des vierten Jahrhunderts die Begriffe Böotien und Theben fast identisch.

DUNKLE JAHRHUNDERTE (DARK AGES): Eine nicht exakt definierte Ära zwischen dem Niedergang der mykenischen Zitadellen und dem Aufstieg des Stadtstaates (1200–800), als eine anspruchsvolle Zivilisation verschwand, die Bevölkerung zurückging und die materielle Kultur zum großen Teil verarmte.

GLEICHE: Die elitäre Minderheit erwachsener männlicher Einwohner in Sparta – Hopliten, deren Egalitarismus militärisches wie Privatleben einschloß; sie werden auch als Spartiaten oder Vollbürger bezeichnet.

HELLENISTISCH: Allgemein so bezeichnete Periode vom Tod Alexanders des Großen (323) bis zur römischen Herrschaft über Griechenland (146), als sich hellenische Kultur über die Grenzen Griechenlands hinaus ausdehnte und Kapital, Geld und Technik ohne ethische Sanktionen für das Kriegswesen verwendet wurden.

HELOTEN: An die Scholle gebundene Leibeigene in Sparta, deren Arbeit es den Spartanern erlaubte, eine ständig verfügbare Berufsarmee aus Hopliten, die keine Landwirtschaft betreiben mussten, auszubilden und ins Feld zu führen.

HIPPEIS: „Pferdemenschen", deren berittener Militärdienst normalerweise ihren elitären Status in der politischen Hierarchie des Stadtstaates der Klassik widerspiegelte.

HOMERISCH: Die Welt der *Ilias* und *Odyssee* Homers, deren Werte, Praktiken und materielle Bedingungen fünf Jahrhunderten mündlicher Überlieferung entstammen. Gelehrte erkennen in den Dichtungen jedoch zunehmend auch Merkmale des entstehenden Stadtstaates, wenn auch absichtlich archaisiert und episch ausgeschmückt.

KLASSISCH: Periode, die nach den Perserkriegen beginnt (479) und bis zum

GLOSSAR

Auf diesem attischen Krater von etwa 750 treibt ein Wagenlenker, geschützt durch einen um Hals und Schulter geschlungenen ausgebogenen Körperschild, sein Pferd an. Derartige geometrische Kunst des achten Jahrhunderts bringt den Militärhistoriker in eine Zwickmühle. Wenige Soldaten auf solchen Gefäßen sind in irgendeiner Art wirklichkeitsnah dargestellt, und die meisten Szenen sind, wie Beschreibungen in der zeitgleichen Ilias, *eher heroische Fantasien als genaue Darstellungen des damaligen Kriegswesens. Künstler dieser Periode mögen bestrebt gewesen sein, epische Figuren aus der Vergangenheit zu malen – überladen mit Streitwagen und Körperschilden aus Leder – die sie sich vorgestellt hatten, nachdem sie entweder die Überreste jahrhundertealter mykenischer Töpferware gesehen oder Beschreibungen in Rezitationen der* Ilias *gehört hatten. Ebenso gut mag jedoch ein großer Teil geometrischer Malerei eine grobe Darstellung früher hoplitischer Kämpfe sein.*

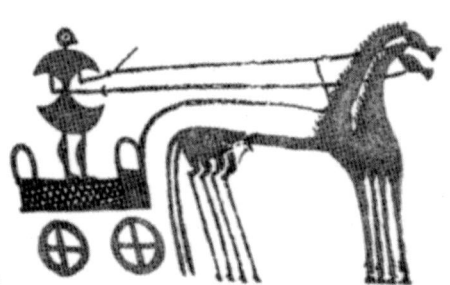

Ende des freien autonomen Stadtstaates bei Chaironeia (338) dauert; sie ist charakterisiert durch eine zunehmende Vielfalt militärischer Kräfte und Schauplätze, da die hoplitischen Bürgerwehren durch Söldner und nicht zur Infanterie gehörende Kräfte vergrößert werden.

PELOPONNES: Eine Halbinsel, die den südwestlichen Teil Griechenlands bildet, hauptsächlich von dorischen Staaten beherrscht, die sich entweder im ständigen Bündnis mit oder in Opposition zu Sparta befanden.

PELTAST: Leicht bewaffneter Plänkler mit kleinem, oft halbmondförmigen Schild (*peltê*) und entweder mit Wurfspeer oder Lanze bewaffnet; ursprünglich kamen die Plänkler aus Thrakien, zunehmend wurden sie jedoch aus den Armen und Bedürftigen ganz Griechenlands rekrutiert.

PHALANGIT: Ein bezahlter Pikenier in der Phalanx des hellenistischen Zeitalters, der wenig Rüstung trug, jedoch eine riesige *sarissa* schwang.

PHALANX: Eine Kolonne schwer bewaffneter Lanzenträger in geordneten Gliedern und Reihen, die dazu ausersehen war feindliche Fußsoldaten durch Kollision und Druck eines plötzlichen Angriffs zu vernichten und die normalerweise immun gegen Angriffe durch Reiter war. Wird als Fachbegriff im Zusammenhang mit griechischen Hopliten der Klassik oder mit makedonischen Phalangiten gebraucht, die acht bis fünfzig Schilde tief standen.

POLIS: Der Begriff bezieht sich auf eine autonome politische Gemeinde von Griechen und wird oft mit Stadtstaat übersetzt. Die *polis* umfasste eine urbanes Zentrum in der Mitte, das von Gehöften und Weideland umgeben war, wo freie Bürger wohnten, die dem Verfassungsrecht folgten und mit Zustimmung der Versammlung kämpften.

PROMACHOI: Griechisch für „Kämpfer in der Front", ein bekannter Begriff, der von Homer bis zum hellenistischen Zeitalter für diejenigen verwendet wurde, die an der Front der Phalanx kämpften.

RÜSTUNG (VOLLSTÄNDIGE): Bezieht sich meist auf das gesamte Ensemble eines Fußsoldaten einschließlich Helm, Schild, Beinschienen, Brustpanzer, Speer und Schild.

SARISSA: Eine makedonische Pike von 4,20 bis 6 m Länge, gewöhnlich aus dem Holz der Kornelkirsche mit einer schweren Eisenspitze und bronzenem Enddorn.

TRIREME: Ein schlankes, schnelles Kriegsschiff der klassischen Periode, dessen Kennzeichen eine Mannschaft von fast 200 Matrosen, drei Ruderbänke und eine bronzene Ramme waren.

WANAX: Ein mykenischer Herr, der wahrscheinlich die oberste Herrschaft inne hatte und die Angelegenheiten des Palastes und der umliegenden Ländereien regelte.

WESTLICH: Bezieht sich auf eine kulturelle Tradition, die in Europa entstand, nämlich in und westlich von Griechenland, sich jedoch bald über die Grenzen der Region hinaus entwickelte und ein System von Werten und Praktiken festlegte, deren wichtigste Gemeinregierung, Kapitalismus, Rechte des Einzelnen, bürgerliche Freiheit, Trennung von Staat und Religion und öffentliche Kontrolle und Meinungsfreiheit sind.

ZEUGITAI: Verfügten über ein bestimmtes Einkommen, wodurch sie, insbesondere in Athen, in der frühen *polis* Anspruch auf politische Rechte und Infanteriedienst hatten. Die *zeugitai* waren ursprünglich mittelständische Agrarier, oft gleichzusetzen mit denen, die eine eigene Rüstung besaßen und als Hopliten in der frühen Phalanx kämpften.

Alexander wurde ein Dutzend Male beinahe getötet und mindestens zweimal schwer verwundet. Seine Angewohnheit sich auffällig zu kleiden und an der Spitze der Soldaten zu reiten sorgte dafür, dass er tausendfach ins Visier genommen wurde.

WEITERFÜHRENDE LITERATUR

Abiturwissen, Griechische und Römische Antike
von Frank Ausbüttel
Ernst Klett Verlag

Als die Götter lachen lernten, Griechische Denker
Verändern die Welt
von Harro Heuser
Piper Verlag, München

Arbeitsblätter Geschichte, Griechische Antike
von Claus J. Gigl
Klett Schulbuchverlag, Stuttgart

Gesammelte Werke in 10 Bänden, Griechische Philosophie
von Hans-Georg Gadamer
Mohr-Verlag, Tübingen

Die griechische Antike
von Gabriele Hofer
Veritas Verlag, Linz

Griechische Antike
von Christoph Höcker
DuMont Verlag, Köln

Griechische Geschichte erzählt. Von den Anfängen bis 338 v. Chr.
von Klaus Rosen
Primus-Verlag, Darmstadt

Griechische Geschichte. Von der Tyrannis bis zu den Anfängen Makedoniens
von Detlef Lotze
Hör-Verlag, München

Griechische Geschichte. Von den Anfängen bis zum Hellenismus
von Detlef Lotze
C.H. Beck Verlag

Griechische Orakel. Eine Kulturgeschichte
von Veit Rosenberger
Theiss-Verlag, Stuttgart

Die griechische Philosophie. Von Thales bis zum Tode Platons
von Wilhelm Capelle
Verlag de Gruyter, Berlin

Hellas. Griechische Geschichte und deutsche Geschichtswissenschaft
von Karl Christ
C.H. Beck Verlag, München

GEGENÜBER: *Die Wissenschaft der griechischen Militärpraxis wurde auch während der Renaissance am Leben erhalten, als man nicht nur die klassische Literatur und Philosophie, sondern auch Mathematik, Ballistik, Taktik und Militärarchitektur zu Rate zog, um die damalige Verteidigung zu verstärken.*

Inszenierung der Antike. Das griechische Drama auf der Bühne der Neuzeit
von Hellmut Flashar
C.H. Beck Verlag, München

Kleine griechische Literaturgeschichte
von Homer bis zum Ende der Antike
C.H. Beck Verlag, München

Griechische Antike
von Roswitha Tewes-Eck, Erich Dunkel
F. Schöningh Verlag, Paderborn

Liebesleiden in der Antike
von Kai Brodersen
Primus Verlag, Darmstadt

Marx und die griechische Antike
von Panajotis Kondylis
Manutius Verlag

Sokrates antwortet. Antike Lebensweisheiten
von Alexander Demandt
Insel-Verlag, Frankfurt/M.

Der alte Orient und die griechische Antike
von Hans G. Gundel
Klett-Cotta Verlag, Stuttgart

Das Geschichtswerk des Herodot von Halikarnassos
von Herodot
Insel-Verlag, Frankfurt/M.

Das griechische Kreta
von Stefan Link
F. Steiner Verlag, Stuttgart

Statistik

Gefallenenraten in klassischen und hellenistischen Schlachten

Schlacht	Sieger	Besiegte	Gefallene der Sieger	Gefallene der Besiegten
Marathon 490 v.Chr.	10 000 Athener	30 000 Perser	192 (2 %)	6400 (21 %)
Delion 424 v.Chr.	18 500 Böoter	ca. 10 000 Athener	500 (2,7 %)	1000+ (10 %)
Gaugamela 331 v.Chr.	50 000 Makedonier	ca. 250 000 Perser	ca. 500 (1 %)	50 000+ (20 %)
Pydna 168 v.Chr.	30 000 Römer	ca. 44 000 Makedonier	statistisch unbedeutend	20 000 (45,4 %)

Sokrates und Sophokles waren nicht nur überragende Denker des Athens der Klassik, sondern auch in der Schlacht gestählte Veteranen, die bei Delion beziehungsweise Samos für die Verteidigung des athenischen Reiches im Dienst standen.

Leistungsmerkmale antiker Waffen

Waffen	Gewicht in Gramm	Geschwindigkeit im Meter pro Sekunde	Aufschlagfläche in Zentimeter	Wundfläche in Zentimeter	Aufschlagenergie in Zentimeter
Steinkeule	816	18,2	7,6	22,9	137,34
Gladius (Hieb)	816	18,2	3,8	10,1	136,94
Penertrieraxt	998	14,6	1,3	4,4	105,08
Sichelschwert	816	16,1	10,2	16,5	105,08
Lanze (Überhand)	680	16,1	0,08	9,1	95,99
Schneidaxt	907	14,6	6,3	21,7	95,58
Augaxt	907	14,6	1,9	5,7	95,58
Speer	590	17,7	0,08	6,6	90,98
Pfeil	36	60,0	0,08	5,0	64,27
Gladius (Stoss)	816	8,5	0,08	11,9	28,88
Schleuder	32	36,6	1,9	3,0	21,69
Lanze (Unterhand)	590	7,3	0,08	9,1	18,30

(Aus R. Gabriel und K. Metz: *From Sumer to Rome.* Westport, CT, 1991; 59)

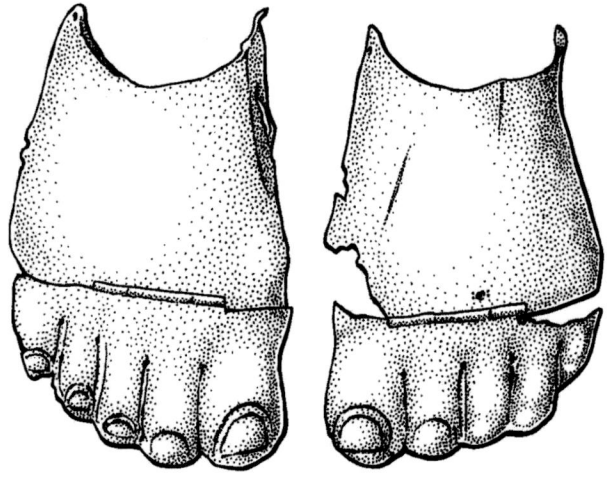

Fußschützer aus Bronze wurden wahrscheinlich im achten und siebenten Jahrhundert von Offizieren und wohlhabenden Hopliten getragen. Doch im fünften Jahrhundert wurde solche Hilfsrüstung – zusammen mit Oberschenkelteilen, Ellbogen- und Knöchelschützern und Schulterplatten – vermutlich abgelegt, da der Krieg beweglicher wurde und Tausende Fußsoldaten einbezog. Die meisten Hopliten trugen einfache Sandalen, die während des Feldzugs im Sommer auf flachen Ebenen bequem genug waren, die Füße jedoch ungeschützt gegen Geschosse und Speerstöße ließ. Fußschützer wurden wie Beinschienen aus dünnen gehämmerten Bronzeblechen gefertigt und innen mit Leder ausgelegt. Es ist schwer zu sagen, ob die Schützer mit Schnürbändern an den Sandalen gehalten wurden oder ob allein die Biegsamkeit des dünnen Metalls es ermöglichte, sie eng um die Konturen der Füße zu biegen.

Die Kosten für das Führen eines Krieges

1 Drachme = etwa ein Tageslohn im fünften Jahrhundert

Ausgaben

Um 40 000 Mann von Athen nach Sizilien auf einen Feldzug von zwei Jahren zu schicken	20 500 000 Dr
Um das athenische Militär während des Peloponnesischen Krieges ein Jahr lang zu führen	12 000 000 Dr
Um ein Jahr lang eine grosse Belagerung durchzuführen	5–8 000 000 Dr
Um 100 Triremen einen Monat lang zu bemannen (Lohn und Versorgung)	1 400 000 Dr
Um eine Armee von 10 000 Hopliten eine Woche lang ins Feld zu bringen	70 000 Dr
Um 1000 Reiter eine Woche lang ins Feld zu bringen	14 000 Dr

Kapitalausgaben für Waffen und Ausrüstung

Kosten für den Bau einer Befestigungsgrundmauer von 6,4 Kilometern	1 500 000 Dr
Kosten für Bau/Ausstattung einer einzigen Trireme	10–12 000 Dr
Kosten für ein gutes Streitross	500–6000 Dr
Kosten für die Rüstung eines Hopliten	100–300 Dr

Nicht-militärische Ausgaben zum Vergleich

Kosten für den Bau des Parthenon	5 000 000 Dr
Kosten für das Ansetzen eines sophokleischen Stückes	1500–3000 Dr
Kosten für einen Sklaven	300–500 Dr

Hilfsquellen der wichtigsten kriegführenden griechischen Staaten bei Ausbruch des Peloponnesischen Krieges

Verfügbare kampfbereite Hopliten

Athen/Attika	13 000
Verbündete Athens	10 000
Gesamt	**23 000**
Theben/Böotischer Bund	10–12 000
Sparta/Lakonien	8–10 000
Peloponnesische Verbündete	20 000
Gesamt	**40 000**

Anzahl der Triremen

Athen/Attika	300
Verbündete Athens	100
Gesamt	**400**
Theben/Böotischer Bund	0
Sparta/Lakonien	0
Peloponnesische Verbündete	100
Gesamt	**100**

Stadtbevölkerung (erwachsene Männer, freie Frauen und Kinder)

Athen/Attika	150 000
Theben/Böotischer Bund	100 000
Sparta/Lakonien	40 000

Grösse des Territoriums

Athen/Attika	ca. 2590 qkm
Theben/Böotischer Bund	ca. 2590 qkm
Sparta/Lakonien	ca. 5180 qkm

Anzahl der Sklaven

Athen/Attika	100 000
Theben/Böotischer Bund	10 000
Sparta/Lakonien	250 000 Heloten in Messenien und Lakonien

INDEX

Kursiv gedruckte Zahlen beziehen sich auf Bildunterschriften.

Achäa 124, 157
Achaia 25
Achaimeniden 105, *149*, *178*, *196*
Achäischer Bund 203
Achilles 18, 40, 45
Adriatisches Meer 71, 194
Afghanistan 166, 182
Afrika 196, *205*
Ägäisches Meer/Gebiet 14, 71, 73, 79, 82, 83, 98, 104, 105, 107, 110, 116, 117, 124, 151, 176, 194, 204
Agamemnon 40
Agathon 188
Agesilaos, König von Sparta 13, 61, 62, 124–125, 132–133, 162
Ägina/Ägineten 79, 99, 107, 120
Agoras 87, *111*, 205
agrarischer Krieg 63–72, 108, 140
Ägypten/Ägypter 15, 23, 31, *32*, 36, 48, 50, 54, 64, 79, *83*, 166, *178*, 191, 194, 204, *205*
Aiantis 56
Aigospotamoi 25, 76, 118, *135*
Ailian 163
Airopos 187
Aischylos 9, 13, *13*, 18, 19, *56*, 58, 71, 87, 108, 158,
Ajax 18, 40
Akanthos 115
Akarnien 205
Akropolis *30*, *47*, *75*, 117, 140, *144*, *175*, *196*
Alexander der Große 13, *13*, 14, 15, 20, *20*, 22, 26, *54*, *55*, 61, 85, 96, 104, 107, 121, 123, 129, 131, 141, *141*, *148*, 151, *151*, 155, 156, 157, 158, *158*, *165*, 166–191 *passim*, 192, *192*–*193*, *196*,

198, 199, *199*, 200, 202, 204, *208*, 211
Alexandria 196
Alkaios 19, 50
Alkibiades 13, 56, 113, 116, 117, 118, *148*, *165*
Alkidamas 132
Alphaiostal 67
Amphilochia 14
Amphipolis 13, 15, 19, 116, 147
Amyntas 187
Äneas der Taktiker 13, 161, 162
Angriff/Männer mit Geschossen/Fernwaffen 24, 31, 55, 127, 129, 150, 156, 160, 205
Antigonos 13, 174, 191, 194
Antiochos III. 198
Antipater 174, 191
Aornos 178, 183
aphraktische Schiffe 96
Apollonios 163
Araber 180
Archaische Periode 30
Archidamischer Krieg 109, 111, 115–118, 121
Archidamos, König 115, 120, 157
Archilochos 19, 35, 56, 64, 71, 118
Archimedes 19
Ares 19, 118
Arginusen 25, 76, 118
Argiven *56*, 64, 65, 72, 116, 125
Argolis 30, 33, 79, 155
Argos 15, 31, *38*, 140–141, 146, *146*, 195, 205
Ariamazes 178
Ariobarzanes 182
Aristides 13, 56, 87, 118
Aristokratie/Adel 56, 57, 66, *73*, *115*, *131*, *151*, 158
Aristophanes 19, 87, 116, 119–120, 121, *149*
Aristoteles 18, 24, 34, 56, 57, 103, 104, 120, 125, 188

Arkadien/Arkadier 67, 70, 124
Arrhabaios 187
Arrian 163, 178, 183, 186
Artaphernes 87
Artemis 19
Artemision (Kap) *94*, *96*, 103
Artillerie/Fusstruppen 20, 69, 121, 155, 156, 161, 162, 194, 195, 204
Asien 36, 55, 82, 96, 120, 151, *155*, 166, 187, 196
Asklepiodot 163
Aspis 26
Assakener 183
Assinaros (Fl.) *106*
Assyrer 204
Ataxerxes 124
Athen/Athener 14, 15, 19, 26, 31, 82, 99, 101–102, 105, 118, 140–141, 150, 151, 155, 156, 205, 218; Agora 87; Demokratie 72, 74, 79, 83, 101, 102, 107, 108, 109, 126, *135*, 160; desertierte 97–98; Aufkommen der militärischen Macht 72–79; Imperialismus 93, 98, 107, 108, 116, 193; Lange Mauern 109, *135*; Parthenon *47*, 107, 108; Propyläen *47*; Niketempel *47*; im Belagerungszustand 110
Athena 19
Athena Promachos 67
athenische Kriegsflotte 14, 15, 24, *25*, 74, 97, 98, 101, 105, 107, 110, 116, 117, 118, 124, *135*
athenische Versammlung 15, 24, 72, 74, 103, 116–117, 208
athenisches Heer *106*, 109, 112
athenisches Reich 13, 25, *47*, 106, *106*, 108, 110, 117, 146, *215*
Ätolien 14, *205*
Attalos 187
Attika 15, 67, 73–76, 83, 86, 97, 98, 99, 104, 106,

109–112, 114–117, 119, 126, 133, 155, 208, 218
Ausculum 194
Ausfalltore 156

Babylon *190*, 196
Babylonien *178*
babylonische Astrologen *170*
Bajaur 182
Baktrien 166, *172*, *178*, 182, 183, 196
Balearische Inseln 157
Balkan 204–205
Ballistik 163, 204, *213*
basileis 38, 208
Bassai 120
Batis 181
Bauern 18, *33*, 48, 50, 51, 53, 60, 61, 62, *63*, 66, 74, 93, 98, 105, 106, *111*, 112, 113, 116, 117, 119, 122, 128, 136, 161, 188–189, 196, 206
Befestigung, Studium der 163
Beinschienen *18*, 32, 34, 35, *38*, 40, 48, *48*, 57, 60, *125*, *148*, *172*, *209*, *210*
Belagerungen 20, 55, 87, 107, 109, 116, 120, 155, 156, 157, 178, 180–181, 194
Belagerungskunst 13, *20*, 24, 40, *102*, 108, 122, 127, 147, 155, 162, 163
Belagerungsmaschinen 20, 24, 69, 121, 138, *145*, 194
Bevölkerung 218
Biremen 76
Bögen *154*, 155, 156, 157, *157*, *190*
Bogenschützen 31, 33, 38, 40, *40*, 69, 71, 74, *84*, 86, 92, 93, 94, 124, *141*, 147, 149, *154*, 157, *157*, 158, *190*
Böotien/Böoter 13, 14, *4?*, 67, 73, 86, 97, *100*, 104, 108, 109, 111, 112, 115,

126–129, 131, 132, *140*, 160, 208, 218
Branchiden 178, 182
Brasidas 13, 71, 116, 121
Britannien/Briten *151*, 204
Brustpanzer *18*, *19*, 24, *38*, *40*, 48, *48*, 58–61, 92, *125*, *132*, 148, 208, 210
Bürgerwehr/Miliz/ Bürgersoldaten 75, *93*, 157, 163, 189, 193, 198, 205, 208
byzantinische Griechen 183
byzantinisches Heer 204

Cäsar, Julius 20
Chabrias 13, 140
Chaironeia 14, 67, 97, 121, 127, *136*, 140, *140*, 146, 150, 154, 160, 191, 204, 206, 208
chaldäische Seher 170
Chalkidike 110, 147
Chalkis, Euböa 35, 38, 64, 73
Chares 140
condotierri 140
Curtius 183, 198

Dareios I. 82, 83, 92, 94, *178*
Dareios III. 148, 166, 172, *176*, *176*, *180*, *181*, *188*, *196*, 204
Dekeleia 13, 76, 109, 115, 117, 118, 121
Deli Kai (Fl.) *166*
Delion 14, 15, 19, 56, 67, *69*, *73*, 109, 111, 112, 113, 115, 116, 117, 121, 128, 129, 195, 204, *215*, 217
Delphi 48, 120
Demagogie 13, 103, 111
Demetrios 191, 194
Demosthenes (384–322; Redner) 9, 14, 56, 68, 71, *136*, 149, 166
Demosthenes (gest. 413) 14, *106*, 111, 140, 150
Dendra-Harnisch Deutschland *17*, *126*, 206
Diodoros 183, 186
Diomedes 38, 40
Dionysios I. 155
Dipaia 105
Dolche 201
Dorer 32, 33

dorischer Speer 78
Dresden 22, 207
Dritte Armee (US) 133
Dunkle Jahrhunderte 30, 34, 35, 40–41, 44, 45, 57, 64, 122, 158, 206, 208

Ekbatana 196
Elis 44, 67
Enddorne 51, *57*, 62, *126*, 211
Epaminondas 14, 47, 56, 67, 71, 74, 75, 115, 116, 118, 127–133, *144*, *145*, *149*, 187
ephebes 66
Epizelos 87
Eretria, Euböa 35, 38, 64, 83
Erster Weltkrieg 22, 207
Euböa 34, 35, 64, 82, 96, 97
Eukles 93
Eumenes 191
Euphrat (Fl.) 166
Euripides 54, 108, 113, 120, 158
Eurotas (Fl.) 132

Feldlager 162
Fesseln, Schlacht der 64–65
Festungen 155–156
Forrestier, Amédée 74
Frankreich 205
Frontinus 171
Fußschützer *216*
Fußsoldaten 35, 86, 160

Galeeren 76, 96
Gallien, Gallier 20, 23, 96, 205
Gaugamela 24, 123, *141*, 166, 170, *172*, *174*, *176*, *177*, *183*, *190*, 200, 217
Gaza 157, 166, 174, 178, 180–181, 188
Gefangene 20, 68
Generäle/Feldherren/Feldherrenkunst 51, 54, 105, 111, 117, 118, 125, 129–130, 131, *136*, 137, 141, *148*–*149*, 162, *165*, 170, *182*, 186, 187, 200, 203, 206
Gla 31
gladius 125, 195, 201 bis 202, 216

Gorgonen 19
gortyos 155
Grabenkrieg 207
Gräber 55, 123
Granikos (Fl.) 24, 166, 168, 170, 172, 209, 210
griechische Kriege (1250 bis 146 v. Chr.) 10–11
griechische Kriegsflotte 96–99, 115, 123
griechisches Heer 115, 119, 123, 151
Grotius, Hugo 206–207

Hackmesser 61, *125*
Haliartos 14, 67, 78
Halikarnassos 178
hamippoi 129
Hannibal 105, 189
Hegel, Georg Wilhelm Friedrich 207
Heilige Schar 14, 128–129, 151
Hektor (Sohn des Parmenion) 187
Hektor 27, 38, *40*, *111*
Helena von Troja 40
helepolis 194
Hellenismus 13, *127*, 166, *170*, 174, 175, 188, 189, 194, 195, 196, 198, 199, 202–207, 208, 210
Hellespont (Fl.) *83*, 95, 170
Helme *18*, *19*, 32, 35, 44, 48, *48*, 50, 51, *57*, 59, 60, 62, 67, 87, 121, *125*, 140, *155*, 157, 172, 209, 210; Eberzahn *33*, *34*, 41; korinthische *38*, *40*, *41*, *51*, 59, 64, *128*; Infanterie- *54*; Söldner- *54*
Heloten 13, 74, 75, 77, 111, 116, 121, 125, 131, *144*, 208
Herakleia 194, 195
Herakles 33
Heraklit 18, 19
Herakon 188
Herodot 19, 23, 58, 63, 64, *69*, 74, 82, *84*, 87, *93*, 96, 119, 158, 205
Heromenes 187
Heron 163
hetairoi („Begleitkavallerie") 148
Hethiter 31, 204
hippeis 35, 208

hippobatae (Pferdenäher) 35, 205
Hippokrates 111, 112, 205
Hitler, Adolf 22, *165*, 189–190
Homer 18, *33*, 34, 38, 40, *40*, 44–45, 55, 58, 65, *111*, 118, *154*, 157, 208
homoioi 73
hoplitai siehe Infanterie, schwere
Hopliten 9, 10, *18*, 19, *19*, 20, *20*, 24, 25, 26, *26*, 27, *33*, 36, 40, 41, *43*, 48–79 passim, 82, 83, 85–86, *86*, 92, *92*, 94, 96, 98–101, 103–106, *106*, 108–109, 111 bis 116, 121, 122–123, 125, *125*, 126, 127, 129, *129*, 132, *132*, 133, 136, 140, *140*, 141, 147–151, 154, *154*, 155, 156, 157, *157*, 158,160, 161, *182*, 188, 195, 204, 205, 206, 208–211, *216*, 218
hoplomachia 63
hoplon 26
Hydaspes (Fl.) 166, 170, 178
Hypaspisten *136*, 149, *151*
Hysiai 64, 78, 93

Illyrien 204
Indien 178, 182–183, 186, 191, 196
Indus (Fl.) 107, 166, 168, 190
Infanterie/Fußtruppen *10*, 20, 24, 25, 31, 33, 34, 35, 38, 45, 52, 53, *54*, 55, 56–57, 59, 60–61, 64–67, 69, 70, 78, 92, 94, 98, 100, *100*, 102, 104, 105, 108, 111, 115–118, 122, 126, *127*, 128, *146*, 151, 157, 171, 172, *182*, 186, 194, 195, 198, 199–200, 206, 207, 210, *216*; schwere (*hoplitai*) 38, 50, 51, 53, 64, 67, 86, 93, 105, 106, 121, 124, 157, 158, 160, 205, *207*, 208; leichte 52, 129, *141*, 149, 156; freie Bauern 51, 58, 160
Ionien/Ionier 82, *83*, 92, 116, 124
ionischer Aufstand 82, 83

Iphikrates 14, 140
Ipsos 13, 191, 194, 195
Iran 166, 182, 183, 186
Isokrates 120
isonomia 73
Issos 24, 166, *166*, 170, *172*, 176–177, *180*
Italien/Italiker 17, 37, *126*, 197, 203, 204, 206

Juden 204
Juvenal *207*

Kallimachos 83
Kallinos 19, 50
Kallisthenes *165*, 188
Kalter Krieg 20
Kämpfer, Schlacht der 64
Kant, Immanuel 19, 207
Karthago/Karthager 37, 117, 204, 205
Katapulte 24, *145*, 155, 156, 157, 163, *190*, 194, 195
Kavallerie/Reiterei 17, 35, 36, 40, *54*, 69, *73*, 83, 92, *95*–96, 98, 99, 100, *100*, 104, 106, *106*, 109, 112, 114, *115*, 117, 118, 124, *127*, 129, *131*, *138*, *141*, 150, 160, 162, *168*, 172, 187, 194, 199, 200, 205, 209; Begleit- *141*, 148, *168*, 170, 200, 211
Kelanai 178
Kephissos (Fl.) *140*
Keulen 216
Kiliker 96
Kimon 118
Kinemas 163
Klassik 55, 163, 208, 211
Kleander 188
Kleinasien 14, *25*, 41, 44, 73, 79, 82, 107, 116, 124, 129, 151, 166, 178, 191, 198, *208*
Kleisthenes 73
Kleitos 187
Kleombrotos, König 129
Kleomenes 65, *195*,
Kleon 13, 71, 111, 116
Kleopatra 187
Knidos 124
Knossos *31*
Korinth/Korinther 14, *25*, 67, 72, 106–107, 108, 125, 140–141, 146, 158, *203*, 205; Isthmus *70*, 96, 98, 132

Korinthischer Krieg 125
Koroneia 55, 67, 105, 112, 125, 129
Korselett (*thôrax*) 58, 59, 157
Krateros 191
Kreta *25*, 73, 156, *157*, 158, 205, 210
Kreuzritter *183*
Ktesibios 163
Kugeln 157
Kunaxa 24, 124, 151
Küraß 38
Kurupedion *208*
kyklopische Mauern 29, 31, *40*
Kynoskephalai 14, *195*, 198, 202
Kyrene *151*
Kyropolis 182
Kyros der Große 186
Kyros der Jüngere 124

Lade 82
Lakonien/Lakonier 70, 73, 75, 76, 78, 105, 110, 125, 126, 131, 132, 133, 209, 218
Lakonismus 125
Landnahme 162
Landwirtschaft 18, 25, 31, 34, 35, 48, 61, 63, 64, 66–69, 73, 75, 105, 109, 113, 114, 115, 138, 154, 195
Lanzen 9, 33, 34, *34*, 38, *38*, 44, 45, *48*, 50, 51, 52, 55, 57, 58–62, 67, 69, 82, 92, 106, *125*, *126*, *131*, 136, 147, *155*, 157, 170, 182, 210, 216; mit Doppelspitze 52: Griff *48*, *63*, *132*; kurze 140; Stoß- *10*, 17, 26, 40, 50, 58–62, *63*, 148, 150, *209*–216
Lanzenschäfte 52, 53, 58
Lanzenträger *40*, 44, 48, 85, *136*, 158, *168*
Laurium 75
lawagetas 209
Le Brun, Charles *183*, *190*
Lechaion 78
Leibeigene 35, 77, 111, 206, 208
leicht bewaffnete Soldaten 209–210
Leitern *147*, 155

Lelantinischer Krieg 35, 38, 64
Leonidas, König 14, *14*, 23, *48*, 71, *81*, *95*, 96, 97, 99
Lesbos 109
Leuktra 14, 56, 67, 78 bis 79, 128–131, 133, 195
Levkandi, Euböa 34
Liddell Hart, Basil 133
Linear B 30, 31, *31*, 48
Lipsius, Justus 206–207
lithobolos 23
Livy 200–201, 202, 207
Logistik 162
Lokris 67, 70
Lydien/Lyder 83, 137, 178
Lynkestis, Alexander 187
Lysander 14, 71, 118, 125, 135, *148*
Lysias 78
Lysimachos 191, *208*
Lysippos *166*

Machiavelli, Niccolò 206–207
Magnesia 198
Makedonien/Makedonier 15, 20, 23, 98, *136*, *138*, 141, 146–151, 157, 158, 160, *168*, 171–172, *172*, 174, *174*, 176, *176*, 178, 183, 186, 187, 191, 192, 193, *196*, 198, 199, 201, 202, *203*, 204, 205, *208*, 210
Malli 183
Mantineia 14, 56, 67, 78–79, 116, 121, 130, 133, 140, 155, 205
Marathon 13, 14, 18, 24, 56, 58, 63, 76, 79, 82, 83–93, 94, 98, 104, 123, 151, *155*, 158, *165*,176, 191, 195, 204, 217
Mardi 182
Mardonios 100, *102*, 104–105
Massaga 178
Mauern 29, 31, 40, 41, 56, 102, 108, 115, 121, *135*, *144*, 145, 146, 147, 155, 157, 161
Meder 23, *83*, 87, 176
Medien *178*, 186
Megalopolis 116, 133, 156
Megara 14, 67, 79, 155
Melier 120
Melissos 19

Melos 109, 119
Menelaos 40
Mesopotamien 191
Messene 116,133, *144*, 155
Messenien/Messenier 64, 73, 76, 111, 125, 131, 132, 133, *144*, 145
Methone 147
Milet 38, 82, 178
militärische Erziehung/Doktrin 20
militärihsce Gebräuche/Ansichten 23–24, 26–27
Miltiades 14, 56, 83, 84, 87, 118, *165*
Mimnermos 19
Mittelamerika 54
Mittelmeerraum 19, 23, 32, 33, 35, *35*, 36, 47, 48, 58, 64, 79, 104, 138, 193, 194, 197, 204, 206
Motya 155
Mussolini, Benito 22
Mykalessos 109, 119
Mykenai/Mykener 30–45, *144*, 146, *151*, 205, 208, 210, *210*; Palast 29, *30*
mykenisches Zeitalter 30–45, 206, 210

Nachfolger 194, 198, *208*
Nadelöhre 67, 70, 96
Naher Osten 30, *32*, 54, 86, *144*
Napoleon Bonaparte 189
Naxos 107
Nearchos 186
Nemeia (Fl.) 125
Nemeia 129
Nestor 44, 118
Nikanor 187
Nike 75, *158*
Nikias 106
Nikiasfriede 116
Nil (Fl.) 204
nomima 68–69
Normandie 22

Odysseus 18, 40
Oinophyta 67, 105
Oligarchie 74, 75, 106, 116, 118, 125, 133
Olymp/Olympier 43, 118
Olympia 41, 48, 87
Olynthos 129
Onamarchos 141
Onasander 163
Ora 183

Orchomenos 31
Oreiter 183
Osmanen *183*, 204
Osteuropa 204–205
oxybeles 190

Pagasai 147
Pagasai, Golf von 86
Pagondas 14, 111, 112
Paläste 29, 30, *30*, 31, *31*, 33, 38, 41, 44, 48, *144*, *146*, *149*, 183, *196*
palintonos 154
Pan 62, 87
pandêmei 50
Pandschab 178, 182, 183
Panhellenenismus 175, 194, 210
Parmenides 19
Parmenion 14, *176*, 187, 188
Paros 14
Parthien 183
Pässe 50, *70*, 74, 85, *86*, *96*, *157*
Patton, George Smith 133
Paul, König von Griechenland 95
Paullus, Aemilius 198
Pausanias 14, 87, 118, *165*
Peisistratos 73
Pelopidas 14, 71, 127, 128
Peloponnes 33, *35*, 64, 67, 73, 79, 108, 110, 111, 114, 115, 116, 124, 125, 146, 210
Peloponnesischer Krieg 13, 14, 15, 19, 25, 37, 55, 75, 79, 105–124, 162, 204, 218
Peloponnesisches Reich 146
Peltasten 14, 128, 140, 158, 210
Perdikkas 187, 191
Pergamon *165*, 196
Perikles 14–15, *14*, 19, *47*, 56, 71, 78, 79, 107, 111, 118, 120, *165*, 187
Persepolis *178*, 183, 186, *188*, *190*, 194, 196, *196*, 199
Perseus 61, 198, 202, *203*
Persien/Perser 13, 14, 15, 23, 24, *48*, 50, 53, 55, 56, 58, 63, 64, 75, 79, 82–84, 86, 87, 92–97, 99, *100*, 101, 102, *102*, 104, 105, 107, 112, 116,
123, 124, 125, 140, *141*, 148, *149*, 151, *151*, 156, 157, 158, *158*, 160, *166*, 168, 171, 172, 174, 175, 176, *176*, 178, 180, 182, *182*, 183, *183*, 186, 188, *190*, 193, 194, *196*, 204, 205
persische Flotte 85, 86, 87, 94, 96
Persische Tore 182
Persisches Reich 13, *83*, 84, 151, 166, *172*, 178, 191, 204
pezetairoi („Fuß-Begleiter") 148
Pfeile 17, 31, 34, 53, 59, 87, 92, 96, *155*, 157, 158, 161, 216
Pfeilschützen 155
Pferde 158, 160
Pferdenährer *siehe hippobatae*
Phalangen 17, 19, 24, 27, 36, 45, 50, 51, 52, *52*, 55, 56, 57, 58, 59–64, 67, *67*, 68, 73, 75, 78, 82, 86, 92, 99, 105, 106, 107, 112, 121, 124, 126–131, *131*, 133, 136, 140, 147–150, 156, 158, 161, 163, *170*, 177, 181, 193, 195, 198–202, 205, 208, 210, 211
phalanges 44, 51, 67
Phalangiten 23, 26, *50*, 52, 53, *54*, 61, *85*, *126*, 127, 129, *131*, 136, 140, 147–151, *151*, 158, *181*, 182, *182*, 183, 186, 195, 198, 202, 204, 206, 210
Pheidippides 93
Philipp II von Makedonien 14, 15, *15*, 23, 97, 104, 136–141, 146, 147, *147*, 149, 150, 151, 155–158, 160, 166, 171, 174, 187, 206, 210
Philipp V. 198, 202
Philippides 87
Philo 163
Philotas 187
Phokis 67
Phönizien/Phönizier 36, 48, 76, 79, 83, *205*
phönizisches Alphabet 48
Phrygien/Phrygier 137, 178,
Piken 34, *50*, 57, 61, 122,
126, *127*, *131*, *138*, 147–151, 160, 194, 199, 201, 202
Pikeniere 17, *54*, *127*, 140, 147–148, 149–150, 201, 206
pila 201
Pinaros (Strom) *166*
Pindar 118, 166
Pioniere 147
Piräus 109, 110, 114, *135*
Pisidien 178
Plänkler/Plänkelei 31, 33, 34, *40*, 56, 94, 99, 106, 128, 140, 150, 198, 205, 210
Platää/Platäer 13, 14, *20*, 24, 56, 64, 67, 78, 83, 84, 87, *87*, 92, *100*, 104–105, 109, 112, 115, 127, 140, 147, 151, *155*, 156, *158*, 176, 194, 195, 204
Platon 15, *15*, 18, 19, 55, 68, 103, 112–113, 120, 162, 205
Plutarch 62, 78, 132, 183, 186
polemos 55
polis/poleis 19, 20, 32, 34, 40, *43*, 44, 45, 57, 66, 68, 71, 74, 79, 86, 98, 99, 105, 106, 107, 115, 120, 122, 125, 136–137, 138, 140, *144*, 146, 149, 150, 154, 158, 160, 162, 166, 175, 193, 195, 196, 205–208, 210–211
Polyainos 171–172
Polybios 204, 207
Polykrates von Samos 99
pontische Region 107
Poros, Radscha 166, 178
Poseidon 19
Poseidonios von Apameia 163
Poteidaia 15, 19, *155*
promachoi 40, 211
Prophezeihung 51
proskynesis 188, *188*
Psammetich I. 64
Psammetich II. 64
pteruges 132
Ptolemaios I. 15, 174, 191, 194, 200
Ptolemaios IV. 195
ptolemaische Dynastie 15
Pydna 195, 198, 202, *203*, 217
Pylos 13, 14, *30*, 31, 44, 78, 158, 210
Pyrilampes 113
Pyrrhos 15, 163, 194, 198, 204

Rammen *147*, 155, 195, 211
Ramses II. 64
Raphia 194, 195
Reiter 24, 48, *52*, 69, 71, 73, 86, 92, 98, *100*, 105, 114–115, 124, 129, *131*, *138*, 150, 158, 160, *170*, 171, 200, *206*, 208
Renaissance 17, 206, *213*
Rhodos/Rhodier 27, *156*, 157, 194
Römer 19, 30, *32*, 96, *151*, *183*, 188, 194, 195, 198, *200*, 202
Römerzeit 174
römische Eroberung 204
römische Legionen/Legionäre *125*, *163*, 195, 198, 201–204
römisches Kriegswesen 202–203
Ruderer 76, 79, 96, 98, 100, 106, 121, 136, 195
Russland 190, 204
Rüstung 23, *27*, 31, 34, 35, 38, 59, 74, 101, 106, *129*, *138*, *155*, 157, 158, 160, 204, 206; bronzene 19, 31, 44, 45, 50, 51, 56, 57, 60, 66, 92, 94, *158*, *182*; ziselierte für Zeremonien 62; für Infanterie 19, *33*; mykenische 32, 33
Rüstzeug 210

Sagalassos 178
Saker von Sogdiane 182
Salamis 13, 15, 24, 34, *83*, 86, 94, 98, 99, 102, 103, 104, 115, *148*, 156, 176, *178*, 204
Sallust 207
Samos 15, 19, 38, 72, 107, 108, 119, 147, *215*
Sangala 178
Sapphao 19, 118
Sardes 82, 94, *190*, 196
sarissas 24, *126*, 147, *181*, 210, 211
Satrapen/Satrapien 149, 166, 175, 178, *178*, 182

Schiffe 19, 76, 96, *96*, 97, 99, 102–103, 106, 108, 109, 110, 116, 117, 127, 195
Schilde 9, *18*, 19, *19*, 24, 26, 32, 34, *34*, 38, *38*, 40, 41, 44, 45, 48, 50, *50*, 51, 52, 57, 58–62, *63*, 64, 67, 69, 92, *122*, *125*, *138*, 140, 148, 150, *151*, 157, 198, 209, 210, *210*
Schleuderer 69, 74, 149, 158, 198
Schleudern 156, 157, 216
Schwarzes Meer 191, 204
Schweiz 17, *126*, 206
Schwerter 38, *38*, 51, *53*, 59, 61, *82*, *125*, *136*, *138*, 160, 210; Hieb- und Stich- 33; zweischneidig *125*; Einlegearbeiten 62; Lang- 34, 41; sekundäre 61; Kurz- *10*, 209; Sichel- 216
Schwertstoß 26
Seesoldaten 162, 195
„Seevölker" 32, 33
Seleukos 174, 191, 194, *208*
Semiramis 186
Sepeia 65, 93
Sherman, William 96, 133
Simonides 19, *95*
Sindimana 178
Sitakles 188
Sizilien 13, 14, 15, 76, *106*, 116, 117, 118, 120, 121, 129, 140, 141, 147, *155*, 157, 204; Tempel von Konkord *37*
Skione 109
Sklaverei 20, 33, 55, 64, *65*, 68, 73, 75–76, *76*, 77–78, 101, *111*, 116, 117, 121, 180–181, 183, *183*, 190, 196, 199, 218
Skythien 156, *157*, 158, 204
Sogdiane 182
Sokrates 9, 15, *15*, 19, 56, 71, 73, 112–113, 120, 162, *215*
Söldner 20, *36*, 50, 64, *64*, 116, 120, 121, 122, 124, 127, *136*, 140, 146, 149, 151, *157*, 160, 162, *168*, *172*, 176, 177, 189, *190*, 195, 197, 198, 200, 204, 206, *208*, 210

Soli 178
Solon 73
Solygeia 116, 129
Somme 22, 207
Sophokles 12, 15, 19, 56, 108, 119, *215*
Spanien 217, 205
Sparta/Spartaner 13, 14, 15, 23, 26, 48, 55, 56, 59, 60, 64, 87, 92, *95*, 96-97, 99, 121, 124, 125, 128, 129, 131–133, 136, 140–141, *144*, *145*, 151, 205, 208, 209, 210, 218; Akropolis *81*; Erscheinen der Militärmacht 72–79; Flotte 116; Große Rhetra von Lykurgos 73; Hegemonie *135*; Peloponnesischer Krieg 105, 108, 109, 110, 112–117, 119, 120, 125; geplündert 132–133; Geheimpolizei 78; Gleiche 121, 125, 126, 129, 140, 211
Speere 33, 34, 38, 44, *53*, 58, 140, 156, 160, 210, 216
Speerwerfer *17*, 31, 104, *136*, *138*, *147*, 149, 158, 198
Sphakteria 111, 116
Staat und Heer 139–140
Städte 20, 24, 155
Stadtstaaten 23, 25, 29, 30, *30*, 32, 37, 38, *43*, 45, 48, 50, 51, 53, 55, 56–57, 60, 66, 68, 71, 73, 74, 77, 78, 79, 82, 84, 96, 99, 101, 105, 108, 111, *111*, 115, 118, 120, 122, 126, 127, 137, 140, *144*, 146, 147, 151, 154, 158, 161, *165*, 166, 177, *178*, 186, 196, 205, 208, 210
Statistik 216–218
Steinewerfer 69, 157
Stelen 19, 70
stiches 44
Strabon 38, 186
stratiôai 51
Stratokles 151
Streitwagen 19, 31, *31*, 33, 35, 38, 40, 41, 44, 45, 86, *111*, *141*, *151*, 172
Sun-tsu 161
Susa 182, 194, 196

Syrakus 19, 74, 106–107, *106*, 109, 116–117, 129, 196
Syr-Darja 178
Syrien/Syrer 137, 178

taktika 162, 206
taktische Handbücher 127, *213*
Tanagra 67, 105
Tarn, Sir William 183
Technik/Technologie 20, 22, 23–24, 56, 57, 58, 63, 69, 94, 109, 125, 151, 161, 206, 207, 208
Tegeia 78
Tegyra 67, 78, 129
Tempe, Schlucht von *70*
Tempel 67, 69, 120, 140, *144*, *190*
Thalassokratie 99
Thapsos 200
Thasos 107
Theben/Thebaner 20, 31, *31*, 47, 56, 67, 87, 96, 97, 98, 107, 108, 109, 111, 112, 113, 116, 117, 125–131, 133, 140–141, 146, 150, 151, 166, 180, *188*, 205, 208, 218
Themistokles 15, 56, 87, 97, 98, 99, 101–102, 103, 105, 118, *135*, 140, 148
Theopompos 141
Thera 33, 34
Thermopylen 14, 23, 48, 56, *70*, 78, *81*, 83, 86, 95, 96–97, 99, 105, 112, *148*; 176, *178*, 204
Thespiai/Thespier 56, 70, 96, 112
Thessalien *25*, 70, 73, 86, 140–141, 146, 157, 160, 205
Thrakien/Thraker 23, 25, 156, 191, 205, 210
Thryeatis 67
Thukydides 13, 19, 34, 51, 56, 79, 87, 108, 109, 117, 118, 119, 158
Tigristal *172*
Tiryns *30*, 31, *31*, 146, 210
Toten, die: Gefallenenliste 70, 79; Gefallenenraten 217; Begräbnisreden 70, 78; Rückführung der Toten 53–55, 69, 70, 75

Triremen 76, 94, 96, 98–102, 105, 118, 121, 127, *128*, 195, 211, 218
Troja 38, 40, 120, *190*
Trojanischer Krieg 18, 26, 45
Türme 155, 156
Tyros 20, 166, 178, 180, 188
Tyrtaios 19, 50, 56, 62

„Unruheherde" 67
Unsterbliche 23, 140
Uxier 182

Vallet, L. *138*
Vegetius 206
Verdun 22, 207
Vietnamkrieg 205
Vogel, Hermann 92, *106*

Waffen 20, 23, 34; mit bronzener Schneide 41; Kosten 217; Eisen 34, 35; mykenische *31*, 33; Leistungsmerkmale 216; als Staatseigentum *144*; Ausbildung 162
Waffenkammern *31*, 137
Wagenlenker 23, 31, *33*, 210
wanax 31, 211
Wasser 35, 172, 174
Weber, Max 23
Westeuropa 36
westliche Tradition 211
Wunden 61–62

Xenophon 15, 19, 55, 56, 66–67, 74, 120, 124, *135*, 136–137, *137*, 149, 158, 162, 205
Xerxes, König 23, *83*, 93–96, 99, 104, 105, 106, 140, 148, 175, *178*, 196, 204

Zehntausend 15, 24, 85, 124, 151, 157, 158, 162
Zenon 183
Zervashantal 182
zeugitai 211
Zeus 19, 118
Zitadellen *30*, 31, *31*, 32, 33, 35, 41, 102, *144*, 208, 210
Zweiter Weltkrieg 20, 22, 207
Zypern 79, 194

Bildnachweis

Es wurden alle Anstrengung unternommen, mit den Inhabern der Urheberrechte für in diesem Buch reproduzierte Bilder Kontakt aufzunehmen. Die Herausgeber sind dankbar für Hinweise auf eventuelle Fehler oder Auslassungen.

Bridgeman Art Library: S. 8, 12 13, 14, 15, 19, 27, 36, 39, 76–77, 97, 110, 123, 132, 155, 164, 184–185, 199, 212, 215; Peter Newark Pictures: S. 10, 16, 49, 51, 57, 74, 83, 84, 98, 114, 128, 130–131, 174, 180, 181, 202; Kunstarchiv: Vorsatz und S. 41, 42–43, 59, 63, 65; Sonia Halliday Photographs: S. 28, 30, 35, 37, 40, 46, 72, 75, 80, 95, 146, 152–153, 159, 166, 167, 179, 182, 192–193, 197; Mary Evans Picture Library: S. 18, 21, 52–53, 58, 82, 87, 92–93, 93, 94, 106, 119, 134, 137, 138, 142–143, 148–149, 168–169, 170, 189, 191, 203, 209, 211; Corbis: S. 66; The Image Bank: S. 69.

Die Fotos auf den Seiten 140–141 und 144 wurden mit freundlicher Genehmigung des Autors reproduziert.

Die Illustrationen auf dem Titelblatt und auf den Seiten 23, 26, 31, 33, 34, 38, 50, 124, 126, 127, 147, 154, 156, 190, 210, 216 sind von Peter A. B. Smith und Malcolm Swanston. Die Illustrationen auf S. 145 wurden nach Originalzeichnungen von Adrienne May.